사회복지실천기술론

SKILL AND TECHNIQUES FOR SOCIAL WORK PRACTICE

사회복지실천기술론

오봉욱 · 전동일 · 서대석 · 한주빈 · 최종복 · 전수미 · 성치상 공저

동문사

사회복지사 선서문

나는 모든 사람들이 **인간다운 삶**을 누릴 수 있도록,

인간존엄성과 **사회정의**의 신념을 바탕으로,

개인·가족·집단·조직·지역사회·전체사회와 함께 한다.

나는 언제나 소외되고 고통 받는 사람들의 편에 서서,

저들의 **인권과 권익**을 지키며,

사회의 불의와 부정을 거부하고,

개인이익보다 **공공이익**을 앞세운다.

나는 **사회복지사 윤리강령**을 준수함으로써,

도덕성과 **책임성**을 갖춘 사회복지사로 헌신한다.

나는 나의 **자유의지**에 따라 **명예**를 걸고 이를 엄숙하게 선서합니다.

출처: 한국사회복지사협회

머리말 | Preface

사회복지실천기술론은 사회복지실천론과 더불어 사회복지실천의 기반으로 '임상' 사회복지의 근간을 이루며, 서비스 대상자를 대상으로 사회복지 고유의 목적을 실현해야 할 필요가 있다는 점에서 사회복지사가 다양한 실천현장에서 활동하는 데 있어서 지식을 활용하고 적용할 수 있도록 만들어 주는 매우 중요한 교과목이다. 특히 다양한 상황에 따라 다양한 기술을 적용하기 때문에 특정 상황에 맞는 실천기술을 활용할 수 있도록 지속적인 훈련이 필요한 만큼 이론에 대한 선행학습과 이를 바탕으로 현장에 적용해보는 노력은 끝이 없으리라 생각된다.

사회복지실천은 개인, 집단과 가족, 지역사회에서 행정과 정책에 이르기까지 매우 폭넓게 다루게 된다는 점에서 실천기술에 대해 한 권의 책으로 구성하는 것이 쉽지 않다는 점에서 사회복지실천기술에 관해 기록된 다양한 책의 구성을 면밀히 분석하지 않을 수 없었다.

본서의 집필진들은 사회변화에 맞는 사회복지 환경과 교육환경을 고려하여 클라이언트에게 실질적으로 도움이 되면서 동시에 사회복지사 자격을 취득하기 위한 국가시험 필수과목이자 사회복지방법론 교육을 위한 기초과목이라는 점에서 사회복지실천기술을 좀 더 향상시킬 수 있으면서 사회복지실천기술의 기본서로서 내용을 구성하게 되었다. 특히 사회복지 관련 대학에서 사회복지실천기술에 대해 강의하시는 교수와 학습을 해야 하는 학생들이 쉽게 이해할 수 있도록 만들었다.

또한 한국사회복지교육협의회 '2020 사회복지학 교과목지침서 : 사회복지실천기술론'에 의거하여 본 교재는 총 4부로 구성되었는데, 주요 내용은 다음과 같다. 제1부는 사회복지실천기술과 전문성에 대해 논의하였다. 제2부는 사회복지실천모델과 개입기술에 대해 이론과 실제사례를 제시했는데, 심리사회·인지행동·해결중심·과제중심·위기개입·클라이언트중심·역량강화·동기강화·증거기반실천모델 등을 살펴보았다. 제3부는 체계

수준별 사회복지실천기술에 대해 제시했는데, 개인, 집단 및 가족의 사회복지실천기술을 살펴보았다. 제4부는 사회복지실천의 기록과 평가에 대해 살펴보았다.

특히 각 장마다 중요하고 핵심적인 부분을 키포인트(key point)로 선정하여 요점을 제시하였고, 각 장마다 응용문제를 제시하여 시험을 대비한 마무리 학습에 도움을 주고자 하였다.

저자들은 다양한 사회복지실천현장에서 사회복지사로서 활동하고 또한 자기계발을 위한 교육을 통해 현재 교육과 현장실무자로서 활동한다는 점에서 사회복지실천현장에 맞는 실천기술을 제시하는 데 필요성을 느꼈다. 이러한 관심과 열정으로 미흡하지만 이 책이 사회복지를 배우고자 하는 예비 사회복지사들에게 조금이라도 도움이 되는 전공서적이 되었으면 한다. 또한 집필상 부족한 부분과 한계점 등에 대해서는 아낌없는 충고를 바라면서 앞으로도 사회적 욕구와 현실의 변화에 맞게 수정·보완을 위해 최선을 다하는 낮은 자세로 보답할 것을 다짐한다.

끝으로 바쁘신 일정 가운데 집필에 애써 주신 집필진에게 감사의 말씀을 드리며, 본서의 발간을 위해 적극 지원해 주시고 수고해 주신 도서출판 동문사 이중수 사장님과 임직원님들에게 감사드리며, 세심한 배려를 끝까지 해주신 편집부의 노고에 특별히 감사의 말씀을 전한다.

2020년 8월

저자 일동

차례 | Contents

PART
01

사회복지실천기술과 전문성

CHAPTER

01

사회복지실천기술과 전문성 기반

이 장은 점차 다양해지는 사회복지실천현장에 있어서 전문가로서 활동하기 위한 예비 사회복지사들이 기본적으로 알아야 하는 사회복지실천기술과 전문성에 대해 생각해 볼 수 있는 주제를 갖고 이해를 도모하고자 한다.

학 | 습 | 목 | 표

1. 사회복지 지식과 기술, 그리고 자질을 이해할 수 있다.
2. 사회복지 전문성에 대해 이해할 수 있다.
3. 사회복지실천현장 영역에 대해 이해할 수 있다.

1 사회복지 지식과 기술, 그리고 자질

1) 사회복지현장에 관한 지식과 기술

사회복지실천이란 'Social work practice'라고 번역되며, 사회복지실천은 사람의 삶의 질 향상을 위해 개인, 집단, 가족, 그리고 지역사회에 대한 정확한 이해를 기반으로 다양한 문제와 요구에 맞는 서비스를 제공하는 전문 휴먼 서비스 활동이다.

사회복지실천이라는 말은 사회복지사업법 시행령 및 동법 시행규칙 개정 당시인 1998년에 한국사회복지사협회가 사회복지사업법의 개정과 더불어 2003년부터 사회복지사 자격취득 국가고시제도를 도입하게 되어 기존의 개별사회사업과 집단사회사업이 없어지고, 사회복지실천론과 사회복지실천기술론으로 변경한 2000년부터 사회복지실천이라는 말을 공식적으로 사용하게 되었다(김주연, 2007).

사회복지실천으로서의 사회복지를 기존의 개인중심의 정의에서 보다 포괄적으로 정의하면 "사회복지는 개인이 혼자 또는 집단 내에서 자신의 사회적 기능을 강화시켜 주기 위한 하나의 모색이며, 사회적 기능의 강화는 인간과 환경과의 상호작용으로 이루어지는 상호관계에 중점을 두는 활동으로, 개인의 능력을 회복시켜 주고, 개인과 사회자원을 보충시켜 주며, 개인의 역기능을 예방하는 기능이 있다."라고 볼 수 있다(김주연, 2007: 41 재인용).

사회복지사에게 필요한 지식은 사회복지대상자에 관한 이해에서부터 실천과정, 사회정책에 이르기까지 다양하며, 구체적인 내용은 인간행동과 발달에 관한 지식, 인간관계와 상호작용에 관한 지식, 실천이론과 모델에 관한 지식, 특정 분야나 대상 집단에 대한 지식, 사회정책과 서비스에 관한 지식, 사회복지사 자신에 관한 지식 등이 포함된다(김혜란 외, 2007: 24-25). 그리고 기술(skill)이란, 사회복지사들이 사회복지실천의 과업을 수행하기 위해서 과학적 또는 그 밖의 방법으로 정리된 지식을 활용하여 클라이언트 체계의 바람직한 변화를 유도하는 데 사용되는 구체적인 절차와 기법을 말한다(Souflee, 1993; 황성철, 2000 재인용).

바커(Barker, 1991)는 사회복지사의 기술을 대화나 클라이언트의 문제, 욕구, 능력 등에 대한 사정, 자원개발과 사회구조를 변화시키는 데 있어서의 숙련성이라고 정의하였다. 사회복지사는 다양한 이론적 이해를 바탕으로 사회복지실천 목적을 달성하기 위한 실천기술을 활용하며, 각기 다른 상황에 적용되는 다양한 종류의 기술을 필요로 하므로 특정 상황에 맞는 기술을 선택하고 활용하는 능력이 요구된다. 따라서 사회복지실천기술을 새로운 삶의 창조라는 측면에서 예술적 측면으로 이해하기도 한다(김혜란 외, 2007: 26).

사회복지사의 주요 기능으로 첫째, 사람들의 문제해결과 처리 능력을 향상시키고 더욱 효과적으로 활용할 수 있도록 돕는다. 둘째, 사람들과 자원체계들 사이에 최초의 연결을 수립한다. 셋째, 사람들과 사회 자원체계들 사이의 상호작용을 촉진시키며, 새로운 관계를 수정하고 수립한다. 넷째, 자원체계 내 사람들 사이의 상호작용을 촉진시키며, 관계를 수정하고 수립한다. 다섯째, 사회정책의 개발과 수정에 기여한다. 여섯째, 물질적인 자원을 분배한다. 그리고 일곱째로 사회통제 매개인으로서의 기능을 한다고 언급하였다(김주연, 2007).

사회복지실천기술이란 로봇처럼 모든 클라이언트, 모든 문제, 모든 상황에 똑같은 방식으로 적용할 수 있는 단순 테크닉(technique)이 아니라, 사회복지가 전문직으로 가지고 있는 가치와 전문적 지식을 바탕으로 한 일련의 행위라고 할 수 있다(김주연, 2007).

이와 같은 사회복지실천지식과 기술의 내용을 가장 많이 포괄하는 교과 과목이 사회복지실천기술론이다. 현재 사회복지학 교과목 지침서(2018)는 개인과 집단, 가족, 지역사회를 대상으로 사회복지사가 숙지해야 하는 다양한 실천모델과 개입기술, 지식, 지침 등에 초점을 맞추고 있다.

사회복지실천현장에서 가장 잘 활용되는 실천기술을 조사한 결과, 개별대상, 집단대상, 가족대상의 개입기술, 지역사회 조직기술, 자원봉사자 관리기술, 프로그램 개발 및 평가기술, 조직관리 기술의 7개 영역으로 분류하였고, 하위군에는 핵심기술 42개의 지표를 제시하였는데, 7개의 영역을 직접적 실천기술과 간접적 실천기술로 분류하였다(엄명용, 2005; 한상미 외, 2008: 5 재인용). 이때 이 연구는 실천기술들이 왜 어떤 맥락에서 가장 많이 사용되고 있는지 사회복지사들이 설명할 수 있어야 함을 제시해 주었다.

엄명용 외(2008)는 사회복지실천의 기초기술을 다음과 같이 나눠 제시하였으며, 이러한 기술은 사회복지실천의 상황에 따라 각각 별도로 활용되기도 하지만, 통합적으로 혼합되어 사용되는 경우가 더 많다.

- 면담기술: 의사소통 및 관여 기술
- 사정기술: 개인과 환경의 상호작용 맥락에서 문제나 어려움의 발견
- 개입기술: 문제나 어려움을 해결하기 위한 기술
- 팀워크기술: 문제해결을 위해 다른 전문직과 합동하려고 노력하는 기술
- 지지망 구축기술: 개입효과의 지속성을 유지함으로써 클라이언트의 자립 유도
- 협상기술: 클라이언트 복지와 관련된 주변 체계와의 협상 기술
- 평가 및 종결기술: 클라이언트와 사회복지사의 협력적 노력의 결과를 평가하고 클라이언트의 자립 생활을 위해 종결하는 기술

2) 신입 사회복지사의 자질

사회복지실천현장에서 일을 하게 된 신입 사회복지사는 다양한 교육기관을 통해 사회복지 교과목을 이수하고, 사회복지현장실습과 자원봉사활동을 통해 현장에 대한 이해를 바탕으로 근무하게 된다.

이때 실천현장에서 자신의 능력을 잘 발휘하는 경우도 있지만, 실천현장에 대한 두려움과 부적응으로 처음의 현장을 떠나 또 다른 현장으로 눈을 돌리는 경우도 있다. 이런 경우가 발생하는 것은 교육을 통해 학습한 이론적 지식과 사전 이해가 부족하기 때문일 수도 있고, 동시에 실천현장에 맞지 않는 성향이기 때문일 수도 있다.

그리고 실천현장에 적합한 이론 지식이 현장에서 잘 적용되지 않고 실천학문으로서의 사회복지교육이 현장과 유리되어 있다는 문제가 제기되는 점을(황성철, 1996: 69) 고려해 보았을 때, 실천현장에서 요구하는 '현장

성'과 전문 인력을 배출하는 교육 현장과의 '소통'은 매우 중요하다. 김융일(2003: 87)은 사회복지학문과 실천현장의 가교 역할을 하는 사회복지 교육은 실천의 성과를 좌우하는 매우 중요한 요소라고 언급하였다. 따라서 '현장성'이 반영된 사회복지사를 양성해야 한다.

이런 점에서 사회복지실천현장에서 요구하는 신입 사회복지사의 자질에 관한 연구는 매우 의미가 있는데, 한상미 외(2008)는 개인적인 성품이나 인간성, 사회복지 마인드라고 불리는 전문적 윤리와 태도가 신입 사회복지사 채용에 중요한 영역이며, 구체적인 개입기술보다는 문서작업, 프로그램 개발 및 평가와 같은 실용적인 수준의 지식과 기술을 요구하고 있음을 제시하였다. 즉, 사회복지 마인드와 관련해서는 엄격하고 전문적인 수준을, 사회복지 지식과 기술과 관련해서는 일반적인 실천가 수준을 요구하고 있음을 제시하였다.

사회복지실천현장에서 전문가로 활동하는 사회복지사들은 이론적 지식과 경험을 바탕으로 현장에 맞는 실천기술을 활용하게 되는데, 이때 중요한 것은 사회복지 마인드를 갖고 있는가에 따라 서비스의 질이 달라질 수 있다는 점이다. 이것은 결국 사회복지사와 클라이언트 간의 관계와 서비스 효과에 중요한 영향을 미치게 된다.

2 사회복지 전문직

1) 사회복지의 전문직에 대한 관심

사회복지(social work) 명칭에 영향을 준 사람은 제프리 브래킷(Jeffrey Bracket)인데, 그는 1900년대 초기에 'social'이라는 용어가 발전하는 전문직 명칭의 한 부분이 됨을 주장했다. 'social'은 가족성원, 친구, 문화, 인종집단, 학교, 직장, 이웃, 지역사회 등을 포함하여 많은 다른 요소들과 같이 생활을 형성하는 중요한 힘과 사람들의 상호작용에 초점을 두고 묘사할 수 있기 때문이며, 또 'work'는 전문적인 실천과 자선적 활동을 구별하기 위해 첨가되었다.

사회복지사가 클라이언트에게 전문직이 허용하는 서비스를 제공하려면, 책임 있는 전문가는 전문직 영역 내에서 실천해야 한다는 것을 인지해야 한다. 전문직의 경계를 넘어선다면 전문적인 원조자는 클라이언트에게 오히려 부정적인 영향을 줄 수 있다. 왜냐하면 이러한 경계는 전문직의 정규 교육과 훈련 내용을 구성하는 기준이 되며, 전달할 서비스 내용을 분명히 해야 하기 때문이다.

즉, 사회복지가 전문성을 결여한 채 단순한 호기심에서 이루어지기보다는 책임과 훈련을 강조하는 전문직의 명칭으로 'work'를 포함시켜야 한다고 믿었다. 브래킷 이후 사회복지(social work)는 사회문제에 역점을 둔 훈련과정을 통하여 원조기법을 적용하는 전문직을 가리키는 명칭이 되었고, 사회복지의 영역은 점차 확대되고, 접근은 사회·행동과학에서 도출된 지식의 확장에 의해서 재형성되었다.

사회복지 전문직은 『사회사업사전』에서 '한 집단의 구성원들이 공유하면서 특정한 사회적 필요를 충족시키기 위해 사용하는 가치, 기술, 기능, 지식 및 신념의 체계'로 정의하고 있다(Barker, 1997: 196). 그러므로 전문직(Profession)은 홀(Richard N. Hall)이 지적한 바와 같이 전문조직을 활용하고 공중에 대한 신념과 자기규제(Self-regulation)에 대한 신념, 소명의식(Sense of Calling), 전문적 자율성(Professional Autonomy)을 지녀야 하고, 프리들랜더(Walter A. Friedlander)와 앱트(R. Z. Apte)가 지적한 특수한 능력(Special Competence)과 기술(Techniques), 실천가(Practitioners), 서비스 개발에 대한 관심 및 개인적인 책임을 지녀야 한다고 정의할 수 있다(대구대학교 사회복지연구소, 1985: 347; 송진옥, 2000: 19 재인용).

2) 사회복지사의 가치와 윤리

가치란 '좋다', '나쁘다', '바람직하다', '바람직하지 못하다' 등의 우선적 관심을 갖고 있는 일정한 상황, 사건 및 사물을 지적하는 용어이며, 가치관은 행동의 목표와 양식의 선택에 영향을 주는 바람직성 여부를 판단하는 평가적 개념이다(황응연, 1975: 7-8). 즉, 가치는 지식과 기술이 함께 하는 사회사업 실천의 3대 중심축의 하나로 로젠버그(Lowenberg)는 믿음과 같은 것으로 좋고 바람직한 것에 대한 지침이며, 적합한 행동을 선택하는 지침으로 정의하고 있다(양옥경 외, 2000: 55).

사회복지사는 최근의 사회적 가치에 대한 정확한 지식을 갖고 있어야 한다. 왜냐하면 전문직의 가치와 사회의 가치는 그 강조점과 해석, 우선순위에서 차이가 있지만, 사회의 가치는 일반적으로 전문적인 윤리적 행동을 위한 지침을 제공하기 때문이다. 또한, 사회복지사들은 윤리적 결정과정에서 자신의 개인적 가치를 명료화하기 위한 노력에 필수적이어야 한다(서미경 외, 2000: 76-79).

윤리(ethics)는 "사람이 사회적 관계에 있어서 사람으로서 마땅히 행하거나 지켜야 할 도리"(우리말 큰사전, 1992)라고 정의되며, 레비(Levy, 1976)는 사회복지윤리란 시행하는 데 있어서 가치로서의 행동의 비공식적 인정에 의해 또는 전문직과 관련된 공식적 행동에 의해 사회복지사가 합의적으로 채택하는 가치의 행동적 차원이라고 하였다. 그리고 사회복지 전문직의 윤리는 전문인으로서 행하거나 지켜야 할 도리이며, 전문직의 행동기준과 원칙이 되는 것이다(문인숙, 1991: 41; 송진옥, 2000: 31 재인용).

전문가 윤리는 사회복지사가 자신의 전문석 가치를 실천적 행동으로 전환하도록 돕는 지침이 되고, 전문가 윤리강령이란 사회복지사에게 기대되는 윤리적 행동을 찾아내어 이를 기술한 것이다(서미경, 2000: 38).

사회복지 전문직에 대한 전문성 문제가 제기되면서 사회복지사의 직업윤리와 가치의 중요성 또한 제기되었고, 사회복지사의 직업윤리와 가치에 대한 지침서로서 '한국사회복지사 윤리강령'이 있다. 한국사회복지사 윤리강령은 미국사회복지사협회(NASW)의 사회사업윤리강령에 기초하며 1992년 한국사회복지사협회가 제정, 공포하여 현재까지 활용하고 있다. 윤리강령의 중요내용은 '모든 인간은 인간이라는 점에서 동등한 자격이 있다'라는 생각으로 인류의 공존을 꾀하고, 복지를 실현하려는 박애적인 사상인 '인도주의(humanitarianism)'와 '민주주의 이념(democratic idea)'을 실현하는 데에 윤리강령의 기본이념을 같이 하고 있다. 따라서 사회복지사는 특정 사례와 관련하여 윤리적, 법적 책임 간에 갈등이 없을 경우, 이 윤리강령에 명시된 적절한 의무를 따라야 한다. 그러나 사회복지실천의 윤리원칙이 배타적인 경우가 발생할 때, 실천현장의 경험이 있는 사회복지사 개인이 사회복지의 가치와 다양한 윤리적 측면을 고려하여 서비스 이용자의 권익을 우선으로 하는 신중한 결정을 내려야 한다(손광훈, 2011: 57).

3) 사회복지사는 전문가이다

사회복지는 복잡하고 변화하는 사회에서 필수불가결한 전문직이지만 쉽게 설명할 수 없다. 사회복지의 다양성이란 특징 때문이다. 여러 가지 다양성을 통해 사회복지는 변화를 시도한다. 이러한 다양한 클라이언트와의 활동 때문에 사회복지가 무엇인가라는 간단한 질문에 답하기란 매우 어렵다.

사회복지직은 사회적 환경 내에서 그리고 가능한 환경까지 변화시키며, 사람들의 기능을 원조하는 전문직이다. 여기서 중요한 것은 환경 속의 개인이라는 측면이다. 사회복지사는 책임 있는 전문가가 되기 위해서 전문직의 영역을 이해하고 수행해야 한다. 사회복지 전문직의 영역을 환경 내에서 보다 편안하게 적응하고 기능하도록 사람들을 변화시키고 보다 지지적인 환경이 되도록 만든다. 이러한 도움은 사회적 프로그램(예: 물질적인 사회적 급여, 정신적인 사회서비스 제공, 조직적인 지역사회 변화활동 등)을 통하여 제공된다.

또한 다양한 상황에 있는 사람들과 전문 원조관계를 형성하여 그들의 욕구에 맞는 원조서비스(helping service)를 제공하는 흥미롭고 도전적인 전문직이다(Cournoyer, 1991: 1). 다시 말해, 사람은 삶 속에서 하나의 틀에 맞춰 설명할 수 없는 다양한 문제와 욕구를 가지고 있으므로, 사회복지사가 만나는 클라이언트의 특성을 명확한 객관적 기준으로 제시하기는 어렵다.

클라이언트는 위기상황, 문제, 어려움과 좌절 또는 걱정 등이 있는 문제 상황에서 원조를 필요로 한다. 여기서 명명되는 문제란 수학적인 의미의 문제를 의미하는 것이 아니다. 클라이언트가 제대로 대처하기 어려운 삶 속의 복합적인 문제를 말하는 것으로, 문제 상황이라고 표현하는 게 더 바람직할 것이다(신성자 외, 2007: 18; 김주연, 2007: 40 재인용).

그런 점에서 사회복지실천은 개인 환경의 공유영역과 상호작용에 개입하는 것이 본질적 초점이며, 사회복지실천의 전문성을 향상시키기 위해 치료적 기법 향상에만 치중하는 것보다 환경에 개입하는 간접적 개입 방법을 아는 것 역시 중요하다. 또한, 사회복지실천의 전문성 향상을 위하여 정체성이 약화되어서는 안 되며, 정체성(Professionalism) 확립을 위해 전문성이 약화되어서도 안 된다(김주연, 2007: 73).

3 사회복지실천현장 영역에 대한 이해

1) 사회복지실천현장의 개념

사회복지는 인간의 삶과 밀접한 관련이 있으며, 이에 따라 인간의 모든 삶의 영역은 사회복지사가 활동하는 실천현장으로서 다양함을 갖는다.

사회복지 실천현장은 좁은 의미에서 '클라이언트에게 사회복지서비스를 직·간접적으로 제공하는 사회복지기관'을 의미한다. 그 예로, 종합사회복지관, 노인복지관, 장애인복지관 등을 말한다. 그러나 넓은 의미에서 '사회복지실천이 이루어지는 전문 분야, 전문 영역'을 의미하는데, 서비스의 초점이 문제, 대상 집단 등을 모두 포괄하며, 이때 대상별(아동, 청소년, 노인, 여성, 장애인, 외국인노동자 등), 영역별(약물남용, 의료, 보건, 정신건강 등), 장소별(학교, 병원, 군부대, 교정시설, 경찰서 등) 등으로 구분된다.

2) 사회복지실천현장 분류의 기준과 유형

사회복지실천현장은 사회문제가 다양화됨에 따라 특정 서비스 대상이나 사회문제에 초점을 두는 사회복지기관이 증가하고, 실천현장은 점차 다양화·세분화되는 경향이 있다.

사회복지실천현장은 첫째, 기관의 목적에 따라 1차 현장과 2차 현장으로 구분된다. 1차 현장은 기관의 우선적인 목적과 기능이 사회복지서비스 제공인 곳으로 사회복지사가 중심이 되어 활동하는 실천현장을 말하고, 2차 현장은 기관의 일차적인 기능은 사회복지서비스 제공이 아니지만 사회복지서비스가 기관 운영과 서비스 효과에 도움을 주기 때문에 사회복지 개입이 이루어지는 실천현장을 말한다.

둘째, 기관의 설립주체 및 재원조달 방식에 따라 공공기관과 민간기관으로 나뉜다. 공공기관은 서비스를 계획, 관리, 지원하는 행정체계와 소득보장이나 아동보호, 여성보호와 관련된 프로그램을 직접적으로 제공하는 집행체계로 나뉜다. 민간기관은 사회복지 관련 사업을 목적으로 사회복지법인이나 재단법인, 사단법인, 종교단체, 시민사회단체 등의 비영리기관을 말한다. 민간기관은 직접적인 서비스를 제공하는 사회복지서비스 기관과 간접 서비스나 행정지원을 위해 조직된 협의체로 나뉜다.

셋째, 서비스의 제공 방식에 따라 서비스기관과 행정기관으로 나뉘고, 서비스기관은 주요 대상이나 문제영역에 따라 분야가 나뉘며, 해당분야의 클라이언트에게 서비스를 제공하는 것을 목적으로 한다. 행정기관은 서비스 전달의 효율적 발전을 목표로 기획, 감독, 조정 등의 행정업무를 담당한다.

넷째, 주거서비스 제공 여부에 따라 거주(생활)시설과 이용시설로 나뉜다. 거주(생활)시설은 주거서비스를 포함한 제반 사회복지서비스를 제공하는 시설로 사회복지사업법에 정한 많은 시설이 수용·보호적 성격을 지닌 생활시설에 속한다. 이용시설은 자신의 가정에 기거하는 클라이언트를 대상으로 주거서비스 이외의 사회복지 관련 서비스를 제공하는 기관을 통칭한다.

다섯째, 이윤추구 여부에 따라 영리기관과 비영리기관으로 나뉜다. 영리기관은 이윤추구의 목적을 갖고 있으며, 이윤추구의 목적보다는 서비스 제공을 목적으로 하는 비영리기관이 있다. 서비스 영역에 따라 아동, 청소년, 장애인, 노인, 여성 및 가족, 의료분야, 소득보장 등으로 나뉜다.

① 기관의 기능 혹은 목적: 1차 현장과 2차 현장

- 1차 현장: 사회복지관, 사회복지 이용시설과 거주(생활)시설, 사회

복지재단 등

- 2차 현장: 병원, 학교, 기업, 교정시설, 군부대 등

② 기관설립주체 및 재원조달방식: 공공기관과 민간기관

③ 서비스 제공방식: 서비스기관과 행정기관

④ 주거서비스 제공 여부: 거주(생활)시설과 이용시설

⑤ 이윤추구 여부: 영리기관과 비영리기관

⑥ 서비스 영역: 아동, 청소년, 장애인, 노인, 여성 및 가족, 의료분야, 소득보장 등

3) 사회복지사의 경력인정 기준

사회복지사 2급 취득 후에 학사 학위자는 1급 시험에 응시할 수 있고, 전문학사 학위자의 경우에는 사회복지 실무경력 1년 이상을 쌓아야 1급 시험에 응시할 수 있다. 또한 사회복지현장에 근무한 사회복지사가 다른 기관으로 이직할 때, 자신의 경력이 어느 정도 인정받는가에 따라 새로운 현장에서 사회복지사에 대한 처우가 달라지므로 이 점은 매우 중요하다.

현재 한국사회복지사협회에서 운영하고 있는 '사회복지사 자격관리센터(http://lic.welfare.net)'에서 제시한 내용을 살펴보면 다음과 같다.

사회복지사로 근무해야 할 사회복지시설이란 사회복지사업법 제2조의 사회복지사업을 행할 목적으로 설치된 시설을 말한다. 따라서 사회복지시설 경력인정 기준은 사회복지 관련 법령에 의거하여 등록된 시설에서 사회복지사로 근무한 것을 사회복지사 경력으로 인정한다.

사회복지시설의 경력인정 확인방법은 다음과 같다. 사회복지시설의 실무경력 인정 여부는 시설신고증(설치근거가 되는 정관 등의 서류), 경력(재직)증명서, 업무분장표 등을 통해 확인한다. 사회복지법인 및 시설의 경우 시설장, 총무, 생활지도원 등은 인정되지만, 직장체험 연수, 시설관리, 운전직, 조리원, 영양사, 운전사, 위생원 등 기능직종의 경력은 사회복지사 경력으로 인정이 불가하다. 기타 사회복지시설 이외의 사회복지사 실무경력 인정범위를 살펴보면, 시민단체 및 기타의 단체(시설)는 관청의 허가를 받

은 단체(시설)로 사회복지사업을 목적으로 비영리사업을 하는 단체일 경우에 한해 경력을 인정하며 이를 증명할 수 있는 서류인 정관, 운영규정, 기구표 등을 제출하여야 한다.

표 1-1 사회복지사 자격증 발급 관련 사회복지사업 실무경험 인정 직종

2018.1.26. 기준

※ 유의사항 1: 이 자료는 참고용이며, 법령 개정이나 사업내용(채용기준) 등의 변경으로 인해 인정 범위가 바뀐 것은 바뀐 내용을 따라야 합니다. 별도 직종 표기가 없는 것은 '직책'이 사회복지사인 경우 인정합니다.

※ 유의사항 2: 사회복지사 자격증 발급 요건 이외(취업 시 경력 산정, 호봉 산정, 시설 설치 기준 경력 등)의 산정 기준과는 다를 수 있습니다.

경력인정(사회복지사업법 및 27개 하위법률)			
관련법 또는 사업명	기관 및 단체		직종
사회복지사업법	종합사회복지관	종합사회복지관	관장, 사무분야의 책임자, 사회복지사
	부랑인시설	부랑인시설	시설장, 상담요원, 사회복지사, 생활복지사, 생활지도원
		노숙인쉼터	
		상담보호센터	
	결핵·한센시설	결핵·한센시설	사회복지사
	지역사회복지(실무)협의체	지역사회복지(실무)협의체	사회복지사, 간사, 코디네이터
	사회복지법인	사회복지법인	사회복지사, 간사
	사회복지사협회	사단법인	사회복지사
	사회복지협의회	사회복지협의회	사회복지사, 간사
국민기초생활보장법	중앙(지역)자활센터	중앙(지역)자활센터	센터장, 사회복지사
아동복지법	아동복지시설	아동양육시설	시설장, 총무(사무국장), 보육사, 생활복지사, 상담지도원, 자립지원전담요원, 사회복지사
		아동일시보호시설	
		아동보호치료시설	
		아동직업훈련시설	
		자립지원시설	

		아동단기보호시설	
		아동상담소	
		아동전용시설	
		아동복지관	
		공동생활가정	
		지역아동센터	시설장, 생활복지사, 사회복지사, 아동복지교사(아동청소년지도교사, 야간복지교사, 야간보호교사, 실무지원교사, 지역사회복지사만 인정)
	아동보호전문기관	아동보호전문기관	시설장, 상담원, 사회복지사
	가정위탁지원센터	가정위탁지원센터	센터장, 상담원, 사회복지사
	취약계층 아동에 대한 통합서비스지원	드림스타트 사업기관(부서)	사회복지전담공무원, 아동통합서비스전문요원(복지분야), 지역사회복지사
노인복지법	노인복시시설	노인주거복지시설	시설장, 사회복지사
		노인의료복지시설	시설장, 사회복지사
		노인여기복지시설	시설장, 상담지도원, 사회복지사
		재가노인복지시설	시설장, 사회복지사
		노인보호전문기관	기관장, 상담원, 사회복지사
	노인일자리전담기관	시니어클럽	노인일사리전담인력(사회복지사)
	치매상담센터	치매상담센터	센터장, 상담원, 사회복지사
장애인복지법	장애인복지시설	장애인생활시설 장애인유료복지시설	시설장, 총무, 사회재활교사, 직업훈련교사, 시설훈련교사, 생활지도원, 사회복지사, 장애활동보조인
		장애인지역사회재활시설(장애인복지관 등)	시설장, 사무국장, 사회복지사 1~5급, 장애활동보조인
		장애인직업재활시설	시설장, 사무국장, 직업훈련교사, 사회복지사, 장애활동보조인

		장애인 생산품 판매시설	시설장, 사회복지사, 장애활동보조인
		수화통역센터	수화통역사, 장애활동보조인
		점자도서관과 점자도서 및 녹음서 출판시설	시설장(관장)
	중증장애인자립생활지원센터	중증장애인자립생활지원센터	센터장, 사회복지사, 장애활동보조인
한부모가족지원법	한부모가족복지시설	모(부)자보호시설	시설장, 총무(사무국장), 생활복지사, 생활지도원, 사회복지사
		모(부)자자립시설	
		미혼모자시설	
		미혼모자 공동생활가정	
		모(부)자 공동생활가정	
		미혼모 공동생활가정	
		일시보호시설	
		여성복지관	
		한부모가족복지상담소	소장, 상담원, 사회복지사
영유아보육법	보육시설	국공립보육시설	시설장(원장), 사회복지사
		법인보육시설	
		직장보육시설	
		가정보육시설	
		부모협동보육시설	
		민간보육시설	
	육아종합지원센터	육아종합지원센터	센터장, 보육전문요원, 사회복지사
성매매방지 및 피해자보호 등에 관한 법률	지원시설	일반지원시설	시설장, 사무국장, 상담원, 사회복지사
		청소년지원시설	
		외국인여성지원시설	
		자활지원센터	

	성매매피해상담소	성매매피해상담소	시설장, 사무국장, 상담원, 사회복지사
	성매매방지중앙지원센터	성매매방지중앙지원센터	센터장, 팀장, 사회복지사
정신건강증진 및 정신질환자 복지서비스 지원에 관한 법률(구, 정신보건법)	사회복귀시설	정신질환자생활시설	시설장, 전문요원, 재활활동요원, 사회복지사
		정신질환자지역사회재활시설	
		정신질환자직업재활시설	
		중독자재활시설	
		정신질환자생산품판매시설	
		정신질환자종합재활시설	
	국,공립정신병원	국·공립정신병원	사회복지사
	정신요양시설	정신요양시설	시설장, 사무국장, 전문요원, 생활지도원, 생활복지사, 작업지도원
	정신건강복지센터(구, 정신보건센터)	정신건강복지센터(구, 정신보건센터)	정신건강(정신보건)사회복지사
성폭력방지 및 피해자보호 등에 관한 법률	성폭력피해상담소	성폭력피해상담소	상담소장, 상담원, 사회복지사
	성폭력피해자보호시설	성폭력피해자보호시설	시설장, 상담원, 사회복지사
입양특례법	입양기관	입양기관	아동상담원, 사회복지사
일제하 일본군위안부 피해자에 대한 생활안정지원 및 기념사업 등에 관한 법률	일본군위안부 피해자 보호시설	일본군위안부 피해자 보호시설	사회복지사
사회복지공동모금회법	사회복지공동모금회	사회복지공동모금회	사회복지사

장애인·노인·임산부 등의 편의증진 보장에 관한 법률			
가정폭력방지 및 피해자보호 등에 관한법률	가정폭력피해자 보호시설	단(장)기보호시설	시설장, 상담원, 생활지도원, 사회복지사
		외국인보호시설	
		장애인보호시설	
	긴급전화센터	긴급전화센터	센터장, 상담원, 사회복지사
	가정폭력피해상담소	가정폭력피해상담소	상담소장, 상담원, 사회복지사
농어촌주민의 보건복지증진을 위한 특별법	복합노인복지시설	복합노인복지시설	시설장, 사회복지사
식품기부 활성화에 관한 법률	식품기부사업소	식품기부사업소	기부식품제공사업전담인력, 사회복지사
의료급여법			
기초연금법			
긴급복지지원법			
다문화가족지원법	다문화가족지원센터	다문화가족지원센터	사회복지사
장애인연금법			
장애인활동 지원에 관한 법률	활동지원기관	활동지원기관	관리책임자, 사회복지사, 전담관리인력, 장애활동보조인
노숙인 등 복지 및 자립지원에 관한 법	노숙인 시설	노숙인일시보호시설	시설장, 사회복지사, 상담요원, 생활복지사, 정신보건사회복지사
		노숙인자활시설	
		노숙인재활시설	
		노숙인요양시설	
		노숙인급식시설	
		노숙인진료시설	
		쪽방상담소	
		노숙인종합지원센터	

보호관찰 등에 관한 법률	갱생보호시설	갱생보호시설	시설장, 사회복지사, 생활지도사
	한국법무보호복지공단		갱생업무담당부서원
장애아동 복지지원법	발달재활서비스 제공기관	발달재활서비스 제공기관	기관장, 사회복지사
	어린이집	장애아 전문, 장애인통합어린이집	원장, 사회복지사
발달장애인 권리보장 및 지원에 관한 법률	발달장애인지원센터	발달장애인지원센터	사회복지사
청소년복지지원법	청소년쉼터 및 자립지원관		시설장, 보호·상담원, 자립지원요원, 사회복지사
	청소년치료재활센터		시설장, 관리업무책임자, 보호·자립지원요원, 사회복지사
	청소년회복지원시설		시설장, 보호·상담원, 사회복지사
	시·도 청소년상담복지센터		청소년 대상 실무업무 수행직원, 생활 지도 직원(일시보호시설근무)
	시·군·구 청소년상담복지센터		청소년 대상 실무업무 수행직원

※ 참고: 장애인활동보조인의 경우 시간제로 근무한 경우는 1주 40시간을 기준으로 총 2,080시간을 1년으로 산정함

※ 참고: 청소년활동진흥법은 사회복지사업법을 기본법으로 하는 개별 법이 아니므로, 청소년활동진흥법에 의거한 청소년수련관은 사회복지사 이외의 직책에서 근무한 경력은 인정되지 않음

경력인정되는 사례(사회복지사업법 및 27개 하위법률 외)		
관련법 또는 사업명	기관 및 단체	직종
자원봉사활동기본법	자원봉사센터	센터장, 사회복지사, 코디네이터
아동청소년 성보호에 관한 법률	성교육 전문기관	기관장, 팀원, 전담강사
청소년활동진흥법	청소년수련관	사회복지사
의료법	병(의)원	의료사회복지사
건강가정기본법	건강가정지원센터	사회복지사
장기등이식에관한법률	장기이식관리, 등록기관	사회복지사
북한이탈주민의보호 및정착지원에관한법률	북한이탈주민 지역적응센터 (하나센터)	사회복지사
교육복지투자우선 지역지원사업	초, 중, 고등학교	지역사회교육전문가, 프로젝트조정자 ※ 교육복지사, 상담복지사 직종의 경우 대구지역에 한해 한정(다른 지역일 경우에는 채용공고 및 취업규칙을 살펴봐야 함)
노인돌봄서비스사업 (구, 독거노인생활 관리사파견사업)	사회복지시설 등	노인돌봄서비스관리자
노인장기요양보험법	장기요양센터, 재가장기요양기관	관리책임자(반드시 사회복지 업무 담당), 사회복지사
지방자치단체	주민자치센터((구)동사무소), 통합사례관리전담기구 등	사회복지전담공무원, 통합사례관리사, 행정인턴(사회적일자리사업)
사회복지사 등의 처우 및 지위향상을 위한 법률	한국사회복지공제회	사회복지사

※ 노인돌봄서비스사업이 「2020년 노인맞춤돌봄서비스」로 변경되었으며 이 사업을 담당하는 수행인력을 「전담사회복지사」로 부른다.

심사가 필요한 사례(해당증빙서류필요)		
관련법 또는 사업명	기관 및 단체	직종
지방자치단체	주민자치센터((구)동사무소) 등 지방자치단체	사회복지관련업무자 (단, 업무분장상 사회복지역할을 수행하여야 가능)
	보건소, 정신건강증진센터	사회복귀시설관련업무 (단, 정신보건법에 의한 사회복지업무 수행경력 인정)
시민단체, 사단(재단)법인, 비영리민간단체	관청의 허가를 받은 단체(시설) 사회복지사업을 목적으로 하는 기관 (※ 참고: 정관, 운영규정 등에 사회복지사업을 목적사업으로 하고 있는지 여부를 검토)	사회복지관련업무자 (단, 업무분장상 사회복지업무를 수행하여야 하며, 직종표기상 '사회복지사'로 표기되어야 함)
장애인복지법	장애인심부름센터, 장애인체육시설, 장애인수련시설	사무원(사회복지업무 수행자)
청소년복지지원법 시행령	시·도 청소년상담복지센터	센터의 장, 관리 업무 수행 직원
	시·군·구 청소년상담복지센터	센터의 장, 관리 업무 수행 직원
장애인등에대한 특수교육법	특수학교, 특수학급	시회복지사, 생활지도 관련 업무 수행자
보건복지부	보건복지부 콜센터	사회복지사, 상담사(단, 직종표기상 '사회복지사' 또는 '상담사'로 표기되어야 하며, 채용 시 사회복지사 자격요건 필수요건인지 확인해야 함)
기타	사회복지사업을 목적으로 하는 기관, 단체	시설장, 총무, 생활지도원, 직업훈련교사, 노인돌보미서비스관리자, 노인일자리전담인력사회복지사 등(단, 업무분장상 사회복지업무를 수행하여야 하며, 직종표기상 '사회복지사'로 표기되어야 함)

※ 해당증빙서류는 각 기관 및 시설마다 다르나, 위 직종에 분류되어 있다고 하더라도 경력 또는 재직증명서상 반드시 '직종'이 '사회복지사'로 표기되어 있어야 함(국가기관 제외)

인정되지 않는 사례		
관련법 또는 사업명	기관 및 단체	직종
노인장기요양보험법, 노인복지법	재가장기요양기관, 노인복지법에 의거 설치된 기관	요양보호사 ※ 참고: 노인복지법에 의거 설치된 기관에서의 요양보호사 경력은 2016년 2월 29일까지의 경력만 인정 가능. 2016년 3월 1일부터 인정불가(2016 사회복지사 자격관리 지침 35쪽 참조)
교육복지투자우선 지역지원사업	초, 중, 고등학교	방과후교사
장애인등에대한 특수교육법	특수학교, 특수학급	특수교육보조원 등
의료법 및 간호조무사 및 의료유사업자에 관한 규칙	각종 사회복지시설	간호사, 간호조무사
건강보험법	국민건강보험공단	직원
국민연금법	국민연금관리공단	직원
장애아동 복지지원법	발달재활서비스 제공기관	발달재활서비스 제공 인력(치료사, 강사 등)
재해구호법	전국재해대책협의회	재해구호 관련 직종
기타	직장체험연수	연수자
	고용지원센터	취업지원, 고용서비스인턴 등
	지방자치단체 등	장애인행정도우미

※ 참고 1: 직장체험연수, 시설관리, 운전직, 조리원, 영양사, 운전사, 위생원, 배차원, 간병사 등 기능직종의 경력은 인정 불가

※ 참고 2: 별도의 자격증 소지자가 해당 직종의 정원으로 근무한 경력은 인정 불가(청소년지도사, 청소년상담사, 간호사, 간호조무사, 물리치료사, 보육교사, 수화통역사, 영양사, 요양보호사, 의사, 조산사, 직업재활사, 치과의사, 한의사 등)

사회복지사업의 실무경험 인정범위

○ 다음 네 가지 요건을 모두 충족한 경우(서로 교집합이 되는 부분)를 인정하며, 하나라도 만족하지 않을 경우 불인정. 확인이 불분명한 경우 추가서류 요청.

① 사회복지시설에서 근무한 경력

법령이 정한 사회복지시설 근무경력만 인정합니다.
- 사회복지법인(시설) 여부는 시설운영자의 주관적인 목적이 아니라 사회복지사업법 제2조의 '사회복지사업'을 행할 목적으로 설치돼 실질적으로 사회복지사업을 행하는지에 따라 판단합니다.
- 법인(시설)신고증을 받아 확인(사회복지사업 제2조 제1호에 따른 개별 법령을 근거로 관청에 설치신고가 돼 있는지)하거나,
- 법인(시설)등록증 및 정관을 받아 확인(비영리법인으로 관점에 등록된 시설 중 사회복지사업법 제2조 제1호의 사회복지사업 목적과 동일한 목적을 가진 단체인지)합니다.
- 고유번호증, 사업자등록증은 요건심사 불가능한 서류입니다.

② 사회복지사로서 근무한 경력

사회복지사 자격증 취득일(발급일)로부터의 근무경력만 인정합니다.
- 사회복지사 자격증 사본을 받아 발급일을 확인(자격관리전산프로그램으로 동일인이 검색되는지)합니다.
- 자격 요건이 된 날로부터의 경력이 아닌, 자격증 취득일(발급일)로부터의 경력입니다.
- 다만, 사회복지사 1급 국가시험 응시기준상의 2급으로서의 경력은 법령이 정한 등급별 자격 기준에 따라 자격증 취득일(발급일)이 아닌 자격 요건이 된 날로부터의 경력을 환산합니다.

③ 상근직으로 근무한 경력

상근적으로 채용되어 근무한 경력만 인정합니다.
- 건강보험자격득실확인서(건강보험공단 발급) 또는 소득금액증명서(국세청 발급)를 받아 확인합니다.

- 4대보험 납입증명서, 갑근세납세필증명서 등이 대체 가능 서류입니다.
- 해당 직위가 겸직이 금지된 상근직임이 법조문에 명시돼 있다 하더라도 해당 서류는 제출하셔야 합니다. 상근 여부는 제출 서류만으로 완벽한 확인이 되지 않습니다.

④ 사회복지업무를 수행한 경력

법령이 정한 사회복지업무 수행 경력만 인정합니다.
- 경력(재직) 증명서에 표기된 직종, 직책(직위 아님), 업무 등을 확인합니다.
- 불분명하거나 확인이 어려우면, 정관이나 운영규정, 업무분장표, 직제표, 기구표 등을 받아 추가 확인합니다.
- 발급기관에 따른 경력증명서 종류와 예시는 통상적으로 다음 상자와 같으며, 간호사, 간호조무사, 물리치료사, 보육교사, 영양사, 요양보호사 등 다른 국가자격 직종, 간병사, 시설관리인, 운전사, 조리원, 위생원, 회계원 등 다른 직종 경력, 직장 체험연수 기간 등은 인정하지 않습니다.

발급기관	내용
행정기관	○중앙행정기관의 장, 시장·도지사, 시장·군수·구청장 명의로 발급 - 사회복지전담공무원은 경력증명서에 사회복지전담공무원 명시 - 사회복지관련 업무자는 담당부서가 명시되어야 하며, 인사기록카드(또는 업무분장표) 사본을 첨부하도록 함 ※ 총 기간 중 사회복지업무(사회복지사업법 제2조제1호가 정의한 업무) 관련 경력만 인정
사회복지 법인·시설	○법인 이사장 또는 시설장 명의로 발급(경력산정기간 이전에 발급된 사회복지법인 또는 사회복지시설 신고증 사본 첨부) - 근무부서 및 직위를 명확히 기재 - 이사장의 경우 상임이사에 한해 경력이 인성되며, 경력증명서는 해당관청(시·군·구)에서 발급받을 것
보육시설	○원장이 발급(경력산정기간 이전에 발급된 사회복지시설 신고증 사본 첨부) - 해당관청(시·군·구)에서 발급한 경력증명서는 시설 신고증 첨부하지 않아도 됨
복지관	○복지관장 명의로 발급 - 근무부서 및 직위를 명확히 기재
병원	○의료사회사업가의 경력만 인정 - 서류 제출 시 정관이나 운영규정, 직제표 등을 반드시 첨부

기타	ㅇ시민단체 및 기타의 단체(시설)는 해당관청의 허가를 받은 단체(시설로) 사회복지사업을 목적으로 비영리시업을 하는 단체일 경우에 한해 경력 인정하며 이를 증명할 수 있는 서류인 정관, 운영규정, 기구표 등을 제출 - 사회복지 실무경력 인정 여부는 한국사회복지사협회 내 자격제도위원회 논의에 따라 결정될 수 있음

<주의사항>

▸사회복지사 자격 승급 시 해당 자격증 발급일자를 기준으로 경력을 산정함

▸조건부시설은 조건부시설신고증에 표기된 '02년 이후 날짜부터 '05년 7월 31일까지 경력만 인정됨

▸재직(경력)증명서, 졸업증명서, 성적증명서, 사회복지현장실습확인서는 원본 제출

※ 관공서 팩스민원 및 인터넷으로 발급되는 증명서는 원본으로 인정함

▸모든 증빙서류는 최근 6개월 이내 발급받은 서류를 인정함

※ 인터넷 발급서류는 최근 3개월 이내 발급받은 경우에 인정함

▸사회복지법인·시설의 경우 경력인성 분야: 시설장, 총무, 생활지도원, 직업훈련교사, 보육사 등

※ 다른 국가자격 직종 및 시설 내 다른 기능 직종, 연수 및 체험 등의 경력은 인정되지 않음

* 이상 네 가지 요건을 모두 충족한 경우(서로 교집합이 되는 부분)을 인정하며, 하나라도 만족하지 않을 경우 불인정. 확인이 불분명한 경우 추가서류 요청.

사회복지사업이란?
(근거: 사회복지사업법 제2조 제1호)

제2조(정의) 이 법에서 사용하는 용어의 뜻은 다음과 같다.

1. "사회복지사업"이란 다음 각 목의 법률에 따른 보호·선도(善導) 또는 복지에 관한 사업과 사회복지상담, 직업지원, 무료 숙박, 지역사회복지, 의료복지, 재가복

지(在家福祉), 사회복지관 운영, 정신질환자 및 한센병력자의 사회복귀에 관한 사업 등 각종 복지사업과 이와 관련된 자원봉사활동 및 복지시설의 운영 또는 지원을 목적으로 하는 사업을 말한다.

가. 「국민기초생활 보장법」
나. 「아동복지법」
다. 「노인복지법」
라. 「장애인복지법」
마. 「한부모가족지원법」
바. 「영유아보육법」
사. 「성매매방지 및 피해자보호 등에 관한 법률」
아. 「정신건강증진 및 정신질환자 복지서비스 지원에 관한 법률」
자. 「성폭력방지 및 피해자보호 등에 관한 법률」
차. 「입양특례법」
카. 「일제하 일본군위안부 피해자에 대한 생활안정지원 및 기념사업 등에 관한 법률」
타. 「사회복지공동모금회법」
파. 「장애인·노인·임산부 등의 편의증진 보장에 관한 법률」
하. 「가정폭력방지 및 피해자보호 등에 관한 법률」
거. 「농어촌주민의 보건복지증진을 위한 특별법」
너. 「식품등 기부 활성화에 관한 법률」
더. 「의료급여법」
러. 「기초연금법」
머. 「긴급복지지원법」
버. 「다문화가족지원법」
서. 「장애인연금법」
어. 「장애인활동 지원에 관한 법률」
저. 「노숙인 등의 복지 및 자립지원에 관한 법률」
처. 「보호관찰 등에 관한 법률」
커. 「장애아동 복지지원법」
터. 「발달장애인 권리보장 및 지원에 관한 법률」
퍼. 「청소년복지 지원법」
허. 그 밖에 대통령령으로 정하는 법률

※ 이 게시물은 보건복지부장관이 사회복지사업법 시행령 제3조제3항의 규정에 따라 공고했던 국가시험 시행계획 및 관련 법령 등을 토대로 사회복지사 자격증 발급 수준 및 국가시험응시자격 기준에 대해 일반인의 이해를 돕기 위해 작성한 것입니다. 국가시험 응시자격 및 과목, 등급별 사회복지사 자격증 발급 기준은 사회복지사업법령이 정하고 있습니다. 법령개정 등으로 기존 내용이 변경된 경우는 개정

법령을 적용합니다. 국가시험은 본인이 응시하는 회차의 시행계획을 반드시 확인하시기 바랍니다.

참고 사회복지사 1급 국가시험 및 자격증 발급 순서

구분	순서	비고
국가 시험	① 필기고사	한국산업인력**공단** 주관
	② 서류심사	한국사회복지사협회 수행 ※지방협회가 수행하지 않음
	③ 최종합격자 발표	한국산업인력**공단** 주관
자격증 신청.접수 및 발급	④ 발급 신청	최종합격자가 **지방사회복지사협회**로 개별 신청
	⑤ 심사 발급	한국사회복지사협회 수행 ※지방협회가 수행하지 않음

☆푸른색 부분이 한국사회복지사협회가 수행하는 업무입니다.

Key Point

- 사회복지실천이란 'Social work practice'라고 번역되며, 사회복지실천은 사람의 삶의 질 향상을 위해 개인, 집단, 그리고 가족, 지역사회에 대한 정확한 이해를 기반으로 다양한 문제와 요구에 맞는 서비스를 제공하는 전문 휴먼 서비스 활동이다.
- 사회복지사에게 필요한 지식은 사회복지대상자에 관한 이해로부터 실천과정, 사회정책에 이르기까지 다양하며, 구체적인 내용은 인간행동과 발달에 관한 지식, 인간관계와 상호작용에 관한 지식, 실천이론과 모델에 관한 지식, 특정 분야나 대상 집단에 대한 지식, 사회정책과 서비스에 관한 지식, 사회복지사 자신에 관한 지식 등이 포함된다.
- 사회복지실천현장에서 요구하는 신입 사회복지사의 자질은 개인적인 성품이나 인간성, 사회복지 마인드라고 불리는 전문적 윤리와 태도가 신입 사회복지사 채용에 중요한 영역이며, 구체적인 개입기술보다는 문서작업, 프로그램 개발 및 평가와 같은 실용적인 수준의 지식과 기술을 요구하고 있다.
- 사회복지사는 클라이언트에게 전문직이 허용하는 서비스를 제공하려면, 책임 있는 전문가는 전문직 영역 내에서 실천해야 한다.
- 사회복지 전문직에 대한 전문성 문제가 제기되면서 사회복지사의 직업윤리와 가치의 중요성 또한 제기되었고, 그에 대한 지침서로서 '한국사회복지사 윤리강령'이 있다. 한국사회복지사 윤리강령은 미국사회복지사협회(NASW)의 사회사업윤리강령에 기초하며 1992년 한국사회복지사협회가 제정, 공포하여 현재까지 활용하고 있다.
- 사회복지실천현장은 다양한 상황에 있는 각 계층의 사람들에게 원조관계를 형성하여 그들의 욕구에 맞는 원조서비스(helping service)를 제공하는 흥미롭고 도전적인 전문직이다.
- 사회복지실천현장은 좁은 의미에서 '클라이언트에게 사회복지서비스를 직·간접적으로 제공하는 사회복지기관'을 의미하고, 넓은 의미에서 '사회복지실천이 이루어지는 전문 분야, 전문 영역'을 의미한다.

응용문제

1 다음 중 사회복지사 자격취득과 관련하여 국가고시 제도가 시행된 것은 언제인가?

① 2000년 ② 2001년 ③ 2002년
④ 2003년 ⑤ 2004년

2 다음은 사회복지의 무엇에 관한 설명인가?

> **보 기**
>
> 가. '좋다', '나쁘다', '바람직하다', '바람직하지 못하다'
> 나. 믿음과 같은 것으로, 좋고 바람직한 것에 대한 지침

① 가치 ② 윤리
③ 기술 ④ 평가

3 다음 중 다양한 실천현장에서 근무하게 될 신입 사회복지사의 자질로 아닌 것은?

① 개인적인 성품이나 인간성
② 사회복지 마인드(전문적 윤리와 태도)
③ 문서작업 능력
④ 프로그램 개발 및 평가
⑤ 전문성을 갖추지 못한 인간미

4 다음 중 사회복지실천현장 중 1차 현장에 해당되지 않는 것은?

① 종합사회복지관 ② 장애인복지시설 ③ 노인복지시설
④ 지역아동센터 ⑤ 학교

5 다음 중 기관 및 단체와 관련법과의 연결이 잘못된 것은?

① 다문화가족지원센터: 다문화가족지원법
② 자원봉사센터: 자원봉사활동기본법
③ 성폭력피해자 보호시설: 성폭력범죄의 처벌 및 피해자보호 등에 관한 법률
④ 장애인 생산품 판매시설: 자립생활지원법
⑤ 사회복귀시설: 정신건강증진 및 정신 질환자 복지서비스 지원에 관한 법률

정답 **1.** ④ **2.** ① **3.** ⑤ **4.** ⑤ **5.** ④

PART
02

사회복지실천모델과 개입기술

CHAPTER

02

심리사회모델

이 장은 심리사회모델의 이론적 배경과 기본 개념, 개입과정과 실천기법에 대해서 이해하고, 심리사회모델의 적용 유용성 및 한계점에 대해 살펴보고자 한다.

학 | 습 | 목 | 표

1. 심리사회모델의 이론적 배경과 기본 개념을 이해할 수 있다.
2. 심리사회모델의 개입과정과 실천기법에 대해 이해할 수 있다.
3. 심리사회모델의 적용 및 사례에 대해 이해할 수 있다.

1 심리사회모델의 이론적 배경

심리사회모델(Psycho Social Model)은 1920년대 후반, 미국 자선조직협회의 경리담당 우애방문단으로서 개별사회사업(case work)을 최초로 체계화한 이론가 메리 리치몬드(Mary Richmond)에 기원을 두고 있으며, 1930년대 한킨스(Hankins)에 의해 '심리사회(psycho-social)'라는 용어가 처음으로 언급되었고, 1960년대 홀리스(Hollis)의 저서 『케이스워크: 심리사회치료(Casework : A Psycho-social Therapy)』를 통해 '심리사회'라는 개념이 사회복지실천을 위한 하나의 접근방법으로 발전 집대성되고 체계화되었다.

심리사회모델은 리치몬드의 이론을 계승하여 초창기에는 인생 초기의 발달과정을 중시하고 무의식 세계의 역동성을 중시한 정신역동모델에 이론적 배경을 두었다. 이 모델은 자아를 중시하는 자아심리학의 출현과 사회계층별 문화적 차이를 강조한 문화인류학, 가족단위의 실천개입이론, 클라이언트의 상황을 체계적 관점에서 파악하는 체계이론, 그 밖에 클라이언트 문제와 관련한 사회구조의 역할을 강조한 사회과학 등의 영향으로 오늘날 '상황 속의 인간(person-in-situation)'을 지향하며 더욱 체계적으로 발전하였다.

이 모델은 클라이언트의 자기결정과 수용을 기본적 가치로 하고 '클라이언트가 있는 곳에서 출발'하는 등의 실천원칙을 강조하며, 개인과 환경 간의 상호작용과 클라이언트의 문제해결능력 향상에 초점을 두고 있다. 따라서 심리사회모델은 개인을 가족과 집단 등 그를 둘러싼 환경 속에서 이해하기 위해 사정(assessment)과 진단(diagnosis)의 방법을 사용한 사회복지실천의 기술을 요구하고 있다.

2 심리사회모델의 주요 개념

1) 개별화와 수용

심리사회모델은 인간의 존엄성을 바탕으로 개별화의 원칙에 따라 클라이언트의 독특한 세계관과 자질 등을 인정하며, 클라이언트의 복지에 관심을 갖고 그를 존경함과 동시에 수용한다. 수용이란 사회복지사가 클라이언트의 태도와 행동을 받아들이는 데 있어 그의 태도와 행동이 사회복지사의 기준과 맞지 않는다 하더라도 클라이언트의 이야기에 경청하며 온화함과 선한 의지를 보여 주는 태도를 유지하는 것을 의미한다. 또한 문제 상황을 관리 및 진행하면서 차별성이 강조되는데, 이는 동일한 유형의 문제 상황이라 하더라도 클라이언트에 따라 그 상황이 발생한 배경들이 다를 수 있기 때문이다. 그러므로 클라이언트를 개별적 차이를 지닌 인간으로 존중하는 것과 진실성 가운데서 비심판적으로 수용하는 것은 심리사회모델의 주요 개념이 된다.

2) 자기결정

클라이언트의 자기결정은 자신의 삶에 대해 스스로 선택과 결정을 하고자 하는 인간의 욕구와 권리에 기반을 둔 원칙으로서, 심리사회모델은 클라이언트의 자기결정이라는 권리를 매우 중요시한다. 심리사회적 사회복지실천에 있어 사회복지사는 클라이언트에게 다양한 정보를 제공하고, 클라이언트가 의사결정과정에 참여하여 스스로 자신의 행동에 대해 결정을 내릴 수 있도록 도우며, 클라이언트의 자기결정을 최대한 존중해 주고, 클라이언트가 기회를 최대한 이용할 수 있도록 환경에 개입하여 클라이언트 스스로 결정을 내려 행동에 옮길 수 있도록 돕는다. 이러한 관계 속에서 클라이언트는 사회복지사와의 전문적 원조관계를 통해 자율성을 경험하고, 희망을 가지며, 보다 더 많은 자신감과 독립심을 느낄 수 있게 된다.

3) 상황 속의 인간

심리사회모델에서 클라이언트의 문제는 개인, 가족, 사회체계 등이 서로 영향을 주고받는 가운데서 나타나는 것으로 간주된다. 그러므로 개인의 심리체계는 독립적으로 존재하는 것이 아니라 생물학적 체계, 사회적 체계와 끊임없이 상호작용한다는 것을 전제로 하는 '상황 속의 인간'에 대한 개념이 중시된다. 따라서 심리사회모델은 상황 속의 클라이언트를 파악하고 이해하기 위하여 그가 과거의 상황 속에서 어떤 경험을 하였는지를 중시하여 자신의 사고, 감정, 행동 등에 대해 이해하고 고찰할 수 있도록 원조하고, 동시에 클라이언트 스스로가 현재 인식하는 문제들 또한 존중하여 그가 있는 곳에서 접근하고 개입한다.

3 심리사회모델의 실천목표와 실천과정

1) 실천목표

심리사회모델의 실천목표는 클라이언트가 경험한 과거의 사건이나 경험 혹은 현재의 경험과 관련된 심리·내적인 갈등과 어려움을 스스로가 이해하고 통찰할 수 있도록 함으로써 클라이언트의 어려움을 경감시키는 것과 동시에 개인과 상황체계(person-situation)에서의 역기능을 감소시키는 것이다. 또한 사회복지사가 클라이언트의 변화를 직접 이끌어 가는 것이 아니라 그 스스로가 자신과 환경을 변화시키는 노력을 하는 과정에 최대한 도움을 제공하고, 현실적인 자원을 제공하여 클라이언트와 환경 또는 양자의 변화를 초래하며, 클라이언트의 권익옹호나 지역사회 자원이 필요한 경우 그의 환경에 직접 개입하는 것을 목표로 한다.

2) 실천과정

(1) 초기단계

초기단계는 면접을 통해 클라이언트의 문제와 관련된 사실을 수집하는 과정으로, 클라이언트 문제에 직접적으로 관련되어 있다고 생각되는 사실수집에 초점을 둔다. 초기단계의 면접횟수는 전체의 횟수에 따라서 조절될 수 있으며, 보통 1회에서 3회 내지 5회까지의 면접이 초기단계로 규정될 수 있다. 사회복지사는 초기면접을 통해 클라이언트의 문제, 문제의 원인, 클라이언트가 문제를 해결하기 위해 시도한 방법, 클라이언트가 현재 문제 상황에 기여한 요소들, 문제와 관련된 클라이언트의 초기 발달과정과 원가족에 대한 정보를 수집한다.

(2) 사정단계

사정단계는 수집된 정보에 대해 비판적으로 검토하는 단계로, 수집된 사실로부터 추론을 전개하는 과정이다. 사회복지사는 사정단계를 통해 클라이언트와 클라이언트를 둘러싼 환경을 통합하여 전체 틀 속에서 여러 체계들이 어떻게 상호작용하고 있으며, 문제를 발생시키는 요인이 무엇인지를 '가계도(genogram)', '생태도(ecomap)' 등의 사정도구를 사용하여 정보를 수집한다.

사정의 영역은 세 가지로 분류해 볼 수 있다. 첫째, 역동적 영역으로, 클라이언트 인성의 제 측면이 어떻게 상호작용하는가를 검토한다. 둘째, 원인론적 영역으로, 문제의 원인이 현재 클라이언트와 환경의 상호작용 내에 있는지, 현재까지 영향을 미치는 과거의 사건에 있는지 또한 클라이언트의 딜레마의 원인 속에 있는지를 탐색하는 것이다. 셋째, 임상적 영역으로, 클라이언트의 여러 가지 기능적 측면을 분류하는 것이다. 이런 과정 속에서 사회복지사는 클라이언트가 말하는 내용에 대하여 귀 기울이고 '문제가 무엇인가?', '문제를 유발한다고 보이는 요인은 무엇인가?', '변화되고 수정될 수 있는 것은 무엇인가?'에 대한 답을 찾으려고 계속 노력해야 한다.

(3) 개입단계

개입단계는 개입목표와 방법을 수립한다. 개입목표와 방법은 클라이언트에게 유익해야 하며 사회복지사와 클라이언트가 함께 노력해서 세우는 것이 바람직하다. 개입목표와 방법은 상황에 따라 변화될 수 있으며, 클라이언트의 특성을 반영한 현실적 지원 제공을 원칙으로 한다. 개입목표를 설정할 때는 관련된 체계 등의 변화 가능성, 클라이언트 및 주변체계들의 장단점이나 자원, 클라이언트가 겪고 있는 문제의 성격, 각종 체계들의 역동적 상호 관련성에 대한 이해, 클라이언트에 대한 임상적 진단 등이 고려되어야 한다.

개입 방법은 클라이언트 스스로가 정서적 또는 대인관계에서의 문제 등에 대한 자신의 행동과 감정에 대해 이해하고 통찰할 수 있도록 하여 문제해결을 위한 개입 방법을 직접적으로 선택하고 결정할 수 있도록 돕는 것이 필요하다. 다시 말해, 클라이언트는 개입 방법을 선택할 수 있다. 클라이언트의 사회 환경에 개입해야 하는 간접적 개입이 필요한 경우에는 사회복지사가 자원동원자, 자원개발자, 조정자, 옹호자 등의 다양한 역할을 할 수 있다.

(4) 종결단계

클라이언트와 사회복지사가 클라이언트 개인의 역량 향상과 가족의 기능 회복, 자원의 연계 등을 통해 문제가 해결되거나 개선되어 실천목표가 어느 정도 달성되었다고 동의하게 되면 실천이 종결된다. 종결은 사회복지사와 클라이언트 모두에게 어려운 과정일 수 있다. 왜냐하면 종결을 통해 서로에게 상실감이 발생할 수 있기 때문이다. 따라서 사회복지사는 '이별'에 대한 감정과 사회복지사와 형성된 관계 및 감정을 다루고 정리해 주어 갑작스러운 관계의 단절로 인해 발생할 수도 있는 정서적 충격을 최소화할 수 있도록 모든 노력을 기울여야 한다. 또한 종결 전에 클라이언트가 관계를 마칠 준비가 충분히 되어 있는지 평가하여 적절히 다루어야 한다.

4 심리사회모델의 실천기법

1) 지지하기

지지하기(sustainment)는 사회복지사가 클라이언트를 수용하고 원조하려는 생각과 문제해결능력에 대한 확신을 표현함으로써 클라이언트의 불안감을 줄이고 자기존중감은 증진하기 위한 과정으로, 심리사회모델에 따른 사회복지사의 활동 가운데 가장 기본적이고 핵심적인 실천기법이라 할 수 있다. 특히 클라이언트가 죄책감과 수치감을 느끼거나 두려워하고 분노를 느끼는 경우에 사회복지사는 지지 기법을 적극 사용함으로써 클라이언트를 이해하고 있음을 보여주어야 한다. 지지과정은 언어적 의사소통뿐만 아니라 따뜻한 표정, 어깨를 두드리는 등의 비언어적 방법을 포함하며, 클라이언트의 당면한 문제에 대해 실질적인 도움 등을 제공함으로써 사회복지사가 클라이언트를 수용하고 지지함을 나타낼 수 있다.

2) 직접적 영향

직접적 영향(direct influence)은 클라이언트의 행동을 향상시키기 위하여 조언이나 제안 등을 통해 사회복지사의 생각한 바를 이루기 위한 과정이다. 클라이언트가 자신의 생각에 따라 문제해결을 위한 결정에 도달하는 것이 바람직하지만, 때로는 사회복지사가 결정에 직접적으로 영향을 미칠 수 있다. 사회복지사의 영향은 다양한 방법으로 이루어지는데, 의견을 제시하는 것에서부터 제안, 클라이언트가 갖고 있는 생각의 강조, 강력한 주장, 직접적 개입 등의 방법을 포함한다.

3) 탐색-기술-환기

탐색(exploration)과 기술(description)은 클라이언트의 문제와 관련하여 클라이언트, 클라이언트의 환경, 혹은 클라이언트와 환경의 상호작용에 관한 사실을 진술하고 설명하도록 원조하는 것이며, 환기(ventilation)는 사실과 관련된 감정을 끄집어냄으로써 카타르시스를 경험하도록 원조하는 것이다. 탐색-기술-환기는 서로 연관되어 있는데, 사실을 기술하거나 설명하는 과정에서 자연히 감정이 표현되기 때문이다.

심리사회모델은 특히 분노, 상실감, 죄책감, 불안 등의 감정에 주의를 기울인다. 이런 감정들은 말로 표현되었을 때 강도가 현격히 줄어들 수 있는데, 무엇보다 타이밍이 중요하다. 즉, 방어하지 않고 편안하게 자신의 감정을 표현할 수 있는 준비가 되었을 때에야 비로소 환기를 경험할 수 있다. 때로는 클라이언트가 환기를 경험하는 것 자체로 문제가 해결되는 경우도 있다.

4) 인간-상황에 대한 고찰

인간-상황에 대한 고찰(person-situation reflection)은 현재 혹은 최근 사건에 대한 고찰로서 다음의 여섯 가지를 포함한다. (1)과 (2)는 클라이언트의 외부 환경, (3), (4), (5)는 클라이언트의 주관적인 내부 상황과 관련된다. 마지막 (6)은 원조상황과 관련된다.

(1) 다른 사람들, 건강, 상황

인간은 정보의 부족이나 편견, 두려움 등에 의해 자신이 처한 상황과 가족이나 친구들, 동료들, 이웃사람들의 감정과 행동을 정확히 이해하지 못하는 경우가 있다. 사회복지사는 클라이언트의 상황에 대해 직접 설명하기도 하지만, 질문이나 언급을 통해 클라이언트가 스스로 깨닫도록 도와준다.

(2) 클라이언트의 행동이 자신과 다른 사람들에게 미치는 영향

사회복지사는 클라이언트가 미처 깨닫지 못했거나 간과한 결과에 대해 주의를 기울인다. 예를 들어, 친구들이 보는 앞에서 청소년 자녀를 때린 아버지는 자녀가 친구들의 인정을 받기 위해서는 아버지와 대항해야만 하는 결과를 가져오게 된 상황을 이해할 필요가 있다. 이 역시 클라이언트의 행동과 결과의 관계를 사회복지사가 설명하기보다는 질문이나 언급을 통해 클라이언트가 인과관계를 직접 깨닫도록 지도한다.

(3) 클라이언트 행동의 성격

클라이언트가 자신의 숨겨진 반응, 사고, 감정의 성격에 대해 내부지향적인 이해를 하도록 원조한다. 예를 들어, 어머니가 자녀에 대해 분노의 감정을 가지고 있지만 깨닫지 못하는 경우, 혹은 깨닫기는 하지만 부인하는 경우가 있을 수 있다. 사회복지사는 클라이언트가 자신의 감정에 대해 스스로 통찰할 수 있도록 원조한다.

(4) 클라이언트 행동의 원천

클라이언트가 다른 사람들과의 상호작용이나 상황적 자극에 대해 나타낸 반응행동의 원인을 이해하도록 원조한다. 예를 들어, 아내의 취업을 반대하는 남편은 아내가 가정을 돌보는 것을 자신에 대한 사랑의 상징으로 생각해 왔으며, 아내가 취업을 한다는 것은 자신을 더 이상 사랑하지 않는다는 의미로 생각할 수 있기 때문이다(김혜란 외, 2006).

(5) 클라이언트의 사기 평가

클라이언트의 도덕과 양심, 자기이미지, 가치 등에 관한 자기 평가를 원조한다. 예를 들어, 사회복지사는 클라이언트가 현재 가지고 있는 자기이미지가 현실에 근거를 가지고 있는지 질문하거나 클라이언트가 가지고 있는 가치를 명확하게 할 수 있도록 지도한다.

(6) 사회복지사와 개입과정

사회복지사 개입·기관의 규칙 등에 대한 클라이언트의 반응과 이해 정도를 탐색하여 원조과정의 효과를 최대화한다. 클라이언트는 과거 인생경험에 의해 개입에 대한 적대감, 두려움, 혹은 의존욕구를 가지고 있을 수 있다. 또한 사회복지사에 대한 클라이언트의 반응은 클라이언트의 대인관계 유형을 이해하기 위한 주요 자료가 될 수 있다.

5) 유형-역동에 대한 고찰

사회복지사는 클라이언트의 성격 혹은 행동의 유형과 원초아·자아·초자아의 심리 내적 역동에 대한 고찰(pattern-dynamic reflection)을 해야 한다. 또한 사회복지사는 클라이언트가 사용하는 방어기제를 분석하고, 클라이언트가 가지고 있는 내부 대상에 대해 생각하며, 분리와 개별화 정도 등에 대해 생각한다.

6) 발달적 고찰(생각)

발달적 고찰(developmental reflection)은 '인간-상황에 대한 고찰'과는 달리 성인기 이전의 생애경험과 이런 경험이 현재 기능에 미치는 영향에 대해 생각하는 것을 의미한다. 예를 들어, 남편의 무관심에 대해 지나치게 분노하는 아내에게 어린 시절 자신에게 관심을 별로 주지 않았던 아버지에 대한 감정과 현재 남편에게 느끼는 감정에서 유사점을 깨닫도록 원조할 수 있다.

5 심리사회모델의 개입 사례

1) 사례 개요

- 클라이언트: 오 ○○
- 성별: 여자
- 나이: 28세
- 의뢰 이유: 대인 기피증, 특히 남성 기피증

(1) 클라이언트의 문제

클라이언트는 대인기피증이 있어서 사람과의 만남을 두려워하고, 특히 남성을 대하는 것에 어려움을 느끼고 있다. 가족과의 교류가 잘되지 않는 상태이며, 특히 어머니와 사이가 좋지 않고, 아버지와의 교류가 거의 없다. 그리고 직장을 그만둔 후 두통이 생기고 여기저기 몸도 아프며, 식사할 때나 텔레비전을 볼 때 아버지와 함께 있으면 자꾸 성기에 눈이 가서 불안하고, 아버지도 자신을 심상치 않은 눈으로 보는 것 같아 얼굴이 화끈거렸다고 한다. 이런 상태가 아버지뿐 아니라 모든 남자들에게 확대되면서 밖에 나가기도 어렵고 집에 있기도 괴로웠다고 말하였다.

(2) 가족력

① 아버지: 권위적이고 말이 없으며, 내성적인 성격으로 9남매 중 장남이었다. 권위적이고 자기중심적인 독자였던 친할아버지의 영향을 많이 받았다. 친할머니는 순종적이고 희생적인 여성이었다.

② 어머니: 화를 참지 못하고 감정표출이 잦아 큰소리를 잘 내며, 잔소리가 많아 남편과 자주 충돌이 있었다. 6남매 중 막내로 아버지가 일찍 돌아가셨고, 큰 오빠에 의해 양육되었다.

③ 언니: 순박하고 성실하며 장녀라 사랑을 받았고, 적극적인 면도 있어 아버지에게 애교를 부리는 등 분위기의 조정자 역할을 하였으나 어머니와는 사이가 좋지 않아 자주 싸웠다.

④ 큰 남동생: 장남이라 아버지의 사랑을 많이 받았으며, 평범하고 원만한 성격으로 막내 남동생과 잘 지냈다.

⑤ 막내 남동생: 어머니의 사랑을 독차지하였고, 인간관계의 폭도 넓고 자신감이 있으며 다른 식구들하고도 잘 지내 클라이언트와도 비교적 가까운 편이다.

(3) 가계도 및 생태도

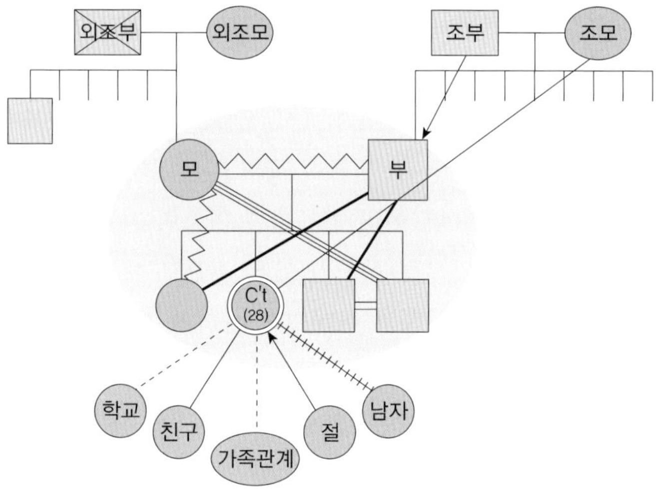

(4) 발달력

클라이언트는 2남 2녀 중 둘째로 태어났다. 그가 2세 때 가족이 서울로 이사하게 되었는데, 큰 남동생을 임신 중이었던 어머니가 자녀양육도 어렵고, 자리를 잡는 데 어려움이 있어 그를 친할머니에 맡기고 떠났다. 이후 7세가 될 때까지 할머니에게 의해 양육되다가 초등학교에 진학하면서 서울로 올라와 가족과 합치게 되었는데, 당시는 막내 남동생이 출산된 직후였다.

클라이언트 자신은 바라던 아들이 아닌 딸로 태어났기 때문에 사랑받지 못하고 버림받았다는 감정을 강하게 가지고 있다. 첫 기억으로 3세 무렵, 밭일을 하시던 할머니 옆에서 바구니에 혼자 누워 울면서 하늘만 보던 것을 떠올린다. 식구들과 늘 거리감을 느끼고 있으며 자신이 형제들과 다르다는 생각을 자주했다.

클라이언트는 초등학교 시절에 대한 기억은 별로 없고 1학년 때 나쁜 꿈을 꾸고 울자 아버지가 불을 켜고 자신을 달래 주던 기억을 가지고 있다. 클라이언트는 이때 자신이 가장 따뜻한 대접을 받았다고 생각한다. 초등학교 내내 공부는 잘했던 편이고 친구는 많지 않았으며 주로 집에서 조용히 놀아 착하고 온순하다는 칭찬을 많이 들었다고 한다. 중 2때부터 공부에 집중이 잘 안 되고 성적이 중하위권으로 떨어졌는데, 그 당시 남자 영어선생님에게 애착을 많이 느꼈고, 주로 어두운 방에 혼자 있으며 공상하길 즐겼다.

고등학교에 진학하고 나서도 여전히 성적이 내려갔으며, 고3이 되면서는 얼굴이 굳어지고 주위를 자꾸 인식하게 되었고 혼자 있는 시간이 더 많아졌다. 이런 변화에도 어머니는 별 반응이 없어 섭섭했고, 아버지는 만나기만 하면 공부하라는 말밖에 없어 괴로웠다고 한다. 더구나 부부갈등이 심하여 자주 싸웠는데 주로 집에 있었던 클라이언트는 이런 상황이 견디기 어려워 싸우지 못하게 말리는 역할을 하고, 화를 많이 냈다고 한다.

어렵게 대학에 진학했지만 적응에 어려움을 느끼고 사람 대하기가 두려워 미팅도 못 해 봤다고 한다. 서클도 가입해 봤으나 거기서도 고립되어 그만두고 겨우 1년을 마치고 휴학하였다. 휴학 후에 집에 있으면서도 여전히 가족과 지내기 어려워 절로 들어가 1년 동안 수련생활을 하고, 머리도 자를까 하다가 가족들의 만류와 스스로도 자신이 없어 집으로 돌아왔다. 복학 후 절에서의 수련으로 조금은 성숙되어 지내기가 편했으나 여전히 타인이 의식되고, 공부집중도 잘 안 되어서 겨우 대학을 마쳤다.

대학 졸업 후 취업도 막연하고 결혼할 만한 사람도 없어 집에서 좀 지내다가 취업을 위해 '보육교사 교육'을 받고 유치원 보조교사로 취업을 했다. 아이들을 가르치고 돌보는 것은 크게 어렵지 않았으나 동료교사들을 자꾸 의식하고 회피하게 되면서 6개월 만에 그만두었다. 지금은 1년 동안 쉬고 있다.

2) 심리사회적 사정

(1) 클라이언트 문제 사정

클라이언트는 자신이 원하던 자녀가 아니었기 때문에 버림받았고, 지금도 사랑받지 못하고 있다는 강한 피해의식을 가지고 있었다. 두 살 때 어머니에게 버림받았다는 강한 거절감과 이에 따른 의존욕구의 좌절 경험으로 무의식적 의존욕구와 갈망이 있다. 지금은 부모님과 본인 삼자가 함께 살고 있는데, 자주 집을 비우는 어머니 때문에 자신이 할 수밖에 없는 집안일에 대해서 부당하다고 느끼고 있으며, 일부러 피하거나 모른 척하고 자신의 것만 하면서 어머니와의 충돌이 발생하게 되었다.

항상 거리감을 두고 혼자 지내는 시간이 많고 가족과 의논 없이 혼자만 처리해오면서 이에 대한 욕구 충족이 거의 되지 못했다. 유일하게 따뜻한 기억으로 가지고 있는 초등학교 1학년 때의 아버지 보살핌에 대해 강한 애착을 가졌고, 공부를 강조한 아버지에게 사랑받으려 공부는 잘했으나, 이후 아버지는 냉담하였고 이는 중 2때 남자선생님에게 강한 집착을 가지게 했다.

이후에도 대상관계를 통해 보상이 안 되었기 때문에 사랑받고자 하는 욕구의 좌절이 강한 분노와 적개심이 되어 아버지에 대한 저항과 경쟁심을 가지게 하고, 남성에 대한 강한 기피현상으로까지 확대되었다. 이는 여성으로 보기 드물게 남성 성향이 강하게 두드러져 남성과 경쟁의식이 높고 자기주장과 독선이 강한 반면 내성적 경향이 강하여 내적·사회적 소외의식이 심한 것으로 나타났다.

이에 대한 증상으로, 아버지뿐만 아니라 모든 남자를 대할 때면 자꾸 눈길이 남자의 성기로 가는 것 같고, 그것을 상대방이 알고 자신을 불편하게 대하는 것 같아 수치스럽고 그에 따라 회피하게 되면서 대인관계가 어려워졌다. 겉으로는 아버지의 사랑에 대한 집착을 보이지만, 내적으로는 어머니의 거절에 대한 유아기의 상처로 인해 어머니를 수용하지 못하고 어머니의 태도에 매우 민감한 반응을 보이고 있다.

클라이언트는 사회활동에 대한 강한 동기도 있고 결혼에 대한 욕구도 생기며, 주위에서도 재촉하고 선도 보라고 하지만 본인이 가지고 있는 대인관계에서의 어려움 때문에 못하고 있다. 이에 대해 주위 사촌이나 친구들, 동기들과 비교하면서 초조해 하고 있다.

(2) 개입(목표 설정 및 개입 계획)

① 개입 목표

- 타인을 의식하는 것에 대한 두려움을 극복한다.
- 클라이언트와 그의 가족 관계를 회복한다.

② 개입 계획

- 의존욕구 좌절에 의한 좌절감과 분노 감정의 환기를 통하여 정서적 안정감을 꾀한다.
- 아동기의 감정으로 인한 신뢰관계 형성의 어려움이 현실에서의 강한 욕구를 가지나 좌절되는 친밀한 관계 형성에 영향을 주고 있음을 생각하도록 돕는다.
- 아버지와 남성에 대한 시선의식의 역동성을 이해하고, 아버지에 대한 자신이 사랑받고 싶은 의존욕구의 좌절이 강한 적대감으로 바뀐 것을 통찰하도록 돕는다.
- 유아기의 거절경험으로 인한 어머니에 대한 무의식적 분노감정을 깨닫게 하도록 돕는다. 어머니에 대한 이해와 그 관계를 재조정하도록 돕는다.
- 이성에 대한 관심이나 결혼에 대한 욕구를 받아들이고, 이성에 대한 태도나 결혼에 대한 가치관을 정리하도록 돕는다.
- 사회활동에 관련된 다양한 정보를 제공하여 사회활동에 대한 현실적 계획을 세워보도록 돕는다.

6 심리사회모델의 유용성 및 한계점

심리사회모델은 심리 내적 부분과 환경이라는 부분의 상호작용을 강조하는 모델인 만큼 개인, 집단, 가족, 환경 등에 폭넓게 적용될 수 있다. 의사소통을 통해 클라이언트에게 도움이 될 만한 사람들과 관계 형성을 맺게 하고, 다양한 자원을 활용하도록 한다. 사회복지사가 클라이언트를 위해 행동하게 함으로써 자원을 창조하고 발견하고 제공해 주고 클라이언트와 다른 사람들 사이에서 중재자의 역할을 한다는 점이 이 모델의 장점이라고 볼 수 있다.

그러나 이 모델이 표방하는 바는 인간과 환경 간의 상호작용을 강조한다고는 하지만, 심리 내적 요인에 좀 더 초점을 두고 있다는 점은, 결국 문제의 원인을 사회적 요인보다는 개인이나 가족에서 찾으려는 면이 강하다는 점을 부인하기 어렵다. 즉, 개인의 변화나 적응을 촉구하고 강조하는 면이 강하다고 할 수 있다. 실제로 사회적 약자이거나 사회구조적 측면에서 개입해야 하는 클라이언트 문제의 경우에는 심리사회모델로서는 한계가 있다는 점을 염두에 두고 적용해야 할 것이다.

또한 클라이언트의 문제를 밝히고 성찰을 높이는 접근과 사정은 큰 장점이지만, 이런 사정을 바탕으로 사회복지실천현장에서 구체적 적용과 개입할 때 검증이 어렵다는 점은 약점으로 꼽힌다.

Key Point

- 심리사회모델의 등장배경은 인간의 문제를 심리적 혹은 정서적이고 사회적인 문제로 이해하면서 '상황 속의 인간'을 강조하는 관점으로써 메리 리치몬드(Mary Richmond)가 기원이다.
- 클라이언트를 수용하고 개별화하며 '클라이언트가 있는 곳에서 출발(start where the client is)'하는 등의 실천원칙을 강조했다.
- 심리사회적 이론은 1930년대 후반에는 고든 해밀턴(Gordon Hamilton)에 의해서 심리사회적 이론으로 처음 불리기 시작했고 그후 1960년대에 플로랜스 홀리스(Florence Hollis)에 의해서 사회복지의 실천이론과 접근방법으로 구체화시켰다.
- 전통적으로 사회복지실천의 내용은 개인 내적 요소와 사회적 요소를 모두 중시하는 심리사회적인 것이다. 이 전통을 계승하고 집약한 것이 심리사회모델이다.
- 심리사회모델의 주요 이론적 배경은 정신역동이며, '상황 속의 인간'의 시각을 강조하지만 개입의 초점은 역시 클라이언트 개인의 심리적 상태, 개인을 둘러싼 사회환경, 그리고 개인과 환경과의 상호작용 양상에 동시에 주어진다.
- 심리사회모델은 클라이언트가 자신의 행동과 감정에 대해 이해하고 동칠힘으로써 자신의 문제를 해결하기 위한 능력을 고취하도록 원조하는 것을 강조한다.
- 우즈와 홀리스(Woods & Hollis, 1990)는 심리사회모델의 이론적 배경으로 생태체계론, 정신역동 이론, 역할 이론, 의사소통 이론 등을 제시했다.
- 심리사회적 이론은 인간의 심리적 요소는 물론 그가 속한 사회환경과 이 둘 사이의 상호작용에 의한 결과까지도 고려하는 세 가지 측면에서 문제의 원인과 해결을 찾으려고 하는 이론이다.
- 개인의 심리적인 특성뿐만 아니라 신체 생리적인 상황 속의 인간이란 관점을 제시하면서 사회복지실천의 고유한 이론으로 발전하였다.
- 심리사회적 이론은 인간의 수용과 자기결정권의 가치를 존중하며, 사회적 자원의 결핍이 개인의 문제에 미치는 영향력을 중시한다.

- 초창기의 사회복지실천에 많은 영향을 준 정신분석 이론은 문제의 원인을 인간의 본능적 충동과 과거의 경험으로 보는 단선론적인 관점 때문에 상황 속의 인간을 중시하는 사회복지실천의 기본적 관점과 상반된다는 비판을 하였다.
- 정신분석 이론에 기초한 진단주의 사회복지사들 중에서는 클라이언트의 문제를 사회적 환경과의 상호작용에서 파악하려고 하는 심리·사회적 관점에서 관심을 갖기 시작하였다.
- 초창기의 전통적인 사회복지실천방법을 유지하려는 사회복지사의 욕구와 자아심리학의 영향으로 인해 점차 구체적인 이론으로 등장하였다.

응용문제

1 다음 중 심리사회모델을 설명하는 내용이 아닌 것은?

① '상황 속의 인간(person-in-situation)'을 강조한다.
② '클라이언트가 있는 곳에서 출발'하는 것을 강조한다.
③ 인간의 문제를 사회적인 문제로 이해하지 않았다.
④ 클라이언트의 과거 경험이 현재 심리 내적 혹은 사회기능에 미치는 영향을 강조한다.
⑤ 대상관계이론과 정신분석 이론을 이론적 배경으로 한다.

2 우즈와 홀리스가 제시한 심리사회모델의 개입 내용 가운데 사회복지적 측면이 강한 부분은 무엇인가?

① 지지
② 탐색–기술–환기
③ 인간–상황에 대한 고찰
④ 유형–역동에 대한 고찰
⑤ 발달적 고찰

3 심리사회모델의 개입에서 '지지하기(sustainment)'에 대한 설명으로 옳지 않은 것은?

① 클라이언트의 불안을 감소시키고 동기화를 촉진할 수 있다.
② 클라이언트가 가지고 있는 문제해결능력에 대해 확신을 표현해 준다.
③ 클라이언트를 수용한다.
④ 클라이언트에 대한 사회복지사의 신뢰나 존중, 돕고자 하는 태도 등을 표현한다.
⑤ 클라이언트의 현재 및 최근 사건에 대해 고찰한다.

4 심리사회모델의 이론적 배경이 되는 주요 이론을 모두 묶은 것은?

보 기

가. 사회학습 이론　　나. 정신분석 이론
다. 인지이론　　라. 체계이론

① 가, 나, 다　② 가, 다　③ 나, 라
④ 라　⑤ 가, 나, 다, 라

5 심리사회모델을 사회복지실천에 적용했을 때의 유용성에 관한 설명으로 옳지 않은 것은?

① 클라이언트의 생활사에 대해 다각도로 사정할 수 있다.
② '상황 속의 인간'을 중시하는 관점이 적용된다.
③ 클라이언트와 사회환경 간의 상호작용에 대해 파악할 수 있다.
④ 정신분석 이론에 기초한 진단주의적 접근이 확대된 것이다.
⑤ 생활의 다양한 요인을 인정하기 때문에 인간의 개별성이 중시된다.

정답 1. ③ 2. ③ 3. ⑤ 4. ③ 5. ④

CHAPTER

03

인지행동모델

이 장에서는 사회복지실천 현장에서 빈번하게 활용되고 있는 인지행동모델에 대해서 다루고자 한다. 이 모델은 인지이론과 행동주의 이론을 결합한 것이면서 환경결정주의와 정신내적 결정주의 간의 절충을 시도한 것이다. 인간은 환경과의 교류를 통해 자기만의 '인지적 중재과정'을 거치게 되는데, 이 과정에서 왜곡되거나 비합리적 신념이 형성될 경우 역기능적 행동으로 발전하게 된다. 따라서 사회복지현장에서 만나는 클라이언트의 긍정적 행동변화를 위해서는 인지, 즉 생각을 변화시키고 행동변화를 위한 다양한 행동주의 기법을 활용할 필요가 있다. 이에 따라 인지행동모델의 배경과 원리를 다룬 후 구체적인 치료기법으로서 엘리스의 합리정서치료와 벡의 인지치료모델을 학습할 것이다. 인지행동모델은 클라이언트뿐 아니라 평범한 일반인들의 긍정적 행동변화에 좋은 안내사가 되어줄 것이다.

학 | 습 | 목 | 표

1. 인지행동모델의 특징과 주요 개념을 이해하고 이를 요약할 수 있다.
2. 인지행동모델에 영향을 이론의 핵심 내용을 이해하고, 인지행동모델에 영향을 준 사항과 원리를 설명할 수 있다.
3. 비합리적 신념과 인지적 왜곡이 발생되는 원리와 이를 치료할 수 있는 절차 및 기법을 현장에 적용할 수 있는 역량을 키울 수 있다.

1 인지행동모델의 기본 특성

1) 등장배경

인지행동모델은 엘리스(Albert Ellis)의 임상적 경험에 바탕을 둔 합리적 정서행동치료(Rational Emotive Behavior Therapy)와 아론 벡(Aaron Beck)의 과학적 연구관점이 보완된 인지치료(Cognitive Therapy)가 통합된 새로운 형태의 심리치료이론이다.

정신분석 이론에 반대하여 만들어진 행동주의 이론은 인간의 행동이 외적인 원인, 즉 환경에 의해 결정된다고 보는 환경결정주의에 치우쳐 있었다. 이보다 뒤늦게 등장한 인지이론은 인간의 행동을 인간의 의식, 즉 내면적인 사고과정에 의한 것이라고 하여 양 극단의 주장이 대립하였다.

명칭에서 알 수 있듯이 인지행동모델은 이 같은 환경결정주의와 정신내적 결정주의 간의 절충을 시도한 것으로서, 인간은 내적 심리세력에 의해서만 영향을 받는 것도 아니고 환경적 영향에 의해서만 행동하는 존재도 아닌 개인적, 환경적 그리고 인지적 영향력 사이의 끊임없는 상호작용에 의해 행동한다는 주장을 내놓았다.[1)]

따라서 인지행동모델은 정신역동모델의 치료에 대한 거부감과 그 효과성에 대한 의문, 다양한 클라이언트와 복잡한 문제에 모두 적용될 수 있는 통합이론의 필요성, 클라이언트와 환경 간의 상호작용에 대해 포괄적으로 이해할 수 있는 이론 및 모델에 대한 필요성이 제기되어 등장한 이론이라 할 수 있다.[2)]

2) 기본 가정[3)]

첫째, 인지행동적 관점에서는 행동이 보상과 처벌에 의해 자동적으로 형성된다고 가정하기보다는 환경이 제공해 주는 정보와 개인의 인지적

1) 김용민(2009). 사회복지실천기술론. 서울: 청목. p. 52.
2) 설진화(2009). 사회복지실천기술론. 서울: 양서원. p. 65.
3) 장인협(1998). 사회사업실천방법론(下). 서울: 서울대학교출판부. p. 349.

과정이 상호작용한 결과로 이루어진다고 보고 있다.

둘째, 환경은 인간의 행동을 규정하는 것이 아니라 인간에게 경험과 정보를 제공해 주는 기능을 하며, 개인은 자신의 환경 속에서 관심이나 기대 그리고 경험에 대한 반응과 같은 개인의 인지적 과정을 겪게 되고, 환경은 본래의 특성에서 조금 걸러지고 변형되거나 조정되는 '인지적 중재과정'을 거치게 된다.

셋째, 이와 같은 '인지적 중재과정'은 대체로 초기의 경험을 통해 학습된다. 무엇을 기대하고, 가치 있는 것이 무엇이며, 현 상황에 어떻게 반응할 것인가에 대한 생각은 성장의 초기에 학습되고, 이러한 학습의 결과는 정보의 선택적인 처리과정을 통해 강화되는 경향이 있다.

넷째, '인지적 중재과정'이 인간에게 기능적이고 도움이 된다면 상관없지만 역기능적이고 부적응적인 행동을 하도록 자극할 수도 있는데, 그렇더라도 모델링이나 연습, 강화, 점진적인 과제할당과 같은 행동수정절차를 다양하게 결합하여 이용함으로써 수정될 수 있다고 전제한다.

3) 인지행동모델의 특징

첫째, 사고(인식)가 행동을 결정한다고 본다. 인지행동모델에서는 생각하는 것에 따라서 정서가 형성되고 그에 따라 행동이 변화한다고 보고 있다. 즉, 정서와 행동의 일차적인 원인은 바로 사고(생각)인 것이다. 또한 정서는 개인이 사건을 감지하여 평가하고, 또 일련의 생리적 반응들로써 반응한 후에 경험하게 되는 감정으로 정의된다.[4] 결국 감정이나 정서는 인간이 사물과 현상에 대해 어떻게 사고하느냐에 따라 달라진다는 의미로서 인지이론에 영향을 받고 있음을 알 수 있다.

둘째, 행동변화를 이끌어내기 위해서 행동주의 기법이 필요하다. 인지행동모델에서 궁극적으로 변화시키고자 하는 것은 바로 행동이며, 인지변화, 즉 생각하는 바를 변화시켜서 클라이언트의 행동이 변화할 수 있도록 유도한다. 그러나 인지변화는 감정의 변화로 이어질 수 있지만 인지변화가 자동적으로 행동변화를 수반하는 것은 아니며 행동변화로 이끌

4) 전재일 외(2007). 사회복지실천론. 경기: 형설출판사. p. 369.

기 위한 다양한 행동주의 기술과 기법들을 적극 활용해야 한다.[5] 인지이론을 인정함과 동시에 행동주의 이론의 필요성을 함께 주장하고 있는 것이다.

셋째, 여타 심리모델과 비슷하게 각 개인의 주관적 경험의 독특성을 중시한다. 인지행동모델은 각 개인이 갖는 삶의 사건과 정서반응의 독특한 의미, 현실을 조직하는 데 작용하는 정보전달과정, 신념구조와 같은 주관적 경험의 독특성을 존중한다. 이것은 클라이언트가 자신의 정서적·행동적 문제를 다른 사람의 탓으로 돌리지 않고 자신의 책임으로 수용하는 것을 의미한다.[6] 개인의 독특성을 인정하는 것은 결국 개인의 책임성과 연결되는 것이다.

넷째, 자신과 타인에 대해 무조건적으로 존경해야 한다고 본다. 엘리스(Ellis)는 인간의 문제의 주요 원인은 자신에 대한 부정적인 평가이며, 많은 문제가 자신을 가치 있게 평가하지 않은데서 비롯된다고 하였다. 이는 곧 자신의 성공을 낮게 평가하거나, 자신을 입증하기 위해 더 많은 것을 요구하거나, 타인의 승인을 적극적으로 얻는다거나, 자신의 성취가능성에 대해 스스로 방해하는 것을 의미한다. 따라서 인지행동모델에서는 클라이언트가 자신의 가치에 대해 긍정적으로 평가할 수 있도록 돕고자 한다.

다섯째, 구조화된 접근을 추구한다.[7] 인지행동모델은 치료자가 문제해결을 위해 구조적인 절차를 갖고 있으며, 클라이언트와 사회복지사 간의 협조적인 관계와 노력 그리고 적극적인 참여를 기반으로 하고 있다.

여섯째, 소크라테스식 방법과 질문을 사용한다. 소크라테스식 질문기법은 클라이언트의 문제에 대해 논박을 통해 인지적 왜곡이나 오류가 있음을 밝혀내고, 질문을 통해 자기발견과 타당화 과정을 거치게 되어 사건이나 행동의 의미를 재발견하는 것이다.[8] 소크라테스식 문답법은 계속적인 질문과 대답으로 이어지는 대화법으로서, 논박술(elenchos)과 산파술(maieutike)로 나뉜다.

---

5) 이종복, 전남련, 김덕일(2006). 사회복지실천론. 서울: 학현사. p. 415.
6) 엄명용 외(2009). 사회복지실천기술의 이해. 서울: 학지사. p. 220.
7) 이영호(2009). 사회복지실천기술론. 경기: 공동체. p. 153 재인용.
8) 이영호(2009). 사회복지실천기술론. 경기: 공동체. p. 153 재인용.

논박술은 계속적이고 다양한 질문을 통하여 상대의 화자로 하여금 그가 지니고 있는 지식의 그릇됨을, 즉 스스로의 무지를 깨닫게 해 주는 방법이다. 다시 말해서 자신의 무의식적 무지에서 의식적 무지로 이르게 하는 단계이다. 그에 비해 산파술은 상대자가 이미 갖고 있는 지식에서 출발하여 미지에로 이르게 함으로써, 결국 상대방으로 하여금 적극적으로 새로운 지식을 얻게 하는 방법을 말한다. 소크라테스식 문답법의 목적은 지식을 주입하는 것이 아니라 인간 내부에 존재하는 지식에 이르는 장애를 제거하는 것, 즉 선입견이나 편견을 제거하는 것이다.

2 인지행동모델에 영향을 준 이론

1) 인지이론[9)]

인지이론은 인간의 감정, 동기, 행동 등이 의식적인 사고과정의 결과임을 전제로 하고 있다. 인간의 행동은 정신역동모델에서 말하는 무의식적인 힘 혹은 충동에 의한 것이 아니라 인간의 의지에 의해 결정되는 것이므로 부적응적인 또는 역기능적인 행동은 사고방식의 인지적 왜곡에 의해 발생한다고 본다. 따라서 인지이론에서는 인간의 의지적 노력으로 변화될 수 있다는 입장을 취한다.

또한 인지가 정서 및 행동의 역기능을 중재하기 때문에 부적응적인 사고유형을 파악하고 이에 직면하여 변화할 수 있도록 돕는 것을 치료목표로 한다. 이러한 관점에서 인지이론이 제시하는 몇 가지 기본 가정은 다음과 같다.

첫째, 인간의 행동은 무의식적인 힘이 아닌 의지에 의해 결정된다.

둘째, 인간의 행동은 사고에 의해 결정되며, 부정확한 지각과 생각이 부적응적인 행동을 초래한다.

---

9) 엄명용 외(2009). 사회복지실천기술의 이해. 서울: 학지사. pp. 217-218.

셋째, 잘못된 인지, 왜곡된 생각, 비합리적인 신념은 개인의 의식수준 밖에서 일어난다. 특히, 잘못된 생각을 학습하고 이를 지속적으로 사용하면서 인지적 신념들이 '자동적'으로 활용되어 자신도 모르게 역기능적인 정서가 형성된다.

넷째, 인간의 감정은 자신과 사회적 상황에 대해 생각하고, 말하고, 가정하고 믿는 것으로부터 초래된다. 인간이 가지는 감정의 대부분은 사람들의 생각, 스스로에게 하는 말 그리고 자신이나 자신의 환경에 대해서 믿거나 가정하는 바에서 직접적으로 파생되는 결과이다.

다섯째, 인간은 창조적이고 성장의 욕구를 가지고 있으며 자신의 능력을 최대한 개발하고 목표 달성을 추구하는 기본적인 경향을 가지고 있다.

2) 행동주의 이론[10)]

행동주의 이론은 인간의 행동을 학습에 의한 결과로 보는 이론으로서, 그 당시 우세했던 정신분석 이론으로부터 근본적으로 탈피하여 1950년대에 생겨났다. 행동주의 이론은 한 가지 이론으로 구성된 것이 아니라 다음과 같이 3가지 이론들로 구성되어 있다.

(1) 파블로프의 반응적(고전적) 조건화

반응적 조건형성은 자극에 반응하는 행동에 관한 것이다. 이때의 행동은 학습되며, 이렇게 학습된 행동은 선행자극에 대한 반응으로서 나타난다. 이러한 반응적 조건형성은 그것이 파블로프(Pavlov)의 첫 번째 실험인 '개의 침분비 실험'에서 유래되었기 때문에 고전적 조건형성이라고 불린다.

실험절차를 살펴보면, 개가 볼 수 있는 곳에 음식을 놓아두고, 침이 유도되는 무조건 자극(음식)과 무조건 반응(침분비)의 관계를 미리 설정하였다. 이후 종소리를 들려준 직후에 음식을 제공하였더니 얼마 후에는 종소리(조건화된 자극)만 들려주어도 침을 분비(조건화된 반응)하는 반응이 관찰되었다.

10) 김용민(2009). 사회복지실천기술론. 서울: 청목. pp. 53-55.

이러한 행동주의 학습과정을 반응적 조건형성이라고 한다. 그리고 종소리(조건화된 자극)만 들려주어도 침을 분비하는 행동을 반응적 행동이라고 한다. 위의 실험에서 음식을 제공하지 않은 채 종소리만 반복해서 들려주면 침을 분비하는 반응이 더 이상 나타나지 않는다는 것이 관찰되었는데, 이것을 소거라고 한다.

(2) 스키너의 조작적 조건형성

조작적 조건형성은 환경에 영향을 미치기 때문에 일어나는 학습된 행동을 의미한다. 어떤 행동이 사람(동물)에게 즐거움을 주는 결과나 반응을 가져온다면, 그 행동은 반복될 가능성이 높다. 반면에 즐겁지 않은 또는 아주 불쾌한 결과나 반응을 가져온다면, 그런 행동은 반복될 가능성이 별로 없다.

스키너(Skinner)는 인간의 행동이 외부의 자극에 의해서 동기화되며, 강화라는 보상에 의해서 특정 행동의 빈도와 강도가 결정된다고 보았다. 즉, 인간의 부적절한 행동은 특정한 상황에서 부적절한 보상을 받았거나 혹은 바람직한 새로운 행동을 학습 받지 못한 결과라는 것이다.

행동주의 이론은 특정한 행동에 대하여 강화와 처벌을 적절히 사용하면 클라이언트의 문제행동을 감소시키고 바람직한 행동을 증가시키는 행동수정이 가능하다고 본다. 강화는 정적이든 부적이든 행동을 강화시키고, 벌은 정적이든 부적이든 행동을 감소시킨다. 정적인 것은 항상 어떤 것을 행하는 것을 의미한다. 부적인 것은 항상 어떤 것을 제거하는 것을 의미한다.

(3) 반두라의 사회학습 이론

고전적 조건화와 조작적 조건화는 직접 경험에 의한 학습이라면, 사회학습 이론은 타인의 행동을 관찰함으로써 학습하는 관찰학습을 의미한다. 관찰학습이란 직접적인 강화 없이 타인의 행동을 관찰함으로써 행동을 습득하는 것을 의미한다. 일반적으로 사람들은 다른 사람이 하는 행동을 관찰함으로써 어떤 행동을 학습하게 된다. 이때 행동을 보여주는 대상을 모델(model)이라고 한다.

반두라(Bandura)는 사람들의 행동은 강화에 의해서 학습된다고 믿는 스키너와는 달리, 예상된 강화에 의해서도 결정된다고 믿는다. 사람들은 자신들의 경험을 토대로 생각하고, 계획하고, 예상한다. 즉, 반응의 결과에 의한 학습은 주로 인지적 과정이기 때문에 어떤 것이 강화를 받느냐에 대한 의식이 없으면 반응의 결과는 복잡한 행동을 별로 변화시키지 못한다. 뿐만 아니라 반두라의 가장 두드러진 특징은 대부분의 인간행동은 다른 사람들을 관찰한 사람들을 본보기로 삼아 행동을 수행함으로써 학습된다는 것이다.

3 엘리스(Ellis)의 합리정서치료

1) 합리정서치료의 특징

개인이 겪는 문제는 다양한 원인 때문인데, 그 중에서도 자신이 경험한 사건이나 상황을 비합리적으로 해석하고 받아들임에 따라 형성된다고 본다. 즉, 어떤 사건이나 경험 자체가 문제라기보다는 그것을 합리적이지 않은 방식으로 해석함에 따라 부정적인 감정과 정서가 만들어지고, 이것이 역기능적으로 작용함으로써 문제가 발생한다는 것이다. 따라서 문제해결의 초점은 클라이언트 스스로 비합리적인 신념체계에 빠져 있음을 이해시키고 합리적인 신념체계 형성을 위해 노력하도록 돕는 것이다.

합리적 정서치료에서 다루는 심리적인 장애는 아동기의 중요한 타인으로부터 학습되어 온 잘못된 신념체계에 의해 악화된 것이며, 이러한 잘못된 신념체계는 서서히 자기 암시나 자기 반복의 과정을 거치면서 능동적으로 자신에게 조금씩 주입해 간다.[11] 정신분석 이론이 과거에 치중되었다면 인지행동모델은 '바로 지금-여기'를 강조하므로 현재 부딪치는 문제의 해결책을 찾는 것에 초점을 둔다.

11) 김용민(2009). 사회복지실천기술론. 서울: 청목. p. 58.

2) 기본 개념

(1) 비합리적 신념

비합리적 신념은 근거가 없는 비실제적인 믿음으로서 자기 자신이나 다른 사람에 대해서 지나치게 완벽하게 또는 절대적인 신념을 품게 하여 스스로 이기적, 독단적, 모순적인 행동을 만들어낸다. 비합리적 신념은 태어나면서부터 가지고 나오는 것이 아니라 성장과정을 통해서 주변 환경, 즉 주요 타자의 영향을 받아 학습되고 강화되는 특성이 있다. 문제는 아무 근거도 없는 과도한 당위성을 강조하고, 인간의 내재적 가치보다는 외재적 가치에 치중하는 경향이 있으며 자기에 대한 신뢰성을 스스로 무너뜨림으로써 자신의 효율적인 수행을 방해하는 요인으로 작용한다.[12)]

비합리적 신념은 여러 가지가 있으나 다음과 같은 11가지가 대표적이다.

첫째, 모든 사람들로부터 주요 타자로부터 사랑과 인정을 받는 것이 절대적으로 필요하다는 신념이다. 그러나 이것은 이룰 수 없는 완벽주의적인 믿음이다.

둘째, 가치 있는 사람이란 모든 영역에서 완벽하게 능력을 갖추어야 하고, 모든 상황에 적절해야 하며, 모든 것을 성취해야 한다고 믿는다. 그러나 대부분의 사람들은 하나의 영역에서조차 완벽하게 뛰어나기가 쉽지 않기 때문에 불가능한 일이다.

셋째, 어떤 사람들은 사악하고 나쁘기 때문에 자신들의 악행에 대해 심하게 비난받고 처벌받아야 한다고 믿는다. 어떤 측면에서는 일리가 있지만 잘못을 저지르는 사람들도 무지하거나 정서적인 이유로 또는 무의식적인 동기에 따라 악행을 저지르기도 한다. 즉, 잘못을 했다고 해서 그 사람이 반드시 악인이라고 단정 지을 수는 없다.

넷째, 내가 원하는 방향으로 일이 전개되어야 하며, 그렇지 않는 상황은 생각할 수도 없는 끔찍하고 파멸적인 것이다. 그러나 세상이 자신을 중심으로 움직이지 않듯이 살아가면서 원하는 결과가 나타나지 않는 경

12) 황혜헌, 표경식(1994). 강박장애와 비합리적 신념. 서울: 중앙의학. 59, pp. 12-15.

우는 비일비재하다. 이것이 현실이라면 받아들이고 적응하려고 노력해야지 극단적으로 괴로워할 일은 아니다.

다섯째, 자신에게 닥친 불행은 순전히 외부적 요인 때문이므로 스스로 자신의 슬픔과 근심을 조절할 능력이 거의 없다. 그러나 자신의 부정적인 감정은 다른 사람들이나 사건들보다는 자기 자신이 만드는 경우가 더 많다. 지금 내가 슬프거나 괴로운 것은 다른 누군가가 그렇게 만들었다기보다는 자기 스스로가 슬픈 감정에 빠지도록 만들었기 때문이다.

여섯째, 위험하거나 두려운 일이 언제 어디서 발생할지 모르므로 항상 염려하면서 이런 일이 일어날 가능성을 늘 염두에 두어야 한다. 사전에 대비하는 것은 필요하지만 아직 일어나지도 않은 것에 대해 지나치게 염려하고 불안해하며 두려워한다면, 오히려 이에 대한 대처능력을 떨어뜨린다. 또한 지나치게 염려함으로써 그런 일이 실제로 일어나는 데에 기여할 수도 있다.

일곱째, 살아가면서 겪는 어려움이나 책임은 가급적 대면하지 말고 피하는 것이 상책이다. 자신감은 실제로 책임을 수행함으로써 얻어지는 것이다. 싫더라도 자신이 수행해야 할 일들은 불필요한 고통을 최소화하기 위해 자신이 수행하는 것이 바람직하다.

여덟째, 불완전한 자신을 믿느니 보다 믿고 의지할만한 누군가에게 의존하는 것이 현명하고, 의존할 수 있는 강한 사람을 항상 찾아야 한다. 다른 사람에게 의존하면 할수록 더 의존하게 되고, 결국 인생이 자신의 사고와 행동보다는 다른 사람들의 처분에 의해 결정되기 쉽다. 살면서 어느 정도 외로운 것은 감내할 수 있어야 하며, 고독이 그렇게 끔찍한 것도 아니다.

아홉째, 현재 일어난 일은 전적으로 과거의 어떤 사건이 영향을 미친 것이며, 과거에 영향을 미친 것은 현재에도 비슷하게 영향을 끼칠 것이다. 이 신념은 어떤 상황에서는 옳을 수 있지만 모든 상황에 적용될 수는 없다. 과거가 현재에 영향을 미치는 것은 사실이지만, 현재는 미래의 과거이다. 따라서 현재를 변화시킴으로써 현재보다 나은 미래를 얼마든지 만들 수 있다.

열째, 내 문제도 중요하지만 주변 타인들의 문제들도 항상 신경을 쓰고 근심해야 한다. 다른 사람들의 문제에 관심을 가질 수 있지만, 그들이 겪는 문제나 사람을 변화시킬 수 있는 실질적인 능력이 부족한 상황에서 다른 사람들의 문제에 대해 근심만 하는 것은 별로 합리적이지 못하다.

열한째, 인간의 문제에는 항상 옳고 정확하며 완벽한 해결책이 있기 마련이므로 이것을 찾아야 하고 만약 찾지 못하면 파멸에 이르고 말 것이다. 인간문제는 완벽하고 확실한 절대적 진리가 있는 것이 아니므로, 여러 가능한 해결책과 대안들 중에서 가장 현실적인 선택을 하는 것이 바람직하다.

(2) 왜곡된 사고

첫째, 당위적인 사고를 들 수 있다. 바로 must(해야 한다)는 당위적 사고가 지나치게 강한 것으로 "나는 반드시 1등을 해야 한다."라든가, "세상은 ○○하는 사람이 절대로 없어야 한다"와 같이 강요하거나 요구하는 생각이 지배적인 특징을 보인다. 이런 당위적 사고는 want나 wish(또는 may)와 같은 사고로 전환될 때 합리적이 될 수 있다.

둘째, 단정적이고 독단적 사고가 있다. "내가 이런 실수를 하다니 나는 쓸모없는 인간이야."라는 사고 형태로서 자신의 한두 가지 특성을 전체적으로 평가하는 것이다. 이와 같은 단정적 사고는 "내가 이런 실수를 하는 것을 보니 ○○ 상황에서는 적절히 대응하지 못하였다."라고 특정 상황에서 발생된 현상으로 교정해 주어야 한다.

3) 개입 방법

첫째, 비합리적 신념에 대한 교육이 필요하다.[13] 클라이언트의 부정적 감정 혹은 행동과 연관된 비합리적 신념을 찾아내고, 비합리적 신념이 옳은지 그른지 사회복지사와 토론함으로써 비합리적 신념과 합리적 신념을 구분해 내도록 교육한다.

둘째, 소크라테스식 산문법을 활용할 수 있다.[14] 클라이언트의 비합리

13) 이애재(2006). 사회복지실천기술론. 서울: 양서원. p. 241.
14) 이애재(2006). 사회복지실천기술론. 서울: 양서원. p. 241.

적 신념에 대해 질문하고 이에 대한 클라이언트의 답변에 대해 반복적으로 질문함으로써 결국 클라이언트가 자신의 논리를 비판적으로 검토하도록 원조한다. 예를 들어, “당신이 이것을 반드시 해야 하는 근거가 어디에 있습니까?”, “당신이 이것을 원하면 반드시 이것을 해야 한다고 어떻게 생각할 수 있습니까?” 등의 질문들을 사용한다.

셋째, ABC 이론을 활용한다.[15] ABC 이론은 합리적 정서치료에 주로 사용되는 인지치료로서, A는 역경 사건(Adversity event)을, B는 신념(Belief)을, C는 정서적, 행동적 결과(Consequence)를 의미한다. B(신념)를 변화시킴으로써 심층적이고 지속적인 변화 C(정서적/행동적 결과)를 가져올 수 있다. A(역경 사건)가 C(정서적/행동적 결과)를 직접적으로 일으킨다고 할 수는 없다. A(역경 사건)에 대한 그 사람의 신념인 B가 정서/행동의 결과 C의 원인이 된다.

ABC 이론에 의하면, 사람들은 A에 어떻게 반응할지를 선택하게 되는데, 어떤 사람은 슬픔, 후회, 좌절과 같은 건강한 부정적 감정으로 반응하는가 하면, 어떤 사람은 우울, 공황, 분노와 같은 건강하지 못한 부정적 감정으로 반응한다. 우리는 주로 우리 자신의 B(신념)를 스스로 선택한다. 자신을 이롭게 하는 합리적인 신념을 선택하면, 건강한 감정과 행동이 C(반응/결과)로 나타날 가능성이 높다. 이에 비해 건강하지 못한 비합리적인 신념(B)을 선택하면, 건강하지 못한 감정과 행동(C)을 보일 가능성이 더 높다.

사람들은 욕구가 강할수록 비합리적 신념을 선택하게 되는 유혹에 빠지기 쉽다. 성공, 인정, 편안함을 아주 강하게 원할 때 이것이 역경(A)을

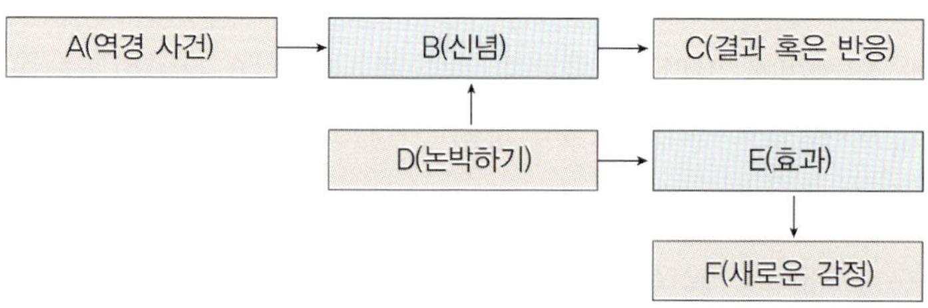

그림 3-1 ABC 이론 모형

15) 김용민(2009). 사회복지실천기술론. 서울: 청목. pp. 58-60.

만나 좌절되면, 사람들은 흔히 그런 역경이 절대 일어나지 말았어야 했다고 비이성적으로 요구하기 쉽다. 하지만 욕구가 약하거나 그리 강하지 않으면, 사람들은 이성적인 수준의 요구만을 바라게 되며, 이런 바람이 충족되지 않더라도 심리적으로 심각한 고통에 빠지지 않는다.

D(논박하기)는 클라이언트가 그들의 비합리적인 신념(B)에 도전하도록 돕기 위해 과학적인 방법을 적용하는 것이다. 논박(D) 과정은 3가지 요소가 있는데, 탐지, 반박, 변별이다. 첫째, 클라이언트는 그들의 비합리적 신념들 특히 그들의 '하지 않으면 안 된다', '나는 ~해야 한다'는 식의 절대적인 관념과 '끔찍스러운 자기비하'를 탐지하는 방법을 배운다. 그런 다음에 클라이언트는 논리적이고 경험적으로 질문하는 방법과 그들 자신에게 강력하게 논쟁해서 그것을 행하지 않는 방법을 배움으로써 그들의 역기능적인 신념을 반박한다.

E(효과) 단계에서는 새롭고 효과적이며 합리적인 철학이 부적절한 사고를 적절한 사고로 바꾸는 것이다. 이것을 성공하면 새로운 감정(F)이 창출되는 것이다.

마직만 단계인 감정(F)에서는 더 이상 심한 불안이나 우울을 느끼지 않고 상황에 적절한 느낌을 갖게 된다. 더 나은 느낌을 느끼도록 하는 최상의 방법은 효과적이고 합리적인 철학을 발달시키는 것이다.

4 벡(Beck)의 인지치료모델

1) 주요 개념

(1) 핵심 믿음, 중간 믿음[16)]

① 핵심 믿음(core belief)

어린 시절부터 자신과 다른 사람들, 그리고 세상에 대해 믿음을 형성

16) 신성자 외(2008). 사회복지실천기술론. 서울: 양서원. pp. 193-194.

해 나가는데 이 중에 가장 중심적인 믿음체계를 핵심 믿음이라고 하며, 아주 근원적이고 깊은 수준의 믿음이다. 사람들은 이러한 믿음을 의문 없이 당연한 것으로 여기고 절대적 진리로 받아들인다. 또한 핵심 믿음을 입증하는 정보에만 선택적으로 관심을 가지고 그와 반대되는 정보는 무시하거나 개의치 않는 경향이 있다. 따라서 핵심 믿음이 부정확하고 역기능적일지라도 그것을 계속 믿게 된다. 핵심 믿음은 가장 근원적 수준의 믿음으로 모든 영역에 영향을 미치고, 경직되어 있다.

② 중간 믿음(intermediate belief)

핵심 믿음은 태도나 규칙 그리고 가정들로 구성되어 있는 중간 믿음의 형성에 영향을 준다. 이러한 믿음은 어떤 상황을 보는 관점에 영향을 주게 되며, 그것은 또다시 그 사람이 어떻게 생각하고 느끼고 행동하는지에 영향을 준다. 사람들은 세상이나 다른 사람들과의 상호작용을 통하여 어떤 이해나 학습, 즉 믿음을 형성하게 되는데, 이러한 믿음들은 정확성과 기능적인 면에서 다양할 수 있다. 치료자들은 역기능적 믿음이 탈학습될 수 있으며, 치료를 통해 보다 현실적이고 기능적인 새로운 믿음이 개발, 학습될 수 있다고 믿는 것이 중요하다.

(2) 인지 도식

도식이란 개인이 어떤 경험을 받아들이고 해석하거나 경험의 일부 측면을 설명하는 데 사용되는 구조화된 사고패턴이나 행동패턴을 의미한다. 예를 들어, 유아들은 해가 아침에 떴다가 저녁에 지기 때문에 살아 있는 것으로 인식을 한다. 나름대로 근거를 제시하지만 현실과 동떨어진 경우가 많다.

유아뿐만 아니라 성인들도 특정 경험이나 자극에 지나치게 주의를 기울이면서 이러한 현상들의 패턴을 조합하고 나름대로 개념화시킨다.

예를 들어, '누군가 모르는 사람이 자신에게 말을 걸면 자신을 좋아하는 것이며, 비가 오면 엄마아빠가 반드시 부부싸움을 하는 날이고, 전화벨이 3번 울릴 때까지 받지 않으면 날 피하는 것이다' 등등. 어떤 경험이나 현상에 대해 사람들은 저마다 다른 관점에서 바라보지만 어떤 사람은 비슷한 상황에 대해 일관된 반응(인식)을 보이는 경향이 있는데, 이것은 그 사람이 어떤 상황이나 사건에 대해 도식적 사고를 하고 있다는 것을 의미한다. 즉, 다른 사람들은 관심 갖지 않는 상황이나 사건에 대해 특별한 의미 부여를 하는 일종의 '규칙'과 같은 것이다.

(3) 자동적 사고(automatic thinking)

자동적 사고란 한 개인이 어떤 상황에 대해 내리는 즉각적이고 자발적인 평가를 의미한다. 이것은 합리적으로 판단하거나 심사숙고한 것이 아닌 자동적으로 튀어나오는 스쳐가는 생각이다.[17] 어떤 특정 상황에서 한 사람의 내재된 믿음은 그 사람의 지각에 영향을 주고, 이것은 (상황-특수한) 자동적 사고를 통하여 표현된다.

예를 들어, "이 책은 너무 어려워. 나는 이 책을 결코 이해할 수 없을 거야."라고 생각하는 독자는 슬픔을 느끼고, 복부에 중압감을 느끼며 책을 덮게 된다. 물론, 그가 자신의 생각을 평가할 수 있었다면 감정, 생리적 반응, 행동 등의 그의 반응은 달라졌을 것이다. 그는 자신의 생각에 다음과 같이 반응할 수도 있었다. "잠깐만, 이 책이 어려운 것은 사실이야. 하지만 불가능한 것은 아닐거야. 이전에도 이런 종류의 책을 이해할 수 있었어. 내가 계속 읽어 간다면 아마 이해할 수도 있을 거야."라는 방식으로 반응을 했다면 그의 슬픔은 감소되고 책을 읽을 수 있었을 것이다.

17) 전남련 외(2012). 사회복지실천기술론. 서울: 정민사. p. 200.

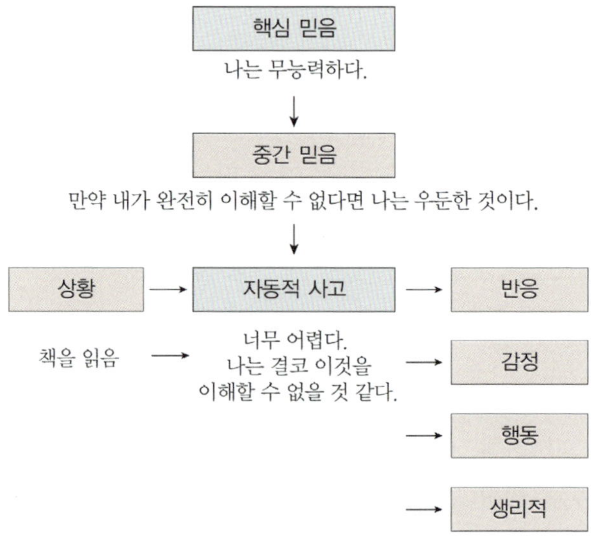

그림 3-2 자동적 사고의 원리

(4) 인지적 왜곡[18)]

① 자의적 추론: 어떤 결론을 지지하는 증거가 없고 증거라고 제시하는 것이 적절하지 않는데도 불구하고 그 결론을 이끌어내는 과정이다. 예를 들어, “내가 축구 경기를 보면 우리 팀이 반드시 진다.”

② 선택적 추상화: 맥락에서 벗어난 한두 가지 세부 특징에 초점을 두고 더 확실한 다른 특성들은 무시한 채 자신이 경험한 것에만 기초를 두고 전체 경험을 개념화시키는 것이다. 부정적인 여과는 좋은 일은 걸러내 버리고 나쁜 것에는 초점을 맞추는 것이고, 긍정적 여과는 삶에서 긍정적인 것만을 걸러내는 것인데 이 모두 현실적이지 않은 선택적 추상화의 형태이다.

③ 과잉 일반화: 하나 혹은 그 이상의 사건들에 기초하여 일반적인 법칙이나 결론을 도출하여 그 개념을 관련되지 않는 상황에까지 광범위하게 적용하는 패턴이다. 예를 들어, 취업 면접에서 한번 떨어진 후 자신을 무능력하고 무가치한 사람으로 평가(4회 지문), 1급 사회복지사 자격시험에 떨어진 후 자신은 사람도 아니라고 말하는 사람

18) 김예식(1998). 생각바꾸기를 통한 우울증 치료. 서울: 한국장로교출판사.

(6회 지문)

④ 과장과 축소: 어떤 사건의 중요성이나 정도를 심하게 왜곡시켜서 부정적 사건의 의미를 과장하거나 긍정적인 사건의 의미를 축소하는 경향을 말한다. 즉, 자신의 불완전을 확대하고 장점을 축소시키는 것으로서 열등감을 보충토록 하는 행위이다. 자신의 과실, 공포, 불완전을 보고 그 비중을 과장할 때 보통 발생한다.

⑤ 개인화: 자신과 외부 사건이 관련지을만한 근거가 없는데도 이를 관련짓는 경향을 말한다. 부정적인 사건을 접했을 때 자신이 그렇게 행동한 근거가 뚜렷하지 않아도 모든 것이 자신의 책임인 것으로 여긴다.

⑥ 양극적 사고-절대적이고 이분법적 사고: 모든 경험을 양극단의 범주 중 하나라고 평가하는 경향으로서 조금이라도 부족하면 결함투성이고, 순결하지 않으면 불결한 것이며, 사람들은 성자이거나 죄인이라는 극단적인 사고를 하는 것이다.

5 인지행동모델의 다양한 기법[19)]

1) 내적 의사소통의 명료화

- 내적 의사소통의 명료화 기술은 클라이언트 스스로 자신에 대해 독백하고 사고하는 것으로, 이에 대해 사회복지사가 피드백을 주기 때문에 효과적이다.
- 이런 과정을 통해 클라이언트는 자기 자신과 다른 사람에게 하는 말 속에 숨겨진 잘못된 생각과 비합리적인 신념에 대해 더 잘 이해할 수 있게 된다.
- 클라이언트가 이러한 잘못된 생각을 깨닫게 될 때 인지적 검토를 통해 인지의 변화가 유발될 수 있다.

19) 엄명용 외(2009). 사회복지실천기술의 이해. 서울: 학지사. pp. 224-231.

2) 설명

- 설명 기술은 클라이언트에게 감정이 어떻게 행동에 영향을 미치는지에 대한 ABC 모델을 설명하기 위해 사용된다.
- 즉, 촉발 사건(A)이 있은 후에 클라이언트는 자신의 신념(B), 사고 혹은 사건에 대해 스스로에게 이야기하며, 이 신념, 인지, 자기대화로부터 야기된 감정적 결과를 설명하는 것이다.

3) 과제

- 인지행동이론에서의 과제 혹은 숙제는 클라이언트의 적극적인 협조와 참여를 기반으로 하고 있다.
- 과제는 클라이언트가 자신의 문제에 대한 인식을 향상시킬 뿐만 아니라 새로운 행동을 획득하거나 과거의 반응을 제거할 수 있도록 돕는다.
- 과제를 부여할 때는 클라이언트로 하여금 정서에 대한 엘리스의 ABC 모델을 활용하는 방법에 대해 읽고 기록할 수 있도록 양식을 제공할 수 있다.

4) 경험적 학습

- 경험적 학습 기술은 왜곡된 인지에 도전하고 변화하도록 유도하는 것으로 인지적 불일치 원리로 설명된다.
- 인지적 불일치란 자신의 행동, 행위 또는 생활양식에 부합하지 않는 태도나 신념을 변화시키려는 경향을 의미한다.
- 이 기술은 클라이언트에게 자신의 인지적 오류에 부합하지 않는 특정한 행동을 하도록 함으로써 클라이언트가 자신의 인지적 오류를 발견하고 수정하도록 하는 데 자기주장훈련, 모델링, 역할극, 사회기술훈련, 심리극 등을 활용할 수 있다.

5) 역설적 의도

- 이 기술은 어떤 불유쾌한 구체적 행동이 자꾸 발생할 것을 불안해하여 그 행동을 오히려 더 발전시킬 경우에 사용될 수 있다.
- 역설적 의도 기술은 클라이언트의 불안에 대한 인지적 오류에 도전하고 두려워하는 행동을 하도록 지시하게 된다.
- 이는 사회복지사가 클라이언트에게 이중구속적인 메시지를 전달하는 것이며, 클라이언트는 이중구속적인 메시지에 관계없이 변화를 일으키게 된다.
- 예를 들어, 우울한 클라이언트에게 "계속해서 우울하게 지내세요."라고 말하면, 클라이언트는 우울한 것을 유지하기 위해 노력하게 되고 이는 자신의 문제에 대한 통제력을 계속 유지하므로 인해 자신감이 생기는 반면, 이러한 메시지에 반대해서 우울해지기를 거부하면 증상으로부터 호전되는 것이다.

6) 역동적·실존적 반영

- 역동적 반영은 클라이언트의 문제와 문제해결에 초점을 맞춰 활용된다. 이는 증명할 수 있고, 객관적이며, 경험적이고, 이론적인 지식에 목석을 두는 문제해결의 빈영을 의미한다.
- 이에 비해 실존적 반영은 개인 삶의 의미와 의미의 잠재성 발견에 초점을 둔다. 따라서 사회복지사는 클라이언트의 회복된 의미와 의미의 잠재성을 사용하고 인식하는 데 도움이 될 수 있는 문제해결 전략을 개발하고 발전시키도록 돕는다.

7) 인지 재구조화

- 이 기술은 인지행동이론의 핵심적인 기술 가운데 하나이다. 인지 재구조화 기술은 클라이언트가 자신의 기능에 부정적인 영향을 미치는 역기능적 사고와 관념을 인식할 수 있도록 돕고, 이를 현실에 맞는

신념과 행동으로 대치하여 기능을 향상시킬 수 있도록 하는 기술이다. 인지재구조화는 다음과 같은 절차를 따른다.

① 클라이언트는 생활사건에 대한 자신들의 정서적 반응을 매개할 가정이나 신념을 갖고 있다. 따라서 사회복지사는 클라이언트가 이 점을 수용할 수 있도록 돕는다.
② 클라이언트가 문제에 내재해 있는 역기능적인 신념과 사고과정의 유형을 파악할 수 있도록 돕는다.
③ 클라이언트가 자신의 역기능적 인지를 유발한 상황을 파악할 수 있도록 돕는다.
④ 클라이언트가 자학적인 인식을 대치할 만한 긍정적이고 순기능적인 대안적인 자기기술로 대체할 수 있도록 돕는다.
⑤ 클라이언트의 성공적인 대처노력을 클라이언트 스스로 보상할 수 있도록 돕는다.

8) 모델링

- 이 기술은 클라이언트가 사회복지사가 제시한 방법을 따라 직접해 볼 수 있도록 하는 기술로서, 사회복지사는 클라이언트가 취할 행동을 시범적으로 보여 주고 클라이언트가 이를 똑같이 따라해 보도록 한다.
- 이 기술은 다음 같은 구성요소를 가지고 있다.
  ① 변화를 필요로 하는 구체적인 행동을 파악한다.
  ② 모델을 제시한다.
  ③ 클라이언트가 모델링에 주의와 관심을 갖도록 한다.
  ④ 모델의 행동을 따라 하도록 한다.
  ⑤ 따라한 행동을 강화한다.

9) 시연

- 시연은 클라이언트가 습득한 행동기술을 현실세계에서 직접 실행하

기에 앞서 사회복지사 앞에서 습득한 기술을 반복적으로 연습하는 것이다.

- 특히, 이 기술은 집단상담을 통해 여러 사람의 피드백을 동시에 받을 수 있다는 점에서 매우 효용가치가 높다.

10) 자기지시기술

- 자기지시기술은 클라이언트가 변화시키기 원하는 행동을 대상으로 구체적인 목표를 설정하고, 이에 따른 실천행동지침을 작성하며, 이를 실행에 옮기는 과정을 말한다.
- 이 기술은 과제나 기술 혹은 문제해결과정의 수행을 안내할 자기언어화를 활용하는 것으로, 단계별로 자기진술을 활용하여 자신감을 개발하는 것이다.

11) 체계적 둔감화

- 이 기술은 전통적인 조건화의 원칙에 근거한 것으로, 클라이언트에게 가장 덜 위협적인 상황에서 가장 위협적인 상황까지 상황들을 순서대로 제시하면서, 불안자극과 불안반응 간의 연결이 없어질 때까지 불안을 일으키는 자극들을 반복적으로 이완상태와 짝짓는 것이다.
- 따라서 클라이언트는 위협적인 상황이 높아질수록 더 많은 불안을 일으키지만, 궁극적으로는 이에 상응하는 이완훈련을 통해 위협적 상황에 둔감해져서 실제 위협적인 상황에 부딪힐 때 불안을 경험하지 않는다.

12) 이완훈련

- 이 기술은 클라이언트가 겪을 수 있는 스트레스 상황에 적절히 대처할 수 있도록 돕는 기술이다.

- 만성적으로 긴장되어 있거나 불안한 클라이언트, 위기 상황에 부딪힌 클라이언트, 앞으로 있을 사건이나 상황에 대해 미리 불안해하는 클라이언트, 두통이나 편두통, 답답함, 불면증, 분노 및 우울 등을 느끼는 클라이언트에게 효과적이다.
- 이 기술은 클라이언트에게 특정 근육을 수축, 이완하는 기술을 가르치고, 깊고 규칙적인 호흡방법, 즐거운 사고나 심상방법 등을 훈련함으로써 일상생활에서 유발되는 스트레스에 대처할 수 있도록 가르친다.

Key Point

- 인지행동모델은 Albert Ellis의 임상적 경험에 바탕을 둔 합리적 정서행동치료(Rational Emotive Behavior!! Therapy)와 Aaron Beck의 과학적 연구 관점이 보완된 인지치료(Cognitive Therapy)가 통합된 새로운 형태의 심리치료이론이다.

- 인지행동모델의 특징은 첫째, 사고(인식)가 행동을 결정한다고 본다. 인지행동모델에서는 생각하는 것에 따라서 정서가 형성되고 그에 따라 행동이 변화한다고 보고 있다. 둘째, 행동변화를 이끌어내기 위해서 행동주의 기법이 필요하다. 셋째, 여타 심리모델과 비슷하게 각 개인의 주관적 경험의 독특성을 중시한다. 넷째, 자신과 타인에 대해 무조건적으로 존경해야 한다고 본다. 다섯째, 구조화된 접근을 추구한다. 여섯째, 소크라테스식 방법과 질문을 사용한다.

- 인지이론은 인간의 감정, 동기, 행동 등이 의식적인 사고과정의 결과임을 전제로 하고 있다. 인간의 행동은 정신역동모델에서 말하는 무의식적인 힘 혹은 충동에 의한 것이 아니라 인간의 의지에 의해 결정되는 것이므로 부적응적인 또는 역기능적인 행동은 사고방식의 인지적 왜곡에 의해 발생한다고 본다. 따라서 인지이론에서는 인간의 의지적 노력으로 변화될 수 있다는 입장을 취한다.

- 행동주의 이론은 특정한 행동에 대하여 강화와 처벌을 적절히 사용하면 클라이언트의 문제행동을 감소시키고 바람직한 행동을 증가시키는 행동수정이 가능하다고 본다.

- 비합리적 신념은 근거가 없는 비실제적인 믿음으로서 자기 자신이나 다른 사람에 대해서 지나치게 완벽하게 또는 절대적인 신념을 품게 하여 스스로 이기적, 독단적, 모순적인 행동을 만들어낸다.

응용문제

1 엘리스의 합리정서모델의 개입기법에 대한 설명으로 틀린 것은?

① 이성적이고 합리적인 사고 형성이 궁극적인 목적이다.
② 비합리적 신념과 합리적 신념에 대해 사회복지사와 토론한다.
③ "당신이 이것을 원하면 반드시 이것을 해야 한다고 어떻게 생각할 수 있습니까?"라고 질문한다.
④ 논박은 탐지, 반박, 변별로 이루어진다.
⑤ 새롭고 합리적인 철학을 형성하여 부적절한 사고를 적절한 사고로 바꾼다.

2 어렸을 때 경제적 어려움과 아버지와의 불화 때문에 떠난 엄마에 대해 자기 때문에 엄마가 떠난 것이라고 생각하는 사람은 어떤 인지적 오류를 하고 있는 것인가?

① 개인화
② 양극적 사고
③ 과잉 일반화
④ 선택적 추상화
⑤ 자의적 추론

3 [보기]는 무엇에 관한 설명인가?

보 기

시험 보는 날에 머리를 감으면 시험을 망친다.

① 자동적 사고
② 왜곡된 사고
③ 인지도식
④ 비합리적 신념
⑤ 자의적 추론

4 인지행동모델의 특징에 대해 틀린 설명은?

① 개인의 주관적 경험의 독특성을 중시한다.
② 클라이언트가 자신의 가치에 대해 긍정적으로 평가할 수 있도록 돕는다.
③ 클라이언트의 문제를 논박을 통해 인지적 왜곡이나 오류가 있음을 밝혀낸다.
④ 정서는 인간이 사물과 현상에 대해 어떻게 사고하느냐에 달려 있다는 의미로서 행동주의 이론에 영향을 받았다.
⑤ 소크라테스식 문답법의 목적은 선입견이나 편견을 제거하는 것이다.

5 [보기]는 무엇에 관한 설명인가?

보 기

클라이언트의 문제를 논박을 통해 인지적 왜곡이나 오류가 있음을 밝혀내고, 질문을 통해 자기발견과 타당화의 과정을 거치게 되어 사건이나 행동의 의미를 재발견하는 것이다.

① 구조화된 접근
② 소크라테스식 문답법
③ 조작적 조건화
④ 탐색-기술-환기
⑤ 자유연상

정답 1. ① 2. ① 3. ③ 4. ④ 5. ②

CHAPTER

04

해결중심모델

이 장에서는 강점관점 또는 역량강화모델과 비슷한 철학을 공유하는 해결중심모델에 대해서 살펴볼 것이다. 이 모델은 인간을 긍정적으로 바라보고 문제가 아닌 해결에 초점을 맞춘다는 점에서 사회복지의 가치와 연결된다. 해결중심모델은 사회복지현장에서 단기가족치료기법으로 널리 활용되고 있다. 이 모델은 병리적 관점이 아닌 강점, 즉 문제해결능력에 초점을 맞추고 클라이언트에게 문제해결에 대한 희망을 줄 수 있다는 점에서 각광을 받고 있다. 여기에서는 해결중심모델의 기본 개념부터 원리, 치료 목표, 개입 방법 등을 학습하게 될 것이다.

학 | 습 | 목 | 표

1. 해결중심모델의 기본적 원리를 이해하고 이를 설명할 수 있다.
2. 해결중심모델의 현장적용방법을 이해하고 적용 가능성을 탐색할 수 있다.
3. 해결중심모델의 주요 기법 및 질문기법을 정확히 이해하여 자신을 비롯하여 도움이 필요한 내담자에게 적용할 수 있다.

1 해결중심모델의 개념 및 배경

해결중심모델은 인간을 긍정적으로 바라보는 철학을 바탕으로 한다. 즉, 심리사회적인 문제를 안고 있는 내담자라 할지라도 자신의 문제를 해결할 수 있는 내적 역량을 갖추고 있다고 본다. 이런 점에서 강점관점 또는 역량강화모델과 상통하는 모델이라 할 수 있다. 특히, 내담자의 문제에 집중해서 해결하고자 하는 문제중심 또는 병리학적인 모델과 다른 관점을 제시한다. 그것은 바로 문제가 아닌 해결책에 초점을 두는 것으로서 문제를 해결했던 성공적 경험이나 긍정적 사고 형성을 통해 접근하는 전략이다.

해결중심단기치료(solution focused brief therapy, SFBT) 접근법은 1970년대 초기 가족치료모델의 한 형태로서 드세이저(Steve de Shazer), 김인수(Insoo Kim Berg)와 동료들이 미국의 밀워키 위스콘신 주에 설립한 Brief Family Therapy Center(BFTC)를 중심으로 시작되었다. 모델 이름이 말해 주듯이 문제가 아닌 해결책에 초점을 맞춘다는 것과 6회기 내외의 단기적 개입을 통해 치료하는 것을 특징으로 한다.

모델 개발 당시만 해도 가족치료기법으로 소개되었으나 그 효과성을 인정받아 가족·집단·개인치료의 형태로 적용되어 정신증, 신경증, 정서적 외상, 알코올중독, 행동장애 등 다양한 임상현상뿐만 아니라 교육 및 사회복지현장에서도 폭넓게 활용되고 있다. 해결중심모델은 인간의 강점과 자원, 건강한 특성, 과거의 성공 경험을 발견하여 문제의 원인보다 해결책에 초점을 두고 문제해결에 활용하는 단기치료모델을 집단 상담에 적용시킨 것이다.[1)]

1) 강향옥(2002). 해결중심의 집단상담이 초등학생의 자아존중감 향상과 대인관계 개선에 미치는 효과. 고려대학교 석사학위논문.

2 해결중심모델의 기본 원리

해결중심 상담의 기본 원리와 중심 철학을 살펴보면 다음과 같다.

첫째, 문제를 중심으로 해결방안을 찾는 병리적 모델과 달리 내담자가 가지고 있는 건강한 요소를 찾는 것에 초점을 둔다. 문제에 관심을 가지면 자칫 실제로 존재하지 않는 문제를 치료자가 스스로 만들어 내거나 지속시키는 실수를 저지르게 되기 때문이다. 그보다는 그동안 살아오면서 겪었던 많은 어려움을 극복하고 해결해 본 경험, 즉 성공하였던 경험과 이와 관련된 구체적인 방법을 찾아 그것을 활용할 방안을 찾는다. 병리에 대한 진단, 과거사와 문제에 대한 탐색에 중점을 두지 않고 문제가 해결된 미래와 문제가 발생하지 않았던 과거의 상황적 특성에 초점을 맞춘다.2)

둘째, 클라이언트의 문제해결능력에 초점을 맞춘다. 내담자의 강점과 역량이 문제해결의 도구이자 자원이 되기 때문에 이 같은 자원을 발견하고 활용하는 것이 핵심이다. 즉, 인간의 능력에 대한 강한 신뢰를 바탕으로 한 철학적 기반을 가지고 있다. 심지어 증상까지도 치료에 활용하여 문제를 해결하기도 한다. 클라이언트는 문제를 해결할 수 있는 장점, 강점, 자원을 가지고 있을 뿐만 아니라 문제를 해결하고자 하는 욕구 또한 강하다는 것도 인정한다. 따라서 문제가 무엇인가를 따지기보다는 클라이언트가 원하는 해결책이 무엇인가에 초점을 두고 돕는다.

셋째, 영원할 것 같고 해결되지 않을 것 같은 문제들도 어떤 변화를 계기로 완화되거나 사라지기도 하는 예외적 상황이 존재한다. 바로 이 예외적 상황을 해결방법으로 활용할 수 있다. 따라서 내담자가 겪는 문제가 언제, 어디서, 어떻게 일어났는지 주의 깊게 살펴봄과 동시에 예외적 상황을 탐색하여 문제해결 가능성을 높인다.

넷째, 큰 변화가 일시에 일어나기는 어렵지만 작은 변화는 수시로 일어날 수 있으므로 작은 변화를 최대한 이끌어낸다. 내담자의 작은 변화

2) Gingerich, W. J. & Eisengart, S.(2000). Solution-Focused Brief Therapy: A Review of the Outcome Research. Family Process, 39(4), 47-498.

들이 축적되어 파급효과를 나타낼 수 있으며, 더 큰 변화의 원동력이 될 수 있으므로 작은 변화를 유도한다.

다섯째, 클라이언트와 상담자가 협력하여 문제를 해결한다. 상담자와 내담자의 역할이 다를 수는 있지만 문제해결을 위한 동반자적 관계를 유지한다. 클라이언트에게는 문제를 해결할 수 있는 능력이 잠재되어 있지만 클라이언트에 대한 믿음을 상담자가 가지고 있어야 하고, 이를 적절히 표현하고 독려할 수 있어야 한다. 내담자는 자신의 문제에 대해 가장 정통한 사람이기 때문에 진정한 협력적 치료 관계는 내담자가 치료에 협력하는 것뿐만 아니라 치료자도 내담자에게 협력할 때 가능하므로 치료자는 의식적인 노력을 기울이도록 한다(de Shazer, 1988). 따라서 상담자는 문제해결을 위한 목표 설정에서부터 클라이언트와 함께 협력해야 하고 이를 통해 클라이언트의 자원을 확인하여 문제해결을 촉진할 수 있다.

여섯째, 과거가 아닌 현재와 미래에 집중한다. 내담자가 겪는 문제를 과거의 사건과 연결시키는 것이 아니라 현재에 할 수 있는 것과 내담자가 미래에 원하는 모습이나 상황을 구체화시키도록 돕는다.

일곱째, 이론이나 사회적 규칙에 얽매이지 않고(탈이론, 탈규범) 내담자의 자유로운 생각을 존중한다. 기존의 사고 틀은 내담자의 이해 및 수용에 방해가 되기 때문이다. 따라서 내담자의 생각이나 견해를 평가하지 않고 그가 원하는 것에 초점을 맞춘다. 현실은 개인이 부여한 주관적 의미를 따라 구성된다는 사회구성주의에 근거하기 때문에 순수한 호기심을 바탕으로 내담자의 설명에 귀 기울이는 '알지 못함의 자세(not-knowing posture)'를 취한다.3)

여덟째, 일단 효과가 있으면 계속해서 시도하고, 효과가 나타나지 않으면 새로운 방법을 유연하게 사용하는 실용주의적 접근방법이다.

이와 같은 기본 원리를 요약해서 정리하면 다음과 같다.4)

- 변화는 알게 모르게 지속적으로 일어나고 불가피하며 연쇄적이다.
- 내담자는 진정으로 변화를 원한다.

---

3) Anderson, H. & Golishian, H.(1992). The client is the expert: A not-knowing approach to therapy. In S. McName & K. Gergen(Eds.), Therapy as social construction. Newbury Park: Sage Publications.

4) 송정애(2006). 가족상담의 이론과 실제. 서울: 양서원. pp. 121-122.

- 내담자는 문제해결을 위해 필요한 것을 가지고 있고 알고 있다.
- 치료자가 할 일은 내담자가 이미 갖고 있는 것들을 활용하여 해결과정을 시작하도록 돕는 것이다.
- 치료자는 내담자의 목표성취를 돕기 위하여 내담자의 자원을 신뢰하고 사용한다.
- 작은 변화는 큰 변화의 모체가 되며 해결을 위한 출발점이다.
- 문제의 원인이나 문제의 성질을 파악하는 것보다 해결을 하는 것이 더 유용하다.
- 내담자에게 과거의 성공했던 해결방안을 생각하게 하면, 효과가 없는 것에 집착하던 사고방식을 바꿀 수 있다.
- 내담자가 문제시 하지 않는 것은 다룰 필요가 없다.
- 효과가 있는 해결방안은 계속 유용하게 사용할 수 있다.

3 해결중심모델의 구성

크랄(Kral, 1995)은 단기가족치료센터(BFTC)에서 사용한 5단계 모형을 토대로 상담자와 내담자를 교사와 학생으로 학교 상황에 적용하고 체계화한 5단계모델(5-step Treatment Model)을 제시하였다.

1) 1단계: 상담자와 내담자와의 관계 형성(Working with the Client)

내담자와 상담자의 상호작용으로 이루어지는 것이 상담과정이므로 내담자와 처음 만날 때 상담자가 할 역할은 내담자에게 존중과 권한을 부여하는 것이다. 이는 해결중심 상담의 성과에 있어서의 중요한 요인이 된다. 해결중심 상담에서는 상담자와 내담자의 관계에 대한 유형을 고객형, 불평형, 방문형으로 나누며, 상담자는 상담과정에서 변화하는 관계유형에 따라 반응해야 한다.

2) 2단계: 상담목표를 타협하여 결정하기(Negotiating Well Formed Goals)

해결중심 상담에서 그 효과를 제대로 발휘하기 위해서는 내담자가 기대하고 바라는 것이 무엇인지를 분명히 설정하여야 한다. 그러므로 성공적인 상담을 위해서는 상담에 대한 목표를 잘 설정해야 한다. 상담목표를 설정하기 위한 원칙은 다음과 같다.[5)]

첫째, 내담자에게 중요한 것이며 그것이 의미가 있어야 한다. 중요한 것을 목표로 설정할 때 내담자는 목표를 성취하기 위해서 많은 노력을 하게 된다. 대부분의 내담자는 목표를 정확한 언어로 표현하는 것을 어려워하므로 상담자는 내담자가 자신의 목표를 언어화할 수 있도록 도와야 한다.

둘째, 작은 목표일수록 좋다. 목표가 작을 경우에는 성취 가능성이 높아지며, 작은 성취경험은 내담자에게 희망을 갖게 하고 새로운 변화에 대한 동기를 높이게 된다.

셋째, 목표는 구체적이고 특수하고, 행동적이어야 한다. 목표를 명료하게 언급할 때 상담자와 내담자는 상담이 진행되는 과정을 쉽게 평가할 수 있으며 상담이 진행되는 동안 수시로 상담의 목표를 확인할 수 있다.

넷째, 목표를 설정할 때에는 문제 상황을 제거하는 것보다 어떤 것을 있게 해야 한다. 상담자는 내담자가 해야 하는 행동에 대하여 내담자에게 긍정적으로 설명할 때 이것이 실현될 수 있는 가능성이 높아져서 효과적인 목표가 될 수 있다.

다섯째, 목표는 끝이 아니라 새로운 것의 시작과 관련되어야 한다. 내담자는 대부분 최상의 상태를 추구하려고 하지만 목표를 성취하는 것은 한 단계씩 천천히 추구되어져야 하므로 상담자는 내담자가 표현하였던 목표를 최대한 존중하면서 내담자가 원하는 결과를 도출하기 위하여 처음 단계에서 필요한 것이 무엇인지를 구체적이고 명확하게 설명할 수 있도록 돕는다.

---

5) Berg, I. K.(1995). 해결중심적 단기 가족치료(가족치료연구모임 역). 서울: 하나의학사.(원저 1993년 출판)

여섯째, 목표는 현실적이고 성취할 수 있는 것이어야 한다. 내담자는 자신에게 가장 중요하고 현실적으로 필요한 자원을 스스로 찾아낼 수 있으므로 상담자는 내담자가 실제로 수행할 수 있는 목표를 설정하는 것을 도와주어야 한다.

일곱째, 목표는 언제나 사회적이고 상황적인 맥락을 고려하여 목표 수행이 힘든 일임을 인식시킨다. 목표를 달성하지 못했을 때에 내담자가 좌절하지 않고, 보다 열심히 해야 하는 신호라고 상담자는 내담자가 생각하게끔 도와준다.

3) 3단계: 해결을 위한 유도단계(Orientation the Client Toward Solution)

해결중심 상담에서는 내담자가 문제를 해결하는 과정에 능동적으로 참여하게끔 하는 치료적 대화에 의해 구성된다. 상담자와 내담자 간의 대화가 바로 치료적 개입이다. 그러므로 상담자는 해결중심으로 내담자를 이끌기 위하여 효과적으로 질문하는 것에 숙달되어야 한다. 대부분의 내담자들은 상담자의 질문에 반응하기 때문에 상담 상황에서 상담자가 어떻게 질문하느냐가 중요하다. 해결중심 상담의 질문기법은 여러 가지가 있는데 상담 이전의 변화에 관한 질문과 예외 질문, 기적 질문, 척도 질문, 대처 질문이 이에 해당된다.

4) 4단계: 해결중심적 개입(Solution-Focused Intervention)

상담이 이루어진 후에 상담자는 잠시 상담실을 나온다. 그리고 일방경(one way mirror)을 통해 상담과정을 관찰하던 치료팀과 함께 내담자를 위한 메시지를 작성한다. 상담과정에서 내담자를 만나지 못했던 치료팀은 이 과정에서 상담자와 연락함으로써 상담에 참여한다. 치료팀은 문제해결의 다양한 관점을 제공하며 상담이 45분 정도 지나면 상담자는 치료팀과 논의할 시간을 갖는다. 상담자와 치료팀은 상담과정을 검토하면서 내담자에게 과제를 주는 이유를 설명하고, 내담자에게 적절한 과제를

작성하여 부과한다.[6)]

내담자에게 효과적인 과제를 제시하기 위해서 치료팀은 상담자가 내담자와 어떻게 관계를 맺고 있는지를 살펴보아야 하며, 내담자가 해결책을 구축할 수 있도록 내담자에게 전달하는 피드백에 도움이 되는 정보를 체계화하여 강조한다. 피드백은 면접이 끝난 다음 쉬는 시간을 이용하여 내담자가 말한 내용을 생각하여 내담자들에게 도움이 되는 제안을 만든다. 피드백의 구조는 칭찬과 과제에 대하여 이론적 근거를 제시해 주는 연결문, 과제 이렇게 세 부분으로 이루어진다. 피드백은 목표를 잘 형성시켜 그것을 발전시킬 수 있도록 하며 내담자가 가진 목표와 관련한 예외 상황에 주의를 집중시켜 예외 상황이 일어나도록 하기 위하여 누가 무엇을 하는지에 주목하도록 하고 그것을 격려하려는 의도를 가진다.[7)]

5) 5단계: 목표유지 단계(Goal Maintenance)

마지막 단계에서는 4단계의 해결중심적 개입으로 이루어진 내담자의 작은 변화를 어떤 방식으로 유지시킬 것인가에 초점을 맞춘다. 상담자는 첫 회를 제외한 두 번째 회기부터 "무엇이 나아졌나요?"라고 질문을 하며 상담을 시작한다. 여기에서 내담자가 어떤 작은 변화, 즉 예외를 말하면 상담자는 그 예외 상황을 탐색하여야 한다. 예외 상황과 문제 상황 사이에 어떻게 차이가 나는지, 어떤 예외가 일어나는지, 그리고 내담자가 어떤 역할을 하는지 등의 탐색을 통해 예외는 확대된다. 그 다음 예외를 통해 나타나는 성공이나 강점을 언어적 칭찬이나 비언어적 행동으로 강화하는 것이 필요하다. 마지막으로 "또 무엇이 나아졌나요?"라는 질문으로 변화의 탐색과 유지의 과정을 다시 시작한다.[8)]

---

6) 정정옥(2005). 해결중심 집단상담 프로그램이 초등학교 학습부진아의 자아존중감과 학교생활 적응에 미치는 효과. 서울교육대학교 석사학위논문.
7) 양지원(2015). 학교부적응 청소년에 대한 해결중심적 집단미술치료 프로그램의 효과성에 관한 연구: 자기효능감, 자아탄력성, 학교생활적응의 사전사후 비교를 중심으로. 경기대학교 대학원 박사학위논문.
8) 김인수, 송성자, 정문자, 이영분, 김유숙(1998). 무엇이 좋아졌습니까?: 해결중심치료의 적용. 서울: 동인.

4 해결중심모델의 치료목표

첫째, 내담자에게 중요한 것을 목표로 하기

- 내담자는 상담목표가 내담자에게 중요할 때 목표를 성취하기 위해 더 노력하기 마련이다. 따라서 사회복지사 중심적으로 짜여진 목표나 프로그램에 얽매이기보다는 내담자의 목표를 받아들여서 진행하는 것이 효과적이다.

둘째, 작은 것, 성취 가능한 것을 목표로 하기

- 내담자가 설정한 목표는 작은 것으로서 내담자가 성취할 수 있는 것이어야 한다. 목표가 성취 가능한 작은 것이어야 쉽게 성공할 수 있으며, 이를 통해 희망을 가지고 더 노력하고자 하는 동기가 유발될 수 있다.

셋째, 구체적이고 명확하고 행동적인 것을 목표로 하기

- 애매모호하게 설정된 목표는 상담자와 내담자가 상담과정이 이루어졌는지 파악하기 어렵게 하고, 평가를 어렵게 할 수 있다.

넷째, 없는 것보다는 있는 것에 관심 두기

- 내담자가 가지고 있는 능력이나 자원에 관심을 두고 목표를 정하는 것이 효과적이며, 문제시 되는 것을 없애는 것보다는 있는 것에 관심을 두고 부정적인 단어를 사용하지 않는 목표들이 좀 더 효과적으로 달성될 수 있다.

* 저항하는 내담자가 있는 것이 아니라 유연성이 결여된 치료자가 있을 뿐이다.

5 해결중심모델의 질문기법

1) 면담 이전의 변화를 알아보는 질문[9]

- 가족들은 문제가 가장 심각할 때 상담을 신청하여 그 후 상담 날짜가 잡혀 그들을 만나보면 문제의 심각성이 많이 완화되어 있는 경우를 볼 수 있다.
- 해결중심모델에서는 이러한 상담 이전의 변화를 관심 있게 관찰하여 이것을 근거로 가족의 잠재능력을 찾아내어 가족들이 발견하지 못한 해결 방안을 제시한다.
- 상담자는 심각했던 문제가 어떻게 완화되었는지를 가족들 스스로 확인할 수 있는 질문을 하여 그들이 실시한 방법에 대하여 인정을 해 주며 도움 없이 스스로 해결한 점을 칭찬해 주며 그것을 확대 적용할 수 있도록 격려한다.

2) 예외 질문

- 예외란 내담자가 문제로 생각하고 있는 행동이 일어나지 않는 상황이나 행동을 의미한다.
- 어떠한 문제에도 예외는 있기 마련이라는 것이 해결중심치료의 기본 전제이다.
- 해결중심치료에서는 한두 번의 중요한 예외를 찾아내서 계속 그것을 강조하면서 내담자의 성공을 확대하고 강화시켜 준다.
- 내담자가 행한 우연적인 성공을 찾아내어 의도적으로 계속 실시하도록 격려한다.
- 예외 질문은 첫 면접에서 대체로 목표설정 후에 사용되고 2회 면담부터는 "무엇이 더 좋아졌는가?"라는 식으로 물을 수 있다.

  예) "언제 문제가 발생하지 않았나요?"

---

9) 강문희, 박경, 강혜련, 김혜련(2006). 가족상담 및 심리치료. 서울: 신정. p. 99.

"문제가 발생하지 않았다는 것을 어떻게 알 수 있을까요?"
"문제가 발생했을 때와 발생하지 않았을 때의 차이가 무엇인가요?"

3) 기적 질문[10]

- 기적 질문은 문제가 해결된 상황을 상상해 봄으로써 해결하기 원하는 것을 구체화하고 명료화하는 데 도움이 되는 것이다.
- 기적 질문을 할 때는 긍정적으로 대답하도록 질문하는 것이 중요하다.
- 또한 질문을 통해 가족 스스로가 기적을 현실화하기 위해 새롭게 행동해야 한다는 것을 암시할 수 있어야 한다.
- 이와 같은 기적 질문을 통해 가족은 그것 자체가 자신의 치료목표라는 사실을 재인식하게 된다.

  예) "오늘 저녁에 집에 가셔서 주무시는 동안 기적이 일어나 지금 겪고 있는 문제가 모두 해결되었습니다. 그러나 잠자는 동안에 기적이 일어났으니까, 무슨 일이 생겼는지 아무도 모릅니다. 아침에 눈을 떴을 때 무엇을 보고 지난 밤에 기적이 일어났다는 것을 알 수 있을까요? 그리고 당신에게 기적이 일어난 것을 다른 가족은 무엇을 보고 알 수 있을까요?"

4) 척도 질문

- 척도 질문은 변화에 대한 동기를 강화하고 다음 단계로 발전하기 위해서 어떤 시도를 해야 할지 탐색하기 위해 만든 질문이다.[11]
- 문제의 심각성 수준, 문제의 우선 순위, 문제해결 정도 등을 숫자로 표현하도록 하는 방법이다.
- 척도 질문은 내담자의 심리상태를 구체적으로 알 수 있고, 구체적인 목표를 설정하기에 유리하다.

  예) "요즘 아이가 짜증내는 것은 좀 괜찮아 지셨나요? 예를 들어, 0부터 10까지 숫자 중에 0은 문제가 없는 것이고 10은 가장 좋지 않은 것이라고

---

10) 김유숙(2007). 가족치료. 서울: 학지사. p. 208.
11) 김유숙(2007). 가족상담. 서울: 학지사. p. 240.

했을 때 숫자로 표현하면 0과 10 사이에 어느 정도일까요?"

5) 대처(극복) 질문

- 이 질문은 내담자가 너무 어려움을 겪고 있고 희망을 찾지 못하는 절망적인 상황이라고 판단되었을 때 유용하게 사용될 수 있다.
- 단지 질문을 던진 것에 불과하지만 질문 자체에서 내담자는 자신을 돌아보게 하여 그동안 아무것도 진전된 것이 없는 것으로 생각했던 것이 조금이나마 나아지고 있다는 것을 확인시켜 줄 수 있다.
- 상담자는 질문에 대해 내담자가 대답을 할 때 그 내용을 면밀히 살펴본 후 내담자가 어려운 상황 속에서도 문제해결을 위해 열심히 노력해왔고 그런 자세와 능력 때문에 문제를 반드시 해결할 수 있을 것이라는 격려와 지지를 보내주어야 한다.

  예) "이렇게 힘든 상황 속에서도 꿋꿋하게 버틸 수 있는 능력이 대단하군요. 이런 힘은 어디에서 나온 것인가요?"

Key Point

- 해결중심모델은 인간을 긍정적으로 바라보는 철학을 바탕으로 한다. 즉, 심리사회적인 문제를 안고 있는 내담자라 할지라도 자신의 문제를 해결할 수 있는 내적 역량을 갖추고 있다고 본다.

- 해결중심 상담의 기본 원리와 중심 철학은 첫째, 문제를 중심으로 해결방안을 찾는 병리적 모델과 달리 내담자가 가지고 있는 건강한 요소를 찾는 것에 초점을 둔다. 둘째, 클라이언트의 문제해결 능력에 초점을 맞춘다. 내담자의 강점과 역량이 문제해결의 도구이자 자원이 되기 때문에 이 같은 자원을 발견하고 활용하는 것이 핵심이다. 셋째, 영원할 것 같고 해결되지 않을 것 같은 문제들도 어떤 변화를 계기로 완화되거나 사라지기도 하는 예외적 상황이 존재한다. 넷째, 큰 변화가 일시에 일어나기는 어렵지만 작은 변화는 수시로 일어날 수 있으므로 작은 변화를 최대한 이끌어낸다. 다섯째, 클라이언트와 상담자가 협력하여 문제를 해결한다. 여섯째, 과거가 아닌 현재와 미래에 집중한다. 일곱째, 이론이나 사회적 규칙에 얽매이지 않고(탈이론, 탈규범) 내담자의 자유로운 생각을 존중한다. 여덟째, 일단 효과가 있으면 계속해서 시도하고, 효과가 나타나지 않으면 새로운 방법을 유연하게 사용하는 실용주의적 접근방법이다.

- 해결중심모델의 질문기법은 면담 이전의 변화를 알아보는 질문, 예외 질문, 기적 질문, 척도 질문, 대처(극복) 질문이 있다.

응용문제

1 해결중심모델의 기본 원리에 맞지 않은 것은?

① 내담자는 문제해결을 위해 필요한 것을 가지고 있고 알고 있다.
② 작은 변화는 큰 변화의 모체가 되며 해결을 위한 출발점이다.
③ 내담자가 문제시 하지 않는 것은 다룰 필요가 없다.
④ 효과가 있는 해결방안은 계속 유용하게 사용할 수 있다.
⑤ 전문가 관점에서 내담자의 문제를 신속히 평가할 필요가 있다.

2 [보기]와 같은 질문을 사용하는 가족치료기법은 무엇인가?

보 기

"문제가 발생했을 때와 그렇지 않았을 때의 차이가 무엇인가요?"
"요즘 남편께서 술을 마시고 오는 날이 많이 줄었나요? 술 마시지 않고 집에 들어오는 날이 일주일에 몇 일 정도 되시나요?

① 경험적 가족치료
② 전략적 가족치료
③ 보웬의 가족치료
④ 구조적 가족치료
⑤ 해결중심 가족치료

3 해결중심가족치료의 치료기법이 적절한 것으로 연결된 것은?

보 기

가. 기적 질문: "기적은 일어날 것입니다. 희망을 잃지 마세요!"
나. 척도 질문: "아이가 다시 학교에 나가기 시작하는 것을 10이라 했을 때, 1점 올리기 위해 어떻게 해야 한다고 생각하십니까?"
다. 예외 질문: "아빠가 화를 내지 않을 때도 있었을 것 같은데, 그 때가 언제였니?"
라. 대처 질문: "인터넷 게임을 하고 싶었을텐데, 어떻게 그것을 참고 축구를 할 생각을 했니? 참 대단하구나!"

① 가, 나, 다　② 가, 다　③ 다, 라
④ 라　⑤ 가, 나, 다, 라

4 해결중심가족치료의 기법 중에서 문제가 해결된 상황을 상상해 봄으로써 해결하기 원하는 것을 구체화하고, 자신의 치료목표라는 사실을 명확하게 인식시키고자 하는 것은 무엇인가?

① 예외 질문　② 척도 질문　③ 기적 질문
④ 대처 질문　⑤ 위기 질문

5 해결중심모델 개입을 위한 상담 목표 설정에 대한 설명이 적절하지 않는 것은?

① 현실적일수록 좋다.
② 구체적이고 특수할수록 좋다.
③ 작은 목표일수록 좋다.
④ 반드시 언어로 표현하지 않아도 좋다.
⑤ 사회적인 목표를 설정하는 것이 중요하다.

정답 1. ⑤ 2. ⑤ 3. ③ 4. ③ 5. ④

CHAPTER

05

과제중심모델

이 장은 과제중심모델이 무엇인지 살펴보고, 과제중심모델의 철학과 기본 개념, 실천과정, 한계점에 대해 살펴보고자 한다. 과제중심모델은 장기간에 의한 심리치료에 대한 비판이 확대되면서, 현재의 문제 상황에 개입의 초점을 두고 단기치료 방식에 관심을 갖기 시작하면서 1970년대에 고안되었다.

학 | 습 | 목 | 표

1. 과제중심모델의 철학과 기본 개념을 이해할 수 있다.
2. 과제중심모델의 개입목표와 과정에 대해 이해할 수 있다.
3. 과제중심모델의 적용 및 사례에 대해 이해할 수 있다.

1 과제중심모델의 철학과 기본 개념

1) 등장배경

과제중심모델은 단기치료의 한 형태로서 대인관계와 사회적 관계의 어려움, 역할수행의 어려움, 정서적 고통 등 생활상의 문제를 다루기 위해 리드(Reid)와 엡스타인(Epstein)에 의해 1970년대에 고안되었다. 리드와 엡스타인의 저서 『과제중심 개별지도(Task-Centered Casework, 1972)』를 발표하면서 과제중심모델에 대해 소개하였는데, 그 당시 심리치료분야의 장기간의 치료에 대한 회의와 비판이 확대되면서, 현재의 문제 상황에 개입의 초점을 두는 단기치료 방식에 대해 관심이 커지던 시기였다. 과제중심모델은 단기치료에서 사용하는 방법으로 시간제한, 제한된 목표, 초점화된 면접과 현재에의 집중, 활동과 지시, 신속한 초기사정, 그리고 치료의 융통성 등을 이용한다.

과제중심모델은 모델의 간결성과 단기접근법으로 인하여 그동안 부부갈등, 청소년 비행, 학교 부적응, 재가노인 문제, 치매노인, 알코올중독 등 사회복지의 다양한 실천현장에서 다양한 사람들에게 적용되어 왔다. 이 모델은 특정 문제행동을 해결하는 직접적인 치료기법을 제공해 주는 것은 아니며 어디까지나 특정 문제에 대해 그것을 해결하기 위한 적절한 기법을 선택하여, 그것을 클라이언트 스스로 실행할 수 있는 과제로 대치하여 클라이언트가 수행할 수 있도록 필요한 지도나 절차를 마련해 주는 데 중점을 둔다.

과제중심모델은 사회복지사와 클라이언트가 처음부터 끝까지 함께 진행하게 되는데, 첫째, 특정 문제를 확인하고, 둘째, 그 문제들을 변화시키기 위하여 필요한 특정 과업들을 확인하고, 셋째, 제한된 시간 안에 발생하는 다양한 활동에 대한 계약내용을 발달시키고, 넷째, 클라이언트가 그 과업들을 성취하고자 하는 동기를 확립하게 하고, 다섯째, 과업의 성취에 장애가 되는 요소는 확인하여 분석·해결하는 단기개입모델이다.

2) 과제중심모델의 일반적 특성

과제중심모델 연구자들은 사회복지실천체계 혹은 치료체계가 최소한으로 지녀야 할 부분 요소로서 다음의 네 가지를 제시하며, 이러한 요소에 비추어 여러 모델과는 다른 과제중심모델의 특성을 다음과 같이 서술하고 있다.

(1) 치료모델의 성격

치료모델은 몇 가지의 기준으로 분류가 가능하며 치료모델이 표적으로 삼는 문제의 유형과 사회복지사가 고려하게 되는 우연히 발생하는 사건의 정도 그리고 모델의 설명에 의해서 얻어지는 정보의 양 등이 이 기준에 해당한다.

과제중심모델의 표적이 될 수 있는 문제는 대인관계에서의 갈등, 사회적 이행, 반응적인 감정상의 어려움, 부적절한 자원의 문제 등이 있다. 과제중심모델의 표적문제는 반드시 클라이언트가 표현한 것으로 구성되며, 특히 구체적인 행동이나 환경으로 제한되어야 한다. 문제에 대해서 사회복지사와 클라이언트가 동의하는 계약과정을 거친 후, 표적문제는 이를 변화시키기 위한 과제로서 초기의 면접과정에서 형성된다.

처음에는 이 과제가 클라이언트가 수행할 수 있는 행동의 일반적인 언급이어야 하지만, 이는 하나 이상의 과제 개발이 뒤따를 수도 있다. 사회복지사는 이 과정에서 클라이언트의 과제형성에 보다 초점이 맞추어지고 관리할 수 있으며, 표적문제와의 관련성이 재고되도록 원조하여야 한다.

과제의 동의 후에는 서비스의 기간제한을 둘러싼 계약과정을 거치고, 이후의 과정에서 사회복지사는 클라이언트가 동의한 과제의 수행을 원조한다.

사회복지사와 클라이언트 간의 의사소통도 구조화되어야 한다. 일부의 예를 제외한다면 초기에 계약된 시간에 종결이 이루어지며 마지막 1~2회의 면접에 클라이언트의 수행결과를 함께 평가하고 남아 있는 문제가 명확하게 되도록 클라이언트를 원조한다.

(2) 치료모델의 이론적 기반

① 과제중심모델은 경험에 기초한 지식을 바탕으로, 계획적이고 의도적인 과정을 통해 클라이언트의 문제를 구체적인 과제로 해결해 나간다. 어떤 특정한 이론이나 개입 방법에 고정되지 않고 사회복지사가 선택하는 이론 기반을 사용할 수 있다. 따라서 이 모델은 이론 기반에 대한 과제중심모델의 허용적인 태도에 의해 특정 이론에 대한 전문적인 교육을 받지 않은 사회복지사들이 용이하게 사용할 수 있다.
② 과제중심모델은 단기 심리사회적 접근 기술을 이용하여 클라이언트가 자신의 문제를 완화하기 위한 과제나 활동을 고안하고 수행하되 시간제한을 두는 구조를 이용하였다.
③ 과제중심모델은 클라이언트의 자기결정권을 존중한다.

(3) 경험적 증거

1969년 리드(Reid)와 샤인(Shyne)의 조사결과를 중심으로 과제중심모델에서는 다음과 같은 경험적인 증거들이 이 모델의 효과성을 지지하고 있다고 보고 있다.

① 시간 제한적 단기의 치료를 받은 사람은 적어도 장기의 개방종결식 치료를 받은 사람만큼의 꾸준한 향상을 나타낸다.
② 장기치료의 효과와 관계된 향상이라 할지라도 이는 대개 치료 시작 직후의 초기단계에서 나타난다.
③ 전체적인 길이와 관계없이 대부분 치료과정 자체는 짧다.

(4) 모델의 가치전제

과제중심모델은 '클라이언트의 욕구에의 초점과 존중'이 있다. 이는 클라이언트가 원조를 요청할 때 그가 원하는 도움과 그렇지 않은 것을 구별할 수 있다는 전제에 기반하고 있는 것이다.

다음으로 실제의 조사에 기반을 둔 경험적 증거가 치료모델의 발달에 도움이 된다고 가정하므로, 사회복지사는 엄격한 기준에 의해서 자신의 지식내용을 평가해야 한다. 즉, 체계적인 경험증거에 의해 지지될 때까지는 단지 시험적인 가설로 받아들여야 한다. 경험증거를 중시하는 이러한 입장은 사회복지사가 막연하고 추상적인 태도를 가지는 것이 아니라 구체적인 목표와 행동 및 태도에 대해 개입하고 평가할 것을 요구하는 것이다.

즉, 기존의 많은 사회복지사들이 가족의 안녕이나 정신건강 등의 추상적이고 모호한 가치에 의해 규정된 언급을 향해 클라이언트가 움직이도록 원조하는 것을 그들의 기능으로 여기고, 반대로 클라이언트가 표현하는 구체적 욕구는 큰 비중을 두지 않았던 경향에 대해 과제중심모델은 정반대의 입장에서 비판하고 있다.

리드는 과제중심모델에 나타났을 뿐만 아니라 전체 임상사회사업에 중요한 영향을 끼친 이 모델의 실천요소로서 가치적 요소, 계획된 단기성, 치료 초점의 특정화, 계약의 사용, 고도의 구조성, 클라이언트 활동에의 강조, 경험 지향성의 일곱 가지를 들고 있다.

이러한 견해들에 나타난 과제중심모델의 특성을 정리하면 다음과 같다.

① 가치적 요소

가장 중요한 가치는 클라이언트의 표현된 욕구를 강조하는 것, 즉 클라이언트 자신이 문제가 무엇인지, 성공적인 해결책이 무엇인지를 가장 잘 알고 있다고 가정하는 것이다. 그리고 중요한 것은 현재와 미래에 대하여 더 많은 관심을 표현한다.

② 계획된 단기성[1)]

과제중심모델은 상대적으로 짧은 시간 동안에 치료를 제한한다는 사회복지사와 클라이언트 사이의 초기 상호 동의를 필요로 한다. 정상적인 상황에서 계약은 문제가 결정된 뒤 2~4개월간 8~12회기 동안에 진행된다.

1) 계획된 단기성의 효과에 관한 이론적인 근거로는 단기 효과성에 관한 논리적 근거와 경험적 조사, 위기이론의 연구 등이 있다.

③ 치료 초점의 특정화

과업중심적 실천은 심리 내적 구조의 재조직과 행동수정의 가운데 존재하며, 단기치료이므로 문제와 목표의 특수화를 추진하여 포괄적이고 비조직적인 문제로 인한 클라이언트의 포기를 막는다.

④ 계약의 사용

계약은 표적문제, 목표, 서비스의 지속시간에 관한 동의를 포함하며 보통 회기 2회 이전에 체결된다. 과업중심 실천에서 계약의 핵심요소는 표적문제와 목표와 클라이언트-사회복지사의 상호 동의에 있어서 명확성을 기하는 데에 있다. 명확성은 클라이언트의 혼동과 그 결과로 발생하는 혼란, 빈약한 성과 등을 감소시켜 준다.

⑤ 고도의 구조성

구조성은 하나의 모델이 개입과정을 조직하는 절차, 단계, 규칙 등을 제공하는 정도를 말한다. 과제중심모델은 상대적으로 구조성이 높다.

⑥ 클라이언트 활동에의 강조

과업중심적 실천의 중요한 전제이자 전략은 문제가 활동과 행위를 통하여 해결될 수 있다고 보는 점이다. 다른 모델들보다 사회복지사의 활동이 많고 직접적 지시도 더 많다. 이때 변화를 위한 우선적 표적은 심리 내적 과정보다는 행동과 상황의 변화에 있다. 또한 여기서 '과제'라는 핵심적 개념의 특성이 나타난다.

⑦ 경험지향성

과제중심모델은 계속하여 모델을 검증하고 이것에 기초하여 발전시켜 나갈 것이다. 개입절차에서 사용되는 각종 자료와 절차들은 추론이 아닌 객관적인 것이어야 하며, 정상적인 실천과정의 일부로서 조사 연구절차가 사용된다.

(5) 모델의 개입과정 중 핵심적 특성

과제중심모델의 특징은 시간 제한적 단기치료이며, 클라이언트와 사회복지사가 표면적으로 계약한 구체적인 문제들을 해결하는 데 개입에 초점을 둔다. 그리고 클라이언트의 문제해결활동은 그가 수행에 동의한 과제를 중심으로 조직된다. 또한, 조사에 근거한 경험적 자료에 의존하여 직접적인 치료기법을 제공해 주기보다 클라이언트 스스로 실행 가능한 과제로 대치하도록 하고, 과제를 수행할 수 있도록 인도한다. 이때 사회복지사의 역할은 제한된 기간 내 가능한 건설적으로 자신의 문제를 완화시킬 수 있는 활동을 할 수 있도록 원조하는 것이다. 마지막으로 기본적인 가치전제는 클라이언트의 자기결정의 원리에 기초를 두고, 개입의 책무성을 강조한다.

3) 과제중심모델의 기본 개념

과제중심모델은 단기치료이기 때문에, 클라이언트의 모든 문제에 관하여 관심을 갖기보다는 클라이언트가 인식하고 동의한 문제에 초점을 두어 이를 집중적으로 도와준다는 특징이 있다. 따라서 클라이언트의 문제는 사회복지사에 의해 진단되는 것이 아니라, 클라이언트 스스로 인식하고 수용해서 변화하기 원하는 것이다.

그리고 클라이언트 문제에 대한 자기결정권을 존중한다. 이 모델을 사용하는 사회복지사는 자신이 클라이언트 문제에 대한 최선의 해결책을 알고 있다는 가정을 하지 않는다. 오히려 클라이언트가 자기 문제라고 인정하고, 함께 해결하고자 지적한 문제에 제한하여 접근한다. 개입할 때도 클라이언트가 동의한 해결방법이 사용돼야 하며, 클라이언트에게는 자기 프라이버시(privacy)에 대한 권리를 주지하여 어떤 도움이 어떤 방식으로 제공될 것인지에 대한 알 권리가 있다.

(1) 과제중심모델에서 말하는 과제

클라이언트와 사회복지사 간의 동의에 의해 계획되는 특정 유형의 문제해결활동이며, 면접 안팎에서 행해지는 활동이다.

① 클라이언트 과제

- 표적문제[2)]를 감소시키기 위해 클라이언트가 수행하는 활동을 말한다.

② 사회복지사의 과제

- 같은 문제를 감소시키기 위해 면접 진행 동안 클라이언트의 입장에서 사회복지사로서 수행하는 활동을 말한다.
- 클라이언트의 활동을 보완하고 클라이언트의 작업을 촉진시키는 일
- 협상과 협의: 이웃, 친구, 가족과 같이 클라이언트와 가까운 사람들 그리고 지역사회 기관과 관공서와 함께 작업하는 것을 포함한다.

따라서 과제중심모델은 사회복지사와 클라이언트가 직접 만나는 면접 시간 외에 클라이언트가 과업을 수행하는 일상적인 생활도 치료의 연장으로 보고 있다.

(2) 과제의 기본적 유형

과제는 표적 문제를 명확히 한 후에 과제 계획을 세우게 되는데, 클라이언트와 사회복지사 간의 토론을 통하여 대안적인 과제들이 제시되며 행동이나 전략을 구체화하게 된다. 사례가 진행되는 동안 표적문제가 계속 남아 있는 경우에 과제는 바뀌어야 한다. 또한 과제를 수행했거나 달성될 수 없거나 필요치 않다고 생각되면 과제를 바꾼다. 과제에는 일반적 과제와 조작적 과제가 있는데 일반적 과제는 목적달성과 관련된 상위과제이고 조작적 과제는 상위과제에 도달하기 위한 구체적인 하위과제이다.

2) 표적문제(target problem)란 클라이언트가 직면하고 있는 문제 중 당장 해결해야 할 표적이 되는 문제를 말한다. 즉, 클라이언트와 사회복지사가 변화시키기로 계약한 문제를 말한다.

① 일반적 과제

일반적 과제는 행동의 방향을 제시하지만 무엇을 해야 하는가에 대해 정확히 언급하지 않는다. 일반적 과제는 항상 클라이언트의 목표를 내포하며, 보통 클라이언트의 과제와 목표는 같다. 이 둘은 같은 현상의 두 가지 측면으로 언급된다. 일반적 과제가 무엇이 행해져야 하는가를 말한다면, 목표는 과제가 행해졌을 때 달성되어야 하는 상태를 말한다. 목표와 과제 모두를 진술하고 이해하는 것이 필수적이다.

② 조작적 과제

조작적 과제는 클라이언트가 수행해야 하는 구체적인 활동으로 명확한 활동에 대한 정보를 포함한 상위과제에 도달하기 위한 구체적인 하위과제이다. 대개 조작적 과제는 일반적 과제로부터 나온다.

③ 과제의 다른 유형들

㉮ 유일 과제: 한 번의 수행을 위해 계획된 것

예) 오씨는 수요일에 재가복지사업 담당자를 만난다.

㉯ 되풀이 과제: 반복적인 활동을 위해 계획된 것

예) 오씨는 아내가 자식들에게 바라는 것이 무엇인지 항상 들어준다.

㉰ 단일과제: 여러 단계들이 필요한 하나의 활동

예) 오씨는 상담을 위해 준비한다.

㉱ 복잡한 과제: 매우 밀접하게 관련된 둘 또는 그 이상의 구분된 활동들

예) 몇 가지 가능한 개입 방법과 원예치료에 대해 담당 사회복지사와 상의하고, 각각의 방법이 그녀의 가정과 자녀들을 돌보고 일하기 위한 능력에 어떤 영향을 미칠지 고려한다.

㉲ 개인적 과제: 한 사람이 수행하는 것

㉳ 상호적 과제: 둘 또는 그 이상의 사람들이 수행해야 하는 과제로 구분되지만, 서로 연관되어 있는 과제

예) 오씨는 아들 철수에게 소리 지르는 것을 그만두며, 철수는 집에서 도망가는 대신에 어머니에게 무엇이 그를 화나게 하는지 말한다.

㉦ 공유 과제: 둘 또는 그 이상의 사람이 같은 과제를 하는 것
예) 오씨와 철수는 함께, 정신보건사회복지사와 상담해야 한다.

㉧ 인지적 과제: 정신적인 활동들을 검토하여 명확히 하기
예) 오씨는 그녀가 정확히 무엇을 좋아하고 하고 싶어 하는지, 그리고 자신의 결혼에 대해 무엇이 불안한지를 생각한다.

(3) 과제 수행

① 구체적인 세부사항의 논의

- 무엇을, 언제, 누구와, 어떤 조건에서, 어떻게 해야 하는가에 대해 클라이언트와 사회복지사 간 합의가 이루어져야 한다.
- 클라이언트는 자신의 분명한 생각과 과제수행에 도움이 될 만한 청사진을 내놓는다.

② 과제의 시작과 지속의 논의

- 각각의 과제에 대한 합의가 이루어진 후에는 어떻게 과제를 시작하고 지속할 것인가에 대해 논의한다.
- 클라이언트가 익숙하지 않은 새로운 활동을 해야 하는 과제인 경우에는 한 단계씩 토론을 진행한다.
- 예상하지 못한 방향으로 전개되는 사례의 경우 대안적인 방안을 준비한다.

2 과제중심모델의 개입목표와 과정

1) 과제중심모델의 개입목표

과제중심모델의 개입목표는 계획적이며 의도적인 과정을 통해 클라이언트의 문제를 구체적인 과제로 해결해 나가고자 하며, 제한된 기간 내에 가능

한 한 건설적으로 자신의 문제를 완화하기 위한 행동을 취할 수 있게 한다.

2) 과제중심모델의 실천과정

개입과정은 초기단계, 중기단계 및 종결단계로 나눠 살펴볼 수 있다. 서비스 기간은 2개월에서 4개월 이내에 8~12회 정도의 개입으로 설계되고 일반적으로 이 기간 동안 클라이언트가 가장 중요하다고 생각하는 표적 문제 중 두세 가지의 문제만을 선택하여 개입한다.

단계별 과정 시, 단계가 겹치거나 필요에 따라 이전 단계로 돌아가는 등 개입의 틀을 매우 유연하게 변형하여 적용할 수 있다.

(1) 초기단계

① 의뢰이유에 대한 토의

개입은 클라이언트가 자발적으로 기관을 찾아오는 경우와 다른 기관으로부터 의뢰받은 경우로 시작하는데, 다른 기관에서 의뢰받은 경우에 사회복지사는 먼저 의뢰기관에서 제시하는 클라이언트의 문제와 개입의 목표가 무엇인지, 클라이언트가 제시하는 문제, 목표 등에 대해 서로의 의견이 일치하는지 알아본다. 클라이언트와 의뢰기관이 서로 일치하지 않는 경우에는 사회복지사가 서로의 의견을 조정하거나 협상하여야 하며, 법정명령으로 위임된 목표가 있는 경우에는 클라이언트의 이해를 구하여야 한다. 더 나아가 사회복지사는 의뢰기관에서 클라이언트에게 제공할 수 있는 자원이 있는지 알아보고 활용할 수 있다. 활용 가능한 자원은 정서적 지지와 관심 등의 정서적 자원뿐만 아니라 실제적 또는 물질적 자원을 포함한다. 클라이언트가 자발적으로 지원한 경우에는 다음 단계로 넘어간다.

② 표적문제와 그 상황에 대한 탐색과 사정

클라이언트가 제시하는 문제(presentating problem)에서 출발하지만, 과제중심모델에서 강조하는 문제는 개입의 초점이 되는 표적문제(target problem)로 문제를 규정한다. 클라이언트가 자신의 문제로 인식하고 개입의 초점으로 동의하며 표적문제로 규정하고, 문제를 구체적으로 규정하는 책임은 사회복지사에게 있다. 이 경우 사회복지사는 제안하거나 권유한 표적문제를 가능한 한 명확하게 설명하고, 클라이언트에게 질문하고 생각할 수 있는 시간을 충분히 주어야 한다.

사회복지사는 면접을 통해 표적문제와 그들의 사회적 상황3)을 세밀하게 조사하고 문제에 영향을 미치는 클라이언트의 특성을 인식하는 데 주력한다. 일반적으로 클라이언트는 문제를 구체화하는 동안에 자신에 관한 다양한 정보를 제공한다. 이러한 탐색과 사정은 동시에 이루어진다.

③ 계약의 수립(Contracting)

표적문제를 규정하고 이에 대한 예비 사정(preliminary assessment)을 한 후, 사회복지사와 클라이언트는 계약을 한다. 계약을 하는 것은 문제해결 방향에 대한 동의로서 클라이언트와 사회복지사 간의 목표달성을 명확히 하는 중요 수단이다. 클라이언트의 자기결정권과 문제해결 의지를 최대한 반영하기 위해서 서면 또는 구두계약으로 이루어진다.

계약에서 다루는 아홉 가지 주제들은 다음과 같다(유수현 외, 2011).

㉮ 우선순위가 되는 주요 문제: 표적문제의 범위가 너무 넓거나 일반적이거나 혹은 문제의 초점이 잘 맞추어지지 않았을 때 과제중심적 접근은 효과적이지 못한 것으로 보고되고 있다. 표적문제는 우선순위를 정하여 제한된 시간 안에 다룰 수 있도록 최대한 세 개까지로 제한한다.

㉯ 구체적 목표: 클라이언트의 관점에서 클라이언트의 우선순위에 따라 설정할 것, 클라이언트와 사회복지사가 달성하고자 하는 결과를 의미하며, 행동이나 인지상의 지표로 기술되어야 한다. 그리고 하나의 표적문제에 대해 하나의 목표를 설정해야 한다.

㉰ 클라이언트의 과제(클라이언트가 수행해야 할 활동): 과제는 클라이언트와

---

3) 사회적 상황: 클라이언트의 주거지와 주거지역의 주변상황, 직업과 학교상황, 사회경제적 지위와 재정적 한계, 건강상태, 가족과 또래관계, 문화적인 상황들을 말한다.

사회복지사가 함께 계획하고 동의한 후에 수행하는 문제해결적인 활동으로 클라이언트의 과제는 표적문제를 줄이기 위해 클라이언트가 수행하는 활동을 말한다.

㉣ 사회복지사의 과제(사회복지사가 수행해야 할 활동): 사회복지사는 클라이언트를 위해 과제를 수행하는데 주로 클라이언트의 과제수행을 지원하거나 다른 기관이나 클라이언트의 가족, 친지, 이웃 등과 협의하고 협상하는 활동에 초점을 맞춘다.

㉤ 개입 일정: 예상 개입절차

㉥ 면접 일정: 면접을 수행하는 날짜 및 횟수(빈도)

㉦ 개입 지속기간: 시간의 제한, 과정이 지속되는 대략적인 기간

㉧ 참여자: 누가 참여할 것인가(면접의 대상)

㉨ 장소: 면접이 이루어지는 장소

④ 초기과제의 발전과 이행

초기단계는 회기 사이에서 대개 클라이언트가 행해야 하는 초기의 과제를 결정하는 것으로 마무리된다.

(2) 중기단계

표적문제를 집중적으로 사정하고 대안들을 생각한 후에 문제를 해결하기 위한 과제를 수행하며, 과제 수행을 점검·모니터링하고 필요에 따라 과제를 수정한다.

① 문제와 과제 검토

과제중심모델에서 문제를 해결하는 주요 수단으로는 첫째, 효과적인 문제해결을 위하여 자원을 제공하는 것이며, 둘째, 사회기술과 문제해결 기술을 습득하도록 돕는 것, 셋째, 과제를 수행하는 것이다. 위의 개입 방법을 진행하면서 사회복지사는 면접마다 클라이언트의 과제수행을 확인하고 문제의 상태와 변화를 점검하며, 새로운 혹은 달라진 문제는 없는지 검토한다. 문제의 변화에 대해 지속적인 기록을 하는 것이 사례계

획을 위해서 뿐만 아니라 개입의 효과성을 평가하기 위해서도 유용하다.

② 장애물의 규명과 해결

과제들은 클라이언트와 사회복지사가 함께 계획하고 설정하여 수행한다. 과제수행에서 방해가 되는 것은 문제해결에 있어서 걸림돌이 될 수 있다. 이렇게 과제수행이 잘 되지 않는 경우, 사회 환경이나 대인관계 혹은 심리적 상태에서 과제수행을 방해하는 요인(장애물)을 없애거나 줄이거나 변화시키기 위해서는 과제수행에서 실제적 방해요소들을 개선할 계획을 체계적으로 세워야 할 뿐만 아니라 과제수행 시 부딪힐 수 있는 어려움에 대한 구체적인 설명을 클라이언트에게 제공해야 한다.

③ 문제 초점화

문제에 대한 탐색과 사정, 검토는 사례 전체에 계속된다. 실제로 중기단계에서의 주된 주제는 문제에 대한 집중이며(Reid, 1978), 표적문제에 대한 초점화된 집중은 긍정적인 결과를 가져온다.

④ 과제의 계획

㉮ 가능한 과제 제시: 계획을 발전시키는 첫 단계로 과제에 대한 사회복지사나 클라이언트의 아이디어를 생성해 내야 한다.

㉯ 동기형성: 과제달성을 위해 필수적으로 클라이언트에게 적절한 동기로 과제수행을 위한 노력을 지속할 수 있게 한다.

㉰ 과제수행의 계획: 대부분의 과제들은 구체화된 계획을 필요로 한다. 과제를 계획하는 클라이언트를 돕기 위해 질문이 지속적으로 주어진다.

㉱ 장애물의 규명과 해결: 과제가 계획될 때 성공적인 과제 달성을 위해 잠재적인 장애물을 예견하기 위한 노력이 필요하며, 이외에 사회복지사는 클라이언트로 하여금 무엇이 과제를 잘못 수행할 수 있게 하는지 생각하도록 질문할 수 있다.

㉲ 모의실험, 예행연습: 다양한 유형의 훈련은 클라이언트에게 과제수행 방법을 보여는 것으로 대부분의 과제계획은 과제수행행동을 가상

해 보기 위해 역할극을 사용하며, 회기 내에서 연습해 봄으로써 성공적으로 수행할 가능성이 높아진다.

㉳ 과제동의: 클라이언트가 반대되는 의견을 표현하지 않는 경우 이를 받아들이는 것으로 가정하고 과제를 제안할 때, 제대로 듣지 못했거나 이해하지 못했을 경우 이를 받아들이는 것으로 가정하고 과제를 제안할 때가 있다. 사회복지사는 과제를 부여하기 전에 클라이언트의 명백한 동의를 항상 확보해야 한다.

㉴ 과제계획의 요약: 마지막으로 회기를 끝내기 전에 사회복지사는 클라이언트에게 과제계획에 대한 요점을 숙지시켜야 한다.

⑤ 과제의 수행

사회복지사는 실제 상황에서 클라이언트가 과제를 실천하도록 돕는다. 대부분의 클라이언트 스스로 사회복지사의 관여 없이 과제를 수행하지만 어려움과 혼란에 빠져 있거나 당황스러운 상황에서 서비스를 요청하는 경우에는 사회복지사가 지지를 보내거나 중재자 또는 대변인으로서 활동할 수 있다.

(3) 종결단계

① 표적문제와 전체 문제 상황의 검토

사회복지사는 면접 때마다 현재 면접횟수가 몇 번째이고 종결 시까지 몇 회가 남았는가를 알려주고, 개입 계획에 따라 종결하는 것이 중요하다. 종결할 때는 표적문제로 선정한 문제들과 목표에 대하여 검토하고 완수된 목표를 점검할 뿐만 아니라 문제 상황 전체에 대해 검토한다(Reid, 1996: 629). 목표를 달성하고 표적문제를 해결했을 때는 개입을 종결한다.

과제중심모델에 대한 연구결과들은 대부분의 클라이언트들이 단기치료기간에 만족하는 것으로 보이지만, 어떤 경우는 한두 차례 면접을 더 하기 위한 계약을 원하기도 한다. 개입의 연장이 필요한 경우 클라이언트가 문제해결 의지를 가지고 있는지를 중요하게 고려하여, 계약을 연장하거나 사후지도를 할 수도 있다.

② 클라이언트가 사용한 성공적인 문제해결 전략의 규명

사회복지사는 완수된 목표를 강조하고 목표성취 과정에서 새로이 습득된 클라이언트의 문제해결 기술을 점검하며 새롭게 확인된 능력을 칭찬함으로써 클라이언트가 문제해결 기술을 계속 활용하도록 돕는다.

③ 남아 있는 문제에 대해 해야 할 일 토의

마지막 면접이나 바로 그 앞의 면접에서는 클라이언트가 달성한 것을 확인하고, 앞으로 클라이언트 혼자 수행해나갈 수 있는 또 다른 과제를 계속하도록 돕는다. 또한 종결 시까지 해결되지 않은 문제가 남은 경우, 이를 어떻게 할 것인가에 대한 논의가 필요하다. 종결 후, 위에서 확인된 문제해결 기술을 어떻게 활용하여 해결되지 않은 문제를 해결할 수 있을 것인가에 대한 논의가 있어야 한다(Reid, 1996: 629).

3) 과제중심모델의 문제점 및 한계

(1) 사례의 적절성

과제중심모델은 대부분의 사례에 적용하는 것이 적절하지만, 다음의 특성을 나타내는 사례는 적용하기 어렵다.

① 클라이언트가 인지적 장애가 있거나 자신의 문제를 명확히 규정하지 못할 때

과업중심개입은 클라이언트가 제시하는 변화 표적을 우선적으로 고려한다. 클라이언트가 아동일 경우, 자신의 문제 혹은 변화하고 싶은 부분에 대해 계속 "몰라요"라고 대답하거나, 자신의 문제에 대한 충분한 자각이 없는 상태에서 중요한 다른 사람의 의견을 반복하는 경우 아동의 자기결정권을 충분히 반영하지 못한 채 상담자가 일반적으로 상담을 이끌어 나아가야 한다. 또한 클라이언트가 자신의 문제를 규정하지 못할 때 표적문제를 정하는 데 어려움이 있다.

② 클라이언트가 비자발적으로 도움을 요청하거나 개입 자체를 거부할 때

클라이언트가 자신의 생각과 의지와는 상관없이 정기적으로 상담을 받아야 하는 경우에 이 모델은 다른 모델보다 상대적으로 비자발적인 클라이언트의 문제해결 의지와 문제에 대한 책임감을 강화시키기에 적합하지만, 클라이언트의 동기와 자발성이 지나치게 부족한 경우에 클라이언트와 사회복지사의 과제수행을 중심으로 이루어지는 과업중심 개입의 진행이 현실적으로 어려움이 있다.

③ 과제중심모델은 문제가 중증상태의 만성적 과제행동과 관련된 경우 성공하기 어렵다. 특히 문제가 지역사회 내의 반사회적인 행동이나 부모자녀 간의 갈등 혹은 부모 간의 갈등일 경우에는 더욱 그러하다.

④ 변화를 가져오는 도구라는 증거는 상당히 있지만 어떤 문제와 클라이언트에게 어떤 과제가 가장 좋은지에 대해 아직 더 연구가 필요하다.

(2) 표적문제의 명확한 규정

사회복지사가 클라이언트의 사례를 접하게 될 때 사회복지사가 표적문제를 명확히 규정하는 것이 중요하다. 즉, 클라이언트의 변화를 원하는 것에 대한 정확한 배경지식과 심리상태, 환경에 대한 정확한 이해 없이 표적문제를 규정하게 될 때는 변화는 있겠지만 효과가 떨어질 수 있다는 측면이다. 엡스타인은 클라이언트의 변화를 원한다면, 초기단계보다는 중간단계에 보다 많은 시간을 할애해야 하며, 이를 위해 면밀한 지도감독이 필요함을 강조하였다.

(3) 사회복지사의 과제수행

사회복지사가 클라이언트와 함께 과제를 수행할 때 정확한 개입을 위

해 과제 관련 교육과 훈련을 끊임없이 강화해야 되고, 사회환경에 대한 개입을 지원하는 기관의 지원과 배려, 지역사회 자원의 개발, 정부의 지원정책과 서비스 제공 등을 위한 정보자원을 제공할 때보다 나은 결과를 만들 수 있을 것이다.

(4) 실천기법의 활용 및 사회복지사의 주관적 개입과 평가

사회복지사가 클라이언트와 함께 개입 시, 사례관리 기법뿐만 아니라 다양한 실천기법에 대한 이해가 필요하고, 이를 위해 학교와 현장에서는 실천기법의 효과성에 관한 연구와 교육이 끊임없이 진행되어야 한다. 또한 실천 개입 시에 효과가 있었는지 목표달성척도와 과업중심기술 평가척도를 활용하여 효과성을 살펴보아야 한다.

그리고 사회복지사의 개인적인 학력·가족력·사회적 등의 주관적 개입과 평가로 인해 클라이언트에 대한 개입이 달라질 수 있다는 측면에서 지속적인 교육과 훈련이 필요하다.

(5) 서비스 기간의 단기적 개입

서비스 기간의 제한을 얼마나 효과적으로 활용하느냐에 따라서 달라진다. 많은 연구들은 단기적, 시간 제한적 치료가 적어도 장기적, 개방적 치료만큼이나 효과가 있다는 것으로 입증되었다. 일반적으로 클라이언트는 단기치료결과에 만족하는 것으로 보이지만 시간 강제성에 대한 불만족이 문제가 되기도 한다.

따라서 과제중심모델을 사용하는 사회복지사는 다음의 경우 서비스 연장을 고려할 수 있다.

① 클라이언트가 서비스 지속에 관심을 갖고 있을 때
② 실현되지 않았지만 실현 가능한 목적이 분명히 있을 때
③ 클라이언트가 실현 가능한 목적으로 발전하고 있을 때

3 과제중심모델의 적용 및 사례

1) 가출 청소년에 대한 사례

(1) 사례개요

이 사례는 반복되는 가출로 인해 기관에 의뢰된 소년을 과제중심모델을 사용하여 8주간의 단기 개입과정을 통해 문제를 해결해 나가는 과정이다. 개입 전 클라이언트 오영철(가명, 만 15세)은 법적 후견인인 그의 조부모와 함께 살고 있었으며, 13세부터 가출을 시작한 상황이었다. 마침내 클라이언트는 법원의 감독을 받게 되었고, 지도감독을 받기 위해 기관에 의뢰되었다. 이후 두 번 더 가출을 하여, 구류되어 있다가 위탁 가정에 보내진 상태였다.

(2) 개입과정

① 초기단계

- 의뢰이유에 관한 토의: 가출, 무단결석, 학습의욕 저하, 밤늦게까지 밖에서 시간 보내기와 늦은 귀가
- 표적문제에 대한 탐색과 사정: 반항적 행동
- 계약 수립: 표적문제 목표와 일반적 과제
  1. 가족의 분리(현재 위탁가정에 있음) ⇒ 가족과의 합체
  2. 밤늦은 귀가 ⇒ 귀가시간 조정과 집에 전화하기
  3. 무단결석 ⇒ 이모들의 간섭 중단(가족의 지나친 간섭이 집에 들어오기 힘들게 함)
- 초기과제 결정
  1. 학교와의 협의: 학교에 다시 다닐 수 있도록 동의 구함
  2. 할머니와의 협의로 영철의 외출과 귀가시간에 대한 규칙 마련
  3. 이모들과의 협의로 간섭적 행동 줄이고, 정기적 만남 규칙화
  4. 시범적으로 할머니 집에 거주

② 중기단계

- 문제와 과제의 검토: 사회복지사는 대안학교 탐색과 상황에 대해 법원에 협조
- 장애물의 규명과 해결
  1. 사회복지사의 개입에 대한 할머니의 저항에 대한 어머니 염려: 이에 대해 사회복지사가 이모들과 상담
  2. 영철의 학교 적응 어려움: 학교 대신 직업훈련원 의뢰 필요성
  3. 늦은 귀가 여전, 귀가규칙 지키기 어려워함: 이행하지 않을 시 결과 제시, 반복하여 규칙 준수 중요성 강조
- 문제 초점화
  1. 영철의 학교 부적응 문제에 대해 학교유지가 아니라 학교의 대안으로 적절한 직업 훈련원 찾기와 본인과 가족의 동의 필요
  2. 귀가규칙 준수의 어려움: 영철의 행동변화 위한 유인 필요
- 과제계획
  1. 직업훈련원 필요성에 대한 가족의 동의 구하기
  2. 귀가규칙 준수를 위해 준엽에 대한 계속적인 격려와 지지, 가족들의 지나친 간섭 줄이기 계획 준수 확인 및 격려
- 과제이행: 사회복지사 및 클라이언트의 과제에 대한 이행

③ 종결단계

- 표적문제와 전체 문제 상황의 검토
  1. 늦은 귀가 80% 해결
  2. 이모의 간섭하는 행동이 거의 없어짐
  3. 직업훈련원 다니기에 대한 본인 및 가족 전체의 동의
  4. 시범적인 가족과의 생활의 성공적 이행으로 법원으로부터 조부모와 함께 살도록 허가 받음
- 성공적인 문제해결 전략의 규명
  1. 가족의 지나친 간섭 감소
  2. 가족의 신뢰와 협조
  3. 영철의 학교부적응에 대한 부담 감소

4. 영철의 생활리듬 회복(늦은 방황과 밖에서의 배회 감소) 및 생활 규칙 만들기

- 남아 있는 문제의 토의: 직업훈련원에서의 적응

2) 무분별한 카드 사용을 하는 성인에 대한 사례

(1) 사례개요

클라이언트는 28세의 미혼, 공무원이다. 내담자의 문제 상황은 신용카드의 무분별한 사용으로 약 2,000만 원의 빚을 지고 있다. 이번 사건이 한번이 아니라 지금까지 세 차례에 걸쳐 똑같은 일을 반복하였다. 이제까지의 카드빚은 그의 아버지께서 갚아 주었지만, 이번 일은 그가 감당하기 어려운 것일 뿐만 아니라 매번 도와주기만 해서도 안 될 것이란 생각에 사회복지사를 찾아왔다.

(2) 개입과정

① 초기단계

- 문제탐색과 구체화(사정)
  1. 신용카드의 무분별한 사용으로 인한 경제적 손실과 부채 상환에 따른 부담의 발생으로 생긴 스트레스로 정상적인 생활이 어렵다.
  2. 감당할 능력이 안 되는 상황을 계속 발생시켜 자신 스스로뿐만 아니라 아버지에게까지 경제적인 부담을 가중시켜 가정 전체가 경제적으로 힘들어지게 되었다.
  3. 반복된 행동으로 인하여 가족 간의 신뢰가 깨졌다.
  4. 아버지의 대리 부채 상환으로 인해 몇 번의 위기는 모면했지만 이제는 더 이상 아버지도 어떻게 할 수 없는 상황에서 해결책을 찾고자 도움을 요청하고 있다.

- 계약 및 개입목표 설정

  클라이언트가 자신의 문제를 인식하고 개선의 의지를 갖고 있고 본

인의 동의에 따라 계약을 하고 개입 목표를 설정한다.

계약서

1. 표적문제: 신용카드의 무분별한 사용, 가정의 경제적 부담, 반복된 행동으로 인하여 가족 간의 신뢰가 깨졌음. 부채 2,000만 원 해결
2. 목표
   1) 체크카드 사용하기
   2) 수입 대비 50% 안에서 지출하기
   3) 적금하기
   4) 가족 간의 신뢰 회복하기(아버지에게 효도하기)
   5) 부채 2,000만 원 해결하기
3. 개입 계획
   1) 2013년 3월 2일 ~ 2013년 4월 30일까지 8주간
   2) 주 1회 클라이언트와 상담
4. 면담장소: ○○ 종합사회복지관 상담실
5. 면담일시: 매주 금요일 저녁 19시 ~ 20시

② 중간단계: 과제계약 및 과제수행

1. 거래하는 은행에서 체크카드를 발급받아서 꼭 체크카드를 사용한다.
2. 수입 중 50%만 체크카드를 사용하는 통장으로 입금하여 통장에 들어 있는 금액 안에서 계획성 있게 사용하도록 한다.
3. 거래은행에서 적금 통장을 개설하여 수입의 30%를 적금한다.
4. 가족 간의 신뢰를 회복하기 위해서 아버지와 가족들에게 자신의 변화된 모습을 보여준다.
5. 2,000만 원의 부채를 해결해야 하는데, 자신은 능력이 안 되기 때문에 아버지께서 돈을 융통하여 일단 부채를 상환하기로 하고 2,500만 원 적금을 넣어서 찾으면 아버지께 드리도록 한다.

③ 종료단계: 평가 및 종결

클라이언트는 체크카드를 사용함으로써 통장의 잔고를 바로 확인하게 되어서 카드 사용을 절제하게 되었고, 계획성 있는 카드 사용을 하게 되었다. 클라이언트는 자신의 문제를 정확하게 인식하고 개선하고자 하는 의지가 강했다. 클라이언트는 거래 은행에 적금 통장을 개설하여 적금을 하였다. 적금이 만기가 되면 찾아서 아버지께 드릴 것이다. 아들의 변화된 모습을 보면서 불안하던 아버지도 이제는 안심을 하게 되었고 아버지의 입가에 미소를 짓게 되었다. 아들도 아버지와 가족에게 미안하다고 하면서 이젠 다시는 아버지와 가족을 실망시키지 않겠다고 굳은 의지를 보였다. 인간은 누구나 차이는 있겠지만 아픈 만큼 성숙해지는 것 같다. 물론 자신의 문제를 느끼지 못한다면 아파하지도 않겠지만 인간은 어리석어서 어떻게 될 줄 알고 있으면서도 동일한 실수를 반복한다. 아픈 만큼 성숙해진다. 하지만 아파하지만 말고 느끼자. 아픔을 느끼지 못한다면 결국에는 일어서지 못할 만큼 힘들어질지도 모를 것이다.

Key Point

- 과제중심모델의 등장배경으로 시간제한적인 단기치료에 대한 관심의 고조, 집중적이고 구조화된 개입형태 선호, 전통적인 사회복지의 장기개입의 효과성에 대한 비판, 경험적 자료를 통해 개입의 기초를 마련하려는 움직임이 있었다.

- 과제중심모델의 특징은 시간제한적인 단기개입, 클라이언트가 인식한 문제 중심, 과업중심, 경험적 기초, 협조적 관계, 자기결정의 원리, 통합적 접근, 구조화되고 체계적인 접근을 갖는 모델이다.

- 표적문제는 클라이언트가 해결하고자 하는 문제, 사회복지사와 클라이언트가 개입의 초점으로 동의한 문제, 우선순위를 고려하여 최대 세 개까지 선정, 단기개입이며, 표적 문제의 선정 기준은 클라이언트가 인정하는 문제, 자신의 노력으로 해결 가능한 문제, 구체적인 문제이다.

- 과제는 일반적 과제와 조작적 과제가 있는데, 일반적 과제는 목표달성과 관련된 상위 과제, 클라이언트의 목표 반영, 무엇이 이루어져야 하는가를 말하고, 조작적 과제는 상위 과제에 도달하기 위한 구체적 활동을 말한다. 과제의 목표는 과제가 달성되었을 때의 상태를 말한다. 일반적 과제와 목표가 동일하기도 하다.

- 과제 계획 및 형성 시 고려되어야 할 사항은 클라이언트의 동기화, 과제의 실행가능성, 과제의 바람직성, 변화에의 융통성 등이다.

- 과제중심모델의 실천과정: 5단계와 3단계로 나눠 살펴보면, 다음과 같다.
  - 5단계: 시작단계 → 1단계(문제규정) → 2단계(계약) → 3단계(실행단계) → 4단계(종결단계)
    - 시작단계: 의뢰의 이유와 목표 확인, 지원 가능한 자원 확인
    - 1단계(문제규정): 문제 탐색, 표적문제와 우선순위 정하기, 신속한 초기사정
    - 2단계(계약): 주요 표적문제, 구체적인 목표, 클라이언트의 과제, 사회복지사의 과제, 개입 지속기간, 개입 일정, 면접 일정, 참여자, 장소 등
    - 3단계(실행단계): 후속사정 수행, 대안모색, 협상하기, 의사결정, 과제개발하기, 과제수행 지지하기, 과제수행, 과제점검, 모니터링, 개입전략 수정하기
    - 4단계(종결단계): 계획된 종결, 종결, 혹은 연장, 성취한 것 점검, 사후지도 등
  - 3단계: 초기 → 중기 → 종결단계

응용문제

1 다음 중 과제중심모델에서 과업이란 무엇인가?

① 클라이언트와 사회복지사가 함께 의논해서 만든 과제
② 클라이언트가 문제라고 생각하고 제시한 것
③ 사회복지사가 클라이언트에게 일방적으로 부여한 것
④ 개입의 목표가 되는 주요 문제행동
⑤ 사회복지사가 목적에 맞게 정해 준 과제

2 다음 과제중심모델에게 과제에 대한 설명 중 옳지 않은 것은?

① 면담 중에만 실시하는 것
② 클라이언트의 동의가 필요한 것
③ 사회복지사가 해야 할 것
④ 클라이언트가 해야 할 것
⑤ 표적문제를 감소시키기 위한 것

3 다음 중 과제중심모델의 특징이 아닌 것은?

① 하나의 이론적 정향에 기초하기보다는 여러 이론적 정향을 절충하여 사용 가능한 실천의 틀 제시
② 단기개입과 비구조화된 접근 가능
③ 클라이언트의 자기결정권에 대한 존중
④ 개입의 책무성에 대한 강조
⑤ 클라이언트의 환경에 대한 개입

4 다음 중 과제중심모델의 개입단계에서 이루어지는 활동은 무엇인가?

① 토론을 통한 인지적 장애요인 완화
② 새로운 문제해결방안과 행동유형 개발
③ 표적 문제, 목표 등이 명시된 계약서 작성
④ 실행 가능한 과제 개발
⑤ 의뢰 이유에 대한 토의

5 다음 중 과제중심모델의 주요 특징이 아닌 것은?

보 기

가. 통합적인 자세　　나. 단기 계획
다. 비구조화　　라. 경험적 기초
마. 클라이언트가 인식한 문제 중심

① 가　　② 나　　③ 다
④ 라　　⑤ 마

정답 1. ① 2. ① 3. ② 4. ④ 5. ③

CHAPTER 06

위기개입모델

위기란 위협적 혹은 외상적 위험사건을 경험하여 취약해지면서, 여태까지의 대처 전략으로는 스트레스나 외상을 대처하거나 경감할 수 없는 불균형 상태를 말한다. 위기개입이란 이러한 위기에 빠진 클라이언트를 원조하는 방법 중의 하나이며, 단기간의 효율적이고 집중적인 일련의 활동을 통해 위기를 극복하려는 클라이언트 자신 스스로의 노력을 강조하는 방법이다. 본 장은 위기개입모델의 이해를 통해 구체적인 유형의 모델에 따른 위기개입 실천과정에 대하여 학습하고자 한다.

학 | 습 | 목 | 표

1. 위기개입이론의 기본전제들을 이해할 수 있다.
2. 위기개입의 실천과정을 학습할 수 있다.

1 위기개입모델의 등장배경 및 이론적 기반

위기개입을 하기 위한 이론인 위기이론은 1942년 11월 28일 493명의 목숨을 앗아간 매사추세츠주 보스턴시의 나이트클럽 코코너트그로브화재사건에서 정신의학자인 린데만(Lindemann)은 지역사회의 관점에서 정신건강의 유지와 정서적 혼란을 실제로 예방할 수 있다는 것을 최초로 실증하였다. 즉, 화재로 인하여 가족과 사별한 사람들이 겪는 급성적 비탄의 반응을 관찰하고, 인생 누구에게나 찾아오게 되는 이별을 경험하지 않으면 안 되는 위기상황에 대한 반응양식을 분석하였다. 이러한 생존자들의 심리적 증상에 대한 임상연구를 통해 애도하는 자가 상실의 과정을 거쳐 수용하는 일련의 단계들을 '비탄과정의 이론화'로 정립함으로써 이 이론의 발전에 중요한 계기가 되었다.

린데만의 이러한 위기에 관한 이론상의 일련의 연구결과는 위기개입기법들의 발달을 가져왔으며, 또한 이 지역의 주민들을 대상으로 한 위기적 상황에 대한 횡단적 연구를 통하여 개인과 가족이 위기적 환경하에서의 반응들에 대한 정보를 축적했다는 것이 위기이론 및 개입의 발달에 영향을 미치게 된 것이다.

이 외에도 스트레스이론, 대처이론, 발달에 관한 이론 등도 위기이론에 많은 영향을 주었는데 각 이론을 간단히 살펴보면 다음과 같다.

1) 스트레스이론

스트레스이론에 의하면 유기체는 환경과 균형을 이루는 상태에서 어느 한 부분의 변화는 유기체 전체의 불균형을 초래하게 되고, 유기체는 원래의 안정 상태로 회귀하거나 새로운 안정 상태를 유지하기 위해 항상성을 되찾으려 한다. 이때 경보 및 저항단계 등 각 단계에서 발생한 불균형으로 인한 위기를 감당할 수 없을 때 무기력, 곤경 등의 상태가 발생하며 이것은 결국 질병을 유발하게 한다.

2) 대처이론

대처이론에서 개인은 스트레스를 유발하는 근원을 변화시키려 하거나 사건에 대한 자신의 정서적 반응에 영향을 미치고자 하는 적극성을 띠게 된다. 이는 스트레스 반응상의 생리적 요인을 심리적 요인으로 전환시키는 것인데, 사건의 의미를 사건으로 인한 위협이나 도전 그리고 활용할 수 있는 자원 등에 대해 개인은 인지적으로 평가하고, 이로 인해 그 개인은 인생 사건에 직면했을 때 더 이상 수동적이지 않고 능동적으로 대처할 수 있음을 의미한다.

3) 발달이론

발달이론에 의하면 개인은 전 생애를 통해 수많은 위기를 직면하게 되며, 각각의 직면한 문제해결과정을 통해 성장하게 된다. 이와 같은 성장 발달에 관한 개념은 위기이론에서의 인간의 상황적, 심리적 대처개념과 연결, 위기를 인생의 성장을 위한 기회라는 측면에서 적극적으로 활용하려는 시도를 낳았다.

2 위기개입모델의 기본 개념

1) 위기의 정의

인간은 전 생애에 걸쳐 갑작스럽고 예기치 않은 위기사건에 노출된다. 이때 스스로 해결할 수 없어 사건에 노출되었을 때 사람들은 전문가의 도움을 필요로 한다. 이 경우 각 개인이나 집단이 유사한 위기에 직면했을지라도 그것이 심각한 위기로 인식되기도 하고 아무런 위기감이 느껴지지 않는 경우도 있다. 다시 말해 위기는 사건 자체보다는 사건에 대한 개인의 주관적 현실에 기인한다고 볼 수 있다.

이에 먼저 위기의 정의에 대해 살펴보자. 파라드와 파라드(Parad & Parad, 1990)는 위기 상황을 '개인이 기존에 가지고 있는 대처 방식으로는 당면한 문제를 해결할 수 없는 상태', '당황, 위험, 곤경, 자포자기, 무감각, 무력감, 절박감, 곤란 등을 경험하는 정신적 고통'이라고 하였다.

바드와 엘리슨(Bard & Ellison, 1974)은 위기를 "고통스러운 인생 경험에 대한 주관적 반응으로, 이것이 개인에게 영향을 미쳐 대처능력과 일상생활 기능에 심각한 손상을 가져오는 상태"라고 하였다.

결론적으로 위기란 위협적 혹은 외상적 위험사건을 경험함으로써 취약해지면서 여태까지의 대처 전략으로는 스트레스나 외상을 대처하거나 경감할 수 없는 불균형의 상태를 말한다.

2) 위기 발생 원인에 따른 위기의 구분

(1) 재해

재해는 화재, 지진, 해일, 태풍, 다리 등의 붕괴 등의 자연재해 또는 인재를 포함한다.

(2) 발달적 위기

발달적 위기는 청소년의 정체성 위기, 중년의 위기, 노년의 위기 등 개인의 생애주기에 동반되는 위기와 가족 등 주변인의 생애주기에 따른 위기를 포함한다.

(3) 변천적 위기

변천적 위기는 이혼, 재혼, 이민 등으로 인한 변화에 따른 위기를 말한다.

(4) 상황적 위기

상황적 위기는 누구에게 언제라도 일어날 수 있는 중질환, 강간, 자살 등을 포함한다.

3) 위기이론의 기본전제들

위험한 사건들에 의해 개인의 일상생활에서의 내적·외적 스트레스가 심화되고 균형상태가 파괴되어 지속되는 기간이 있다.

인생 초기에 위기라고 인식되었던 것에 대하여 미해결된 전부 혹은 부분적으로 해결된 갈등과 연결될 수도 있다. 이러한 상황에서 위기는 현재의 문제를 해결하고 이전의 문제를 조정하는 기회를 제공한다.

위기의 심각성, 개인이나 집단의 특성, 상황적 지지 등에 따라 불균형 상태의 지속기간은 다를 수 있으나 실제적인 심한 불균형 상태는 일반적으로 4주에서 6주까지 지속된다.

위기상황을 해결하는 동안에 기존의 방어기제가 약화되고 외부의 도움에 대해 특히 순응적이 된다. 따라서 위기개입상담자의 역할은 수동적 혹은 중립적이라기보다는 적극적이다.

재통합 단계 동안에 장차 다른 상황에서 더욱 효과적으로 대처할 수 있게 하는 새로운 자아장치가 출현할 수도 있다. 회복된 평형상태는 위기 이전의 평형상태보다 더 좋을 수도 있고, 혹은 같거나 나쁠 수도 있다.

4) 골란(Golan)의 위기발달단계

(1) 사회적 위험의 발생

특정한 위기사건으로서 외부적 쇼크나 외상 후 스트레스 등 내적인 변화가 개인의 신체 및 심리사회적 불안정상태를 야기한다. 이러한 위기사건이 예측 가능하다면 발달단계나 생활주기의 전환단계에서 일어날 수 있는 위기로서 잘 극복해 나감으로써 성장·변화해 나갈 수 있다. 예를 들면 첫 출산, 여자로서 어머니로, 남자로서 아버지로서의 역할 이행 등이다.

반면 예측은 가능하지만 뜻하지 않은 시기에 닥쳐올 수 있는 급작스러운 변화나, 누구에게나 일어날 수 있지만 예측이 어려운 위기로 돌연한 변화를 의미한다. 예를 들면, 별거, 이혼, 사망, 정신적·신체적 질병이나 직·간접적 사고, 자연재해 등이다.

(2) 취약단계

혼란단계라고도 한다. 최초의 스트레스에 대한 개인의 주관적 반응의 단계이다. 사건을 위기로 인지하는 정도에 따라 개개인마다 주관적, 경험적 대처 방식으로 대처하지만, 위기를 해결하지 못하는 경우 본능적 욕구나 자율성의 위협으로 바라보거나, 또는 인격이나 능력의 상실로 바라볼 수 있다.

(3) 위기 촉발 사건

취약단계가 불균형의 상태로 전환되는 최초의 사건 또는 일련의 연쇄적인 스트레스 유발 사건들을 말한다. 최초의 사회적 위험이 위기촉진요인을 만나면 위기 당사자의 균형 상태는 무너지고 실제 위기단계로 넘어간다.

(4) 위기단계

위기난계 중, 첫 번째 단계는 일상적인 대처기제로 처리할 수 있는지 결정해야 할 중요한 상황이 발생하는 단계이다. 두 번째 단계는 개인의 대처능력을 넘어서 긴장과 혼란이 증폭되는 단계이고, 세 번째 단계는 사건을 해결하기 위해 특별한 자원이 필요한 단계이며, 네 번째 단계는 불균형(혼돈)을 해결하기 위해 의뢰가 필요한 단계이다.

(5) 재통합

재통합은 위기에 대해 인지하고 위기와 관련된 감정을 표현, 변화를 수용하고 새로운 대처능력을 개발하는 단계이다. 이때 불균형 상태는 무한정 지속되어서는 안 되며, 어떻게 하든지 새로운 형태의 적응이 모색되어야 한다.

3 위기개입모델의 기본 원리 및 모델

1) 기본 원리

위기개입이란 위기에 처한 사람 또는 집단을 단기간 집중 활동을 통해 현재 상황의 구체적인 사실을 인식하고 이를 변화시키기 위한 클라이언트 자신의 노력을 강조하는 실천방법이다. 이에 위기 이전의 기능수준으로 회복하도록 원조한다.

(1) 즉각적 개입

일반적으로 위기상태는 사건이 일어나고 약 6주가 지나면 어떠한 형태로든지 해결된다고 본다. 그러나 그 기간 동안 그 자체로 괴로울 수 있다. 이 기간만 잘 지낸다면 긍정적 기회로 활용될 수도 있으므로 위기는 기회와 위험 두 가지가 동시에 존재한다. 이것은 불균형상태의 힘들고 혼돈된 시간에 신속한 개입을 함으로써 위기상황을 극복하고 더 나은 기회의 사건으로 변화시킨다. 다시 말해 활동적이고 즉각적으로 행동하시 않고 감정이나 문제에 대한 과도한 신중성 등으로 신속한 개입이 이루어지지 않는다면 위기사건을 해결할 시기를 놓칠 수 있다.

(2) 제한된 목표

위기개입의 목표는 만성적이고 지속적인 개인 또는 집단의 문제해결에 있지 않다. 위기개입의 목표는 위기사건으로 인한 불균형상태를 위기사건이 일어나기 전의 균형 상태로 회복시키는 것을 목표로 하기 때문이다. 즉, 가장 중요한 최소한의 목표는 클라이언트의 파멸을 예방하는 데 있다.

(3) 지지

위기해결을 위해 사회복지사에 의해 제공되는 지지는 중요하다. 그럼에도 클라이언트에게 과도한 지지와 필요 이상으로 지나친 사회복지사에 대한 의존성의 증가는 피해야 한다.

(4) 클라이언트 자아상(특성)의 고려

위기에 처한 클라이언트는 스스로를 실패자로 인식하는 경우가 대부분이다. 위기 개입 시 사회복지사는 클라이언트의 개인적 특성 등 자아상을 사정하고 이해해야 하며, 어떤 개입절차든지 위기사건 이전의 자아상에 미치는 영향을 고려해야 한다.

2) 위기개입의 방법 및 모델

(1) 일반적 위기개입

일반적인 접근방법으로의 개입에서 위기는 확인할 수 있는 일정한 행동양태가 있다는 것을 기본전제로 한다. 일반적 접근방법에서 위기개입 전문가는 사람들에게 일어나는 특정한 상황상의 위기사건들과 진행된 위기사건들에 나타나는 위기를 파악하고 대응하며 개입하지만, 이외의 사람에 의해서도 수행되는 개입도 강조한다. 이와 같은 일반적 접근방법은 일반의사, 간호원, 사회복지사, 임상심리학자, 상담가에 의해서 학습되고 실시할 수 있는 방법이기도 하다.

(2) 개별적 위기개입

개별적 접근방법은 전문가에 의해서 위기에 처한 개인의 성격구조, 방어기제, 적응형태 등 정신내면의 역동성의 과정을 사정 평가하는 것에 중점을 둔다.

일반적인 접근방법으로 해결하지 못한 특정한 위기사건을 대상으로 한다. 이 개입 방법은 위기에 처한 개인 또는 집단의 독특한 문제나 요구를 해결해 주고, 독특한 환경이나 사정을 해결하기 위해 사용되는 방법이다.

특히 개인의 과거에 대해서가 아닌 현재의 위기에 대해 명확히 규정하고, 해결하기 위한 정보로써만 과거에 대한 자료를 수집한다. 현재의 불균형을 초래한 직접적인 원인에 대해 해결하고자 하는 과정을 강조한다. 따라서 보다 심층적으로 위기개입을 하게 된다는 관점에서 전문가 등의 개입이 중요시 된다.

(3) 행동 위기개입모델

치료전문가인 의사가 의학적 혹은 병리적인 개입보다는 위기사건의 급속성, 크기, 지속기간, 근접성 등을 고려하여 위기사건의 본질의 변화와 위기에 처한 사람 또는 집단을 지지, 예방, 완화시킴으로써 위기 이전의 균형 상태로 회복시키는 방법으로 교육자인 개입전문가의 역할을 중시한다.

(4) 체계 위기개입모델

대상자는 치료과정에서 정신분석학적 혹은 행동지향적 접근법보다는 사회관계망에서 구성원의 관여를 요구하는 접근기법으로 개인의 정신건강상태와 가족 등의 주변 상태나 갈등의 정도 간의 상호작용은 사회적인 맥락에서 보고 있으며, 위기를 지속시키는 현재의 상호작용을 변화시키는 데 관점을 갖는다.

치료는 일반적으로 위기에 처한 개인과 사회체계의 구성원들과의 합동모임으로 구성되며, 치료자는 일반적으로 정신건강 및 관련 분야의 전문가와 준전문가이고 24시간 서비스를 하는 정신건강시설 등을 활용한다.

(5) 생태계 위기개입모델

주로 인터넷 등 매스미디어의 영향으로 재난이나 위기적 사고에 쉽게 접근할 수 있게 되면서 재난의 특성과 이에 따른 대응과정에 합리적인 대처방안에 도움을 주기도 한다. 이러한 정보체계와의 상호의존성이 증대되고 있다. 즉, 개인 또는 집단과 환경의 주요변수와의 상호관련성의 중요성에 관심을 가진다. 이 개입기법은 정신적, 사회심리적, 그에 대한 예방차원의 것, 재활 등 그 범위는 광범위하다.

(6) 인지행동적 위기개입모델

개인의 자율적 사고체계에 초점을 두는 정신내면에 접근하는 방법이다. 개인의 외적인 행동변화를 통하여 올바른 대처에 영향을 주도록 활동적, 지시적이 되도록 지지하고, 협동을 통한 역동적이며 인지적으로 강화된 지식을 통하여 위기상황을 해결하고자 하는 정신교육적인 치료모델이다.

(7) 위기집단개입모델

위기집단이란 서로 간에 알지 못하고 관계가 없는 개인들이 집단 상호작용을 통해서 각 사람의 개별적인 위기를 공동으로 해결하기 위해 치료자와 함께 하는 개인들의 집합체를 말한다.

위기집단의 치료목표는 집단을 구성하는 개인들의 특징적인 문제해결의 능력을 집합적으로 활용하여 각기 위기를 해결해 갈 수 있도록 원조함으로써 위기 이전의 기능수행 수준을 회복하도록 하는 데 있다.

개입전문가는 위기를 충족하고 있는 사건들의 정확한 사정과 성원들이 위기사건을 처리할 수 없을 때 사용하는 일반적인 대처기술은 어떤 것이며, 집단성원들이 도움을 줄 수 있는 상황적 지지체계, 문제해결을 힘들게 하는 방해요인들에 대한 탐구 등에 대하여 치료집단의 모임이 6회에 지나지 않으므로 집단의 응집력이나 상호지지, 새로운 대처기술의 습득 등 집단역동을 잘 활용하도록 원조해야 한다.

위기상황에서 도움이 필요한 사람들에 대해 개인치료 개입을 선택할 것인지 집단치료 개입을 선택할 것인지에 대한 의사결정은 내담자에 대한 최초의 면접 담당자가 선택하도록 하기도 한다.

위기집단에 개입하는 집단치료자의 역할은 특히 적극적이고 직접적이며, 치료자는 참가지도자로서 과거의 이야기보다는 현재의 위기와 관련된 문제의 영역에 논의를 집중하도록 지도한다. 여러 가지 집단에 대한 개입의 이론과 기술을 활용하되 위기이론에 적합한 활용을 통해 모든 성원의 참여를 촉진시키고, 성원들의 비언어적인 행동을 관찰하고 이해하며 상호지지를 하도록 한다.

앞서 언급된 여러 가지 접근방법들은 독립적이고 단독으로 개입하고 문제를 해결하는 것이 아니고 상호보완적으로 위기사건의 해결을 목표로 한다.

4 위기개입모델의 실천과정

위기개입모델에서 개입과정을 문제 정의(정보경청, 관심) → 안전 확보 → 지지 → 대안탐색 → 계획수립 → 참여유도 → 종결로 설정하기도 하며, 치명성의 사정 → 관계의 형성 → 주요문제의 확인 → 감정 다루기 → 가능한 대안의 탐색 → 행동계획의 수립 → 종결과 사후관리로 설정하기도 한다.

1) 초기

초기단계는 사건의 특성이나 규모, 파장 등을 정확히 파악하고 위기를 겪고 있는 당사자들의 위기 정도와 안위에 대한 정보의 제공, 기본적인 욕구를 충족시킬 수 있는 실용수준의 원조를 제공할 필요가 있고, 위기사건을 당한 개인으로 하여금 사건의 수습을 알려주고 더 이상 사건이 없을 것이라는 확신과 위안을 준다.

초기단계는 대개 클라이언트를 처음 대변하는 첫 회기이다. 이때 사회복지사는 위기 상황에 즉각적으로 초점을 맞추고, 현재 클라이언트의 불균형을 평가한 뒤, 이후 진행과정에 대해 동의하는 계약을 한다. 특히 이 단계에서는 클라이언트가 감정을 솔직하고 편안하게 표현하게 함으로써 보다 합리적, 이성적으로 위기 상황에 대처할 수 있도록 원조하는 것이 중요하다.

2) 중기

위기개입이 4~6회기에 걸쳐 이루어진다면 실행단계인 중기는 첫 회기부터 4회기까지 진행된다. 중기단계에서는 클라이언트의 주요 주제에 대해 깊이 탐색하고, 사회복지사는 위험 사건 이후의 자료를 조직화하며, 단기에 성취할 수 있는 목표와 목표를 달성하기 위한 과제들에 대해 작업함으로써 행동 변화를 초래한다. 초기단계에서 위기상황에 대한 문제해결의 실패로 긴장은 증가하고 심리적으로 위축되는 단계에 심리교육적인 측면에서 일반적인 개입들의 보충이며, 이러한 개입은 이차 예방적인 개념을 바탕으로 하며, 스트레스 관리교육 등에 중점을 둔다.

3) 종결기

마지막으로 한두 회기로 이루어지는 종결단계에서 이전의 기능적 수준으로 회복이 되는 경우도 있지만, 불균형상태가 계속 지속되는 경우 개인의 외상성 스트레스 장애나 장기적인 후유증의 가능성이 높으며, 마지막 단계에서의 개입은 피해 당사자들 및 위기에 관련된 사람들의 충격적 경험과 정서적 반응들에 대한 논의를 공식적 및 비공식적 기회들을 마련하는 데 초점을 맞춘다. 필요 시, 이 단계에서 다른 전문가 체계들로 의뢰가 이루어지도록 하며, 종결단계는 장기적 회복프로그램의 출발로서 지속적 사후관리 서비스가 요청된다.

골란(Golan, 1978)이 단계에 따라 제시한 사회복지사의 활동과 지침을 **표 6-1**과 같이 제시하였다.

표 6-1 골란(Golan, 1978)의 위기개입모델 과정

초기단계 (공식화: 1회기면접)	중간단계 (수행: 2~6회기의 면접)	종결단계 (종결: 7~8회기의 면접)
위기상태에 초점 두기	자료수집	종결 결정
• 지금 여기에 집중 • 정서가 감소됨에 따라 클라이언트의 정서적 반응을 표현하게 하고, 위험한 사건 탐색하기 • 취약상태의 유형과 영향 발견하기 • 위기상태로 인해 일어나는 장애 사정하기 • 촉발요인에 초점을 둔 탐색(클라이언트 스스로의 인지 중요) • 주관적 반응과 정서적 반응 탐색, 위험사건과 악화된 변화의 탐색	• 빠진 자료 얻기 • 불일치되는 자료 확인하기 • 주요 주제(상실, 불안, 도전) 선택하기 • 자료의 조직화, 과거에 대한 탐색, 행동변화, 중간목표설정, 구체적인 과업, 행동 수행방법 결정	• 의뢰된 이후의 기간을 확인하고 클라이언트에게 기억시키기 • 접촉의 여지를 남겨놓고 끝내기 • 종결에 대한 저항 다루기
사정	행동변화	진행상황 검토
• 촉진적 사건의 사정+현재 대처 반응의 사정+클라이언트의 위기 이전 기능의 사정 • 사정(문제의 성격, 지속시간, 문제대처노력) • 실제 위기상황에 대한 사정(진술을 통한 우선 순위 결정, 표적 문제 설정, 활동 계약) • 클라이언트가 위기반응에 대한 감정을 표현하고 나면 문제해결 활동을 위해 관련된 사정은 빨리 이뤄져야 함 • 상황에 대한 설명을 하고, 우선적인 문제들을 정하여 진술하기 • 클라이언트의 우선순위 확인하기 • 주요 문제 정하기 • 사정 ABC = Affection(정서 상태가 위기에 적절한지), Behavior(위기에 대처할 활동	• 문제 영역에서 클라이언트의 대처기제 확인하기 • 현실적인 단기간의 목표 정하기 • 전반적인 과업 정하기 • 실제적인 과업들을 공동으로 성취하기 • 사고하는 과업들을 공동으로 성취하기	• 진행과정 요약하기 • 주요 주제 검토하기 • 실행했던 과업들, 성취된 목표, 변화, 미완성된 직업들 다시 생각해 보기 • 종결의 저항, 진보에 대한 점검, 활동계획

에 참여할 행동력을 갖고 있는지), Cognition(인지가 현실적이고 일관성 있는지)		
계약	개입	미래계획
• 클라이언트와 사회복지사를 위해 목표, 과업정의하기	• 개입 초점은 신속 개입 • 행동지향성(적극성), 제한된 목표(균형상태 회복), 희망과 기대, 지지, 위기에 초점을 둔 문제의 해결, 자아상 확립 및 자립	• 현재 문제 논의하기 • 클라이언트의 계획 논의하기 • 클라이언트가 과정이 끝났음을 느끼도록 도와주기 • 클라이언트가 다른 문제들을 가지고 돌아가는 것에 대해 괜찮다고 느끼도록 도와주기

출처: 이애재(2006). 사회복지실천기술론. 서울: 양서원.

Key Point

- 위기개입이란 위기에 처한 사람 또는 집단을 단기간에 집중적 활동을 통해 현재 상황의 구체적인 사실을 인식하고 이를 변화시키기 위한 클라이언트 자신의 노력을 강조하는 방법이다. 따라서 위기개입모델은 재난이나 위기적 사고 등으로 인한 개인, 가족, 집단 및 지역사회의 불균형 상태를 균형의 상태로 회복하기 위한 일정한 원조수단을 제공하는 단기치료 과정이다.

- 위기개입 실천모델의 목표는 위기로 인한 정서적 문제를 해소하고, 위기 이전의 기능수준까지 회복시키며, 위기 이전의 수준을 능가하는 기능을 수행하도록 하는 데 있다.

- 위기개입 실천모델의 원칙은 즉시 이루어져야 하며, 위기와 그 위기에 대한 클라이언트의 행동에 초점을 두고, 위기상황과 관련된 구체적 문제에 초점을 두고 설정하여야 한다. 이때 사회복지사는 적극적이고 직접적인 역할을 수행하면서, 클라이언트의 위기상황에 대해 사정하고 이해해야 한다.

응용문제

1 다음 중 위기이론에 영향을 준 정도가 가장 낮은 것은?

① 스트레스이론
② 대처이론
③ 발달에 관한 이론
④ 패미니스트이론
⑤ 인지행동이론

2 다음 중 위기개입모델에서 구분하는 위기가 아닌 것은?

① 유아기 위기
② 재해
③ 발달적 위기
④ 변천적 위기
⑤ 상황적 위기

3 골란(Golan)의 위기발달단계에 속하지 않는 것은?

① 사회적 위험의 발생
② 취약단계
③ 위기촉진요인의 내재
④ 해결의 단계
⑤ 재통합

4 위기개입모델의 실천과정 중 기본원리에 속하지 않는 것은?

① 즉각적 개입
② 제한된 목표
③ 지지
④ 클라이언트의 자아상(특성)의 고려
⑤ 만성적이고 지속적인 문제탐색

5 위기개입모델에 관한 설명으로 옳은 것은?

① 같은 사건을 경험한 사람들은 유사한 정도의 심리적 어려움을 느낀다.
② 개입이 이루어지는 단계는 위기를 촉진하는 사건이 발생했을 때이다.
③ 개입기간이 길다고 해서 효과성이 높은 것은 아님을 전제로 한다.
④ 한 번 위기에 잘 대처했던 사람은 다시 위기를 경험하지 않는다.
⑤ 교통사고, 자연재해 등 예측불가능한 상황에 따른 위기만을 다룬다.

정답 **1.** ④ **2.** ① **3.** ④ **4.** ⑤ **5.** ③

CHAPTER 07

클라이언트중심모델

이 장은 클라이언트중심모델이 무엇인지 살펴보고, 클라이언트중심모델의 철학과 기본 개념, 실천과정, 한계점에 대해 살펴보고자 한다. 클라이언트중심모델은 클라이언트의 자기성장을 향한 잠재력이 발현될 수 있도록 분위기를 조성하고, 개입방향에 대한 일차적인 책임은 클라이언트에게 있도록 한다. 클라이언트의 문제에 대해 '과거사'보다는 '지금-여기'를 강조하여, 클라이언트 스스로 해결책을 찾도록 사회복지사는 협력하고 지지한다.

학 | 습 | 목 | 표

1. 클라이언트중심모델의 철학과 기본 개념을 이해할 수 있다.
2. 클라이언트중심모델의 개입목표와 과정에 대해 이해할 수 있다.
3. 클라이언트중심모델의 적용 및 사례에 대해 이해할 수 있다.

1 클라이언트중심모델의 철학과 기본 개념

1) 등장배경

클라이언트 중심모델은 미국의 심리학자인 칼 로저스(Carl Rogers, 1902~1987)에 의해 1940년대에 체계화된 것으로, 당시 개인치료의 중심기류였던 지시적 접근과 전통적인 정신분석적 접근에 대한 반동으로서 '비지시적 상담'을 개발했다. 그의 이론은 상담자가 허용적이고 비간섭적인 분위기를 창조해야 한다는 점을 강조하면서 로저스는 '상담자가 가장 많이 안다.'는 기본 가정에 이의를 제기하였으며, 조언, 제의, 설득, 가르치기, 진단과 해석 등 당연하다고 생각되었던 치료 절차의 타당성에 이의를 제기했다. 초기에는 로저스의 접근법이 비지시적 치료라 불렸으나 1951년 로저스의 『클라이언트중심치료(Client-centered therapy)』가 발간된 이후, 클라이언트중심이라는 명칭으로 불려왔다.

클라이언트중심 치료법은 원래 심리적 도움을 원하는 사람들은 자신의 삶을 지시할 수 있는 책임감이 있다고 보는 것인데, 점차 그 영향의 범위가 다양한 영역으로 확대되었다. 최근에 로저스와 그의 동료들은 인간중심 모델, 인간중심 접근법이라고 명명하기도 하였다. 이 모델은 클라이언트와 사회복지사(치료자)의 위계적인 관계를 수평적인 관계로 전환시키는 계기가 되었다.

2) 클라이언트중심모델의 일반적 특성

클라이언트중심모델은 인간의 성장과 변화에 대해 인본주의적 관점을 가진 모델로, 공감적 이해, 무조건적인 긍정적 관심과 진실성을 바탕으로 한 사회복지사와 클라이언트 간의 관계를 중시한다.

또한, 이 모델의 기본적 특성은 사회복지사보다 클라이언트의 책임과 능력에 초점을 맞추고, 클라이언트의 주관적 현상 세계를 강조하며, 고정된 기법이나 정설이 아니라고 보았다.

(1) 치료모델의 이론적 기반

① 인본주의 이론

클라이언트중심모델의 철학적 관점은 정신분석과 행동주의 접근의 이론적 대안으로서 인본주의 이론에 기초하며, 인본주의에서는 인간이 긍정적인 방향으로 자발적인 성장을 할 수 있는 잠재력을 지녔다고 보았다. 인본주의 이론은 클라이언트의 주관적인 경험과 긍정적이고 건설적이며 의식적인 선택을 할 수 있는 클라이언트의 능력을 신뢰한다는 측면에서 자유, 선택, 가치, 개인의 책임감, 자율성, 목적, 의미라는 단어를 강조한다. 또한 인본주의자들은 인간이 자아를 실현시킬 수 있다는 본성과 잠재력을 지녔으며, 이를 통해서 의미를 찾을 수 있다고 보았다.

② 현상학

클라이언트중심모델은 시간이 흐름에 따라 실존주의적 경향을 좀 더 띠게 되는데, 실존주의적 접근의 근간을 이루는 현상학이 클라이언트중심모델의 이론적 기초가 되었다. 현상학은 현실을 결정할 때 개인의 즉각적인 의식경험의 중요성을 강조한다.

로저스는 객관적인 현실이 무엇이든 간에 그것이 인간의 행동을 결정하는 중요한 요인이 되지 못하며, 인간이 그 현실을 어떻게 인식하는가가 중요하다고 본다. 즉, 현실에 대한 인간의 의식이 문제를 바라보는 데 중요함을 보여주고 있다. 따라서 클라이언트중심접근은 클라이언트의 인식능력과 결정능력에 기초한다.

③ 자아실현 욕구

클라이언트중심모델의 인간에 대한 관점을 살펴보면, 로저스는 인간의 본성을 선천적으로 선한 존재로 보았으며, 더 나아가 만약 인간이 다른 사람의 영향에서 자유로운 상태에 있다면 인간의 자아실현욕구는 사회적·협조적·창조적·자기 지향적 인간을 이끌어낼 것이라고 주장한다. 이와 같이 클라이언트중심모델은 모든 인간이 자아실현의 욕구를 지녔다고 가정하는데, 자아실현의 욕구는 자신을 유지하거나 향상시키는 방향으로 자신의 모든 능력을 개발하려는 인간이 타고난 성향이라고 할 수 있다.

클라이언트중심모델은 인간이 이러한 자아실현의 욕구를 어떻게 발현할 수 있는가에 대한 답을 찾고 있으며, 그 과정에 대해 다음과 같이 설명한다. 사람은 유아 때부터 성장하면서 자기인식을 형성해나가기 시작하는데, 자기인식의 발달은 개인이 경험을 어떻게 지각하느냐에 따라 많은 영향을 받는다. 모든 인간은 타인으로부터 긍정적인 관심을 받고자 하는 욕구가 있으므로 타인에게 쉽게 영향을 받으며 타인에 의해 가치가 부여되기도 한다. 이처럼 타인들이 부여하는 조건부 가치에 따른 행동과 내적 참조 준거에 의해서 형성된 자기인식은 모순된 경험에 부딪치거나 자신이 바라는 이상적 자기(ideal self)와 현실적 자기(real self)가 일치하지 않을 때 심리적 부적응 현상이 나타나게 되며, 마음의 긴장과 혼란이 오게 된다. 이때는 부정, 왜곡, 합리화 등의 방어기제를 사용함으로써 자기인식을 일치시키려 한다.

(2) 모델의 가치전제

클라이언트중심모델은 형성 초기부터 사회복지사의 태도와 성격 특성을 강조했으며, 치료과정의 결과를 결정하는 요소로 사회복지사와 클라이언트 간의 관계의 질을 강조하였다. 인간에 대한 긍정적인 시각을 갖고 클라이언트의 능력에 대한 신뢰를 기반으로 하고 있다. 그리고 클라이언트에게 해석을 내리는 권위주의적 관계구조에 반대하며 클라이언트와 사회복지사와의 인간적인 관계를 중시하였다. 이는 사회복지사에게 관계에 대한 지식을 요구하게 되었다.

또한, 클라이언트의 자기성장을 향한 잠재력이 발현될 수 있는 분위기를 조성하는데 목적을 두고 있으며, 개입방향에 대한 일차적인 책임이 클라이언트에게 있도록 클라이언트의 문제에 대해 '과거사'보다는 '지금-여기'를 강조한다.

3) 클라이언트중심모델의 기본 개념

클라이언트중심모델을 이해하기 위해서는 다음의 개념에 대해 이해가 매우 중요하다.

(1) 실현화 경향

실현화 경향(actualizing tendency)이란 인간은 출생 시부터 목적한 바를 이루기 위해서 생산적으로 성장하도록 운명이 만들어졌다는 것이다. 이를 위해 인간은 다양한 학습을 통해 성장하게 된다.

(2) 자아실현 욕구

① 자아실현 욕구(self-actualization)는 보다 기본적인 실현화 경향의 하위체계로 간주된다. 이때 실현화 경향은 기본적인 인간의 동기이며, 자아실현은 이러한 경향의 산물이다. 자아실현 욕구는 자신을 실현, 보존, 향상시키려는 동기로서 인간 본성의 긍정성을 신봉하는 로저스가 제시하고 있는 유일한 동기 개념이다.

② 자아가 형성됨에 따라 일부 실현화 경향이 자아실현으로 표현된다.

(3) 긍정적 관심

① 긍정적 관심(positive regard)의 욕구는 타고난 것이다. 인간은 필요로 하는 사랑과 애정을 얻고 인정받기 위해 성장과정에서 부모와 중요한 타인, 즉 친척, 친구, 이웃 등을 기쁘게 하고, 자신의 내적 경험은 무시하게 된다.

② 자기 자신에 대해 덜 맞추게 되고, 타인의 평가에 대해 더 맞추게 되는 행동을 하게 된다.

(4) 조건부 가치

조건부 가치(conditions of worth)는 중요한 타인들의 긍정적인 관심이 조건부로 주어짐에 따라 인간이 어떤 측면에서는 자신이 존중되고 있지만 다른 면은 그렇지 않다고 느낄 때 일어난다.

(5) 지금-여기

로저스는 지금-여기(here & now)에서 '사람이 어떻게 생각하고 느끼는가'가 행동을 결정하는 유일한 요소이다. 즉, 현재의 나를 결정짓는 것은 과거가 아닌 지금이라는 것을 중요하게 여겼다. 따라서 과거의 사건에 빠져 나오지 못하는 클라이언트에게 지금의 상황을 보여주고자 한다.

(6) 충분히 기능하는 인간

인간은 타인으로부터 긍정적 관심을 받고자 하는 욕구와 자기 관심의 욕구를 갖고 있고 이런 욕구가 충족될 때, 개인은 충분히 기능하는 인간이 될 수 있다.

(7) 적응과 부적응

적응이란 자기와 유기체의 경험 간의 일치로, 경험에 개방적인 특성을 지니고 있으며, 충분히 기능을 발휘할 수 있는 상태라고 할 수 있다. 부적응이란 자기와 유기체의 경험 간의 불일치를 말하는 것이며, 방어적인 특성을 가지고 있다고 할 수 있다.

(8) 자기(self)

자기는 개인의 전체적인 현상학적 장, 혹은 지각적인 장으로부터 분화된 부분이다. 즉, 아동들은 생활과정에서 다른 사람들과 상호작용을 통해 자신의 전체적인 경험의 장으로부터 '나' 혹은 '나를' 또는 '나에게'로 한정시키는 하나의 심상을 형성하게 된다. 다시 말해서 자기는 개인 자신의 존재의 각성 또는 기능화의 각성을 의미한다.

2 클라이언트중심모델의 개입목표와 과정

1) 클라이언트중심모델의 개입목표

클라이언트중심모델의 목적과 개입 원칙을 살펴보면, 개인의 독립과 통합을 목적으로 하고, 인간의 문제보다는 인간의 성장 자체에 초점을 둔다. 그리고 클라이언트가 현재 직면하고 있는 문제들과 앞으로의 문제를 잘 극복할 수 있도록 성장과정을 도와준다. 로저스는 이상적인 삶을 사는 사람을 '충분히 기능하는 사람'이라고 기술하고 있으며, 클라이언트중심모델에서의 개입을 통한 목표는 이를 추구하는 것이다.

여기서, '충분히 기능하는 사람'이 되어가는 과정은 세 가지 특징을 지닌다.

(1) 경험에 대한 개방성이 증가한다

자기방어로 인한 폐쇄성의 감소, 아무런 제재를 받지 않고 자신의 감정을 자유롭게 인식하고 대처하는 것을 의미한다.

(2) 실존적인 삶의 태도가 증가한다

순간순간의 삶에서 자신에게 최선의 것을 선택하는 삶을 의미한다. 선택에 대한 후회나 미련이 없으며 최선의 삶을 살아가는 것이다.

(3) 자신의 유기체에 대한 신뢰가 증가한다

어떠한 상황의 여러 측면을 고려하고 그 결과로 한 상황의 모든 측면들을 가장 만족스럽게 할 수 있는 결정을 내림으로써 스스로의 유기체를 신뢰하게 되는 것이다.

따라서 클라이언트중심의 개입과정은 클라이언트가 이러한 특징을 갖도록 격려한다. 사회복지사는 여기서 클라이언트가 자신의 목표를 명료화하는 능력을 지녔음을 신뢰하고 이를 촉진하는 역할을 할 뿐, 클라이언트를 위해 구체적인 목표를 선택하지는 않는다.

클라이언트중심모델의 개입목표는 개인의 독립과 통합을 목표로 삼고, 클라이언트의 현재 문제가 아니라 클라이언트의 존재 자체에 관심을 갖는다. 단순히 문제를 해결하기 위한 것만이 아니라, 클라이언트의 성장과정을 도와 현재 직면하고 있는 문제와 앞으로의 문제에 더 잘 대처할 수 있도록 돕는 것이다.

2) 클라이언트중심모델의 실천과정

클라이언트중심모델에 입각한 사회복지실천의 기본 과정을 살펴보면 다음과 같다.

(1) 계약 및 상담 초기

상담치료가 진행되기 위해서는 클라이언트와 사회복지사는 서로 만나 두 사람 간의 심리·정서적 상호작용을 위한 분위기를 만들어야 한다. 이를 위해 사회복지사는 클라이언트가 상황에서 안심하고 편안하게 자신에 대한 정보를 제공할 수 있게끔 신뢰할 수 있는 분위기를 조성해야 한다. 신뢰할 수 있는 분위기가 만들어지고 상호 심리·정서적 상호작용이 가능하다고 판단되면 상담계약을 한다. 상담초기에 사회복지사는 클라이언트 스스로 자신의 고민을 자연스럽게 이야기할 수 있도록 기다려준다. 따라서 이때는 심리사회력의 조사에 비중을 두지 않으며, 진단을 중요시하지 않는다.

(2) 상담 중기

클라이언트의 자아실현 경향성을 발견할 수 있는 분위기와 조건을 조성하는 단계로, 클라이언트의 실현 경향을 방해하는 장애를 찾아내고 제거함으로써 클라이언트가 자신의 내적 상태를 보다 정확히 이해하고, 성숙해지며, 자기실현을 향해 나아갈 수 있도록 돕는 과정이다. 이때 기법보다는 사회복지사의 태도, 가치, 신념, 치료의 관계가 치료의 성패를 좌우한다.

(3) 상담 종결

상담 중기에서 발생하기 시작한 변화과정이 클라이언트의 변화로 이어지면 상담 종결에 이를 수 있다. 종결은 클라이언트가 이전보다 더욱 통합되고 자기의 경험을 개방하며 덜 방어적으로 변화하였거나, 자기의 이상적인 자아를 현실적으로 지각하거나, 이상적인 자아와 현실적인 자아가 일치할 때 이루어진다고 할 수 있다. 이를 통해 상담의 종결이 이루어진다.

3) 클라이언트중심모델의 개입과정

클라이언트중심모델에서 칼 로저스의 강조되는 부분은 '개인이 어떻게, 왜 변화하는가를 이해하는 데에 있다'. 『인간으로서의 성장에 관하여(1961)』라는 저서를 살펴보면, 클라이언트중심모델의 개입과정 7단계를 살펴보면 다음과 같다. 이때 개입과정은 사회복지사와 클라이언트와의 관계(relationship)를 통해 클라이언트의 긍정적 변화, 즉 성장 변화를 추구한다.

(1) 제 1 단계

개인은 변화에 대한 의지가 없으며, 자신의 감정과 개인적인 의미를 인식하지도 허용하지도 않는다. 그리고 친밀하고 의사소통이 잘되는 관계를 위험한 것으로 해석하여 자기와 의사소통하는 것을 싫어하고, 단지 외적인 것에 대해서만 대화, 즉 의사소통을 하고자 한다.

(2) 제 2 단계

클라이언트는 자기 자신이 아닌 문제들에 대해 말하기 시작한다. 그러나 문제는 여전히 외적인 것으로 보이고, 개인적인 책임을 받아들이려고 하지 않는다. 즉, 클라이언트는 자신의 문제에 대해서 회피하고자 한다.

(3) 제 3 단계

객체(object)로서의 자기에 대한 표현이 좀 더 자유롭게 이뤄진다. 반영된 객체로서의 자기, 주로 다른 사람 내에 존재하는 것으로서의 자기에 대한 의사소통이 있을 수 있다. 자기 자신을 객관적으로 볼 수 있는 시각이 중요하다.

(4) 제 4 단계

경험과 자기(self)와의 불일치 및 모순들이 분명히 인식되고 이러한 모순에 대한 관심이 증가한다. 그리고 문제들에 관한 자기 책임감을 어느 정도 표현한다. 또한 자발적으로 클라이언트는 감정적인 토대 위에서 다른 사람과 관계를 맺으려는 시도를 한다.

(5) 제 5 단계

현재 경험하는 많은 감정을 자유롭게 표현함으로써 그 감정을 자신의 것으로 수용하게 된다. 비록 두려움과 의심이 있으나 이전에는 부인되었던 감정들이 자신의 것으로 자각되기 시작한다. 또한, 즉각적인 경험이 지침을 제공할 수도 있다는 약간의 인식을 하게 된다.

(6) 제 6 단계

이전에는 부인되었던 감정이 이제는 즉각적이고 수용적으로 경험된다. 그러한 경험이 부인되거나 두려움을 일으키거나 혹은 직면해야 할 어떤 것이 아니라 있는 그대로 받아들여진다. 즉, 회피가 아닌 수용의 자세로 변화된다.

(7) 제 7 단계

클라이언트는 다른 사람의 도움이 필요하지 않게 되고, 새로운 감정을 즉시, 그리고 자연스럽게 느끼고 경험할 수 있게 된다. 자아는 경험과정에서 신뢰할 수 있게 된다. 개인은 자유롭게 경험하면서 만족스럽게 역할수행을 하는 인간으로 성장하게 된다.

4) 클라이언트중심모델의 개입기법

(1) 공감적 이해(empathy)

공감은 클라이언트의 입장에서 클라이언트가 생각하고 느끼는 것을 이해할 수 있는 사회복지사의 능력을 말한다. 또한, 공감은 클라이언트에 대한 이러한 이해를 전달하는 것까지를 포함한다.

(2) 무조건적인 긍정적 관심(unconditional positive regard)

사회복지사가 클라이언트를 충분히 수용하며, 클라이언트에 대한 순수한 관심을 전달하는 것으로, 클라이언트가 말하고 행동하는 것에 대해 '만약 ~하면'이라는 조건을 달지 않고 클라이언트에 대해 관심과 보살핌, 호의, 수용, 온정, 존중을 표현하는 것을 의미한다.

(3) 진실성(genuineness)

진실성은 사회복지사가 자신의 진실한 반응(reactions)을 신뢰하고, 그러한 감정(emotion) 또는 반응(reactions)을 전달하는 능력을 말하며, 진실성은 관계 속에서 허위나 방어적인 태도가 없는 참된 존재가 되도록 해 준다.

진실성의 조건

클라이언트에 대한 사회복지사의 심층적 느낌 → 자신의 느낌에 대한 사회복지사의 인식 → 사회복지사 자신의 느낌에 대한 표현

5) 클라이언트중심모델의 개입 시 주의사항

① 사회복지사 자신의 신념체계를 살펴본다. 즉, 클라이언트는 가치 있는 존재이며 원조관계를 효과적으로 이용할 수 있는 능력을 지니고

있다는 사실에 대해 사회복지사가 어떤 태도, 즉 어떻게 바라보고 있는지 살펴본다.

② 원조관계에서 온화함과 신뢰의 분위기를 증진시킬 수 있는 능력이 사회복지사 자신에게 있는지 생각해 본다.

③ 치료적 관계에서 클라이언트가 자신의 경험과 감정을 표현할 수 있도록 사회복지사는 환경을 조성한다.

④ 사회복지사는 클라이언트의 관심사에 대해 정확히 반응함으로써 클라이언트의 주관적 경험을 존중한다.

⑤ 면접 상황에서 일어나는 현재 경험에 초점을 두고, 클라이언트가 스스로 자신의 경험을 신뢰할 수 있는 과정을 개발할 수 있도록 한다.

⑥ 사회복지사는 진실성, 감정이입 등을 표현할 수 있는 면접기법을 활용한다.

⑦ 사회복지사는 긍정적 자기 평가를 방해하는 클라이언트의 생활경험을 수용하고 해석한다. 이때 섣부른 판단은 금물이다.

⑧ 사회복지사와 클라이언트 간의 원조관계는 성장을 촉진하고 자기 평가를 증진시킬 수 있는 기회라고 생각한다.

6) 클라이언트중심모델의 문제점 및 한계(박세정 외, 2008)

(1) 인간을 너무 한쪽 측면에서만 바라보고 있다는 것이다

인간을 근본적으로 성장 지향적이며 자아실현화 경향을 갖춘 긍정적인 존재로 보고 있는데, 많은 사회복지사들이 이러한 관점에 동의하는 것이 사실이지만, 현장에서 만나는 많은 복잡한 사회문제 속에 내포된 인간의 속성은 이러한 일방적인 긍정적 관점에 의문을 제기하게 한다.

(2) 비자발적·비협조적인 클라이언트가 많다

사회복지실천 대상자들이 비자발적 클라이언트이거나 협조를 거부하는 클라이언트일 수 있으며, 자발적으로 도움을 요청하지만 자신을 정확히 표현할 수 없는 사람들이 많은 것이 현실이다. 클라이언트중심접근법은 자아의 탐색과 발견에 있어 자발성을 요구하며, 세심한 자기표현을 전제로 하고 있어서 이러한 전제를 충족시키지 못하는 클라이언트에 대해서는 한계를 가지고 있다.

(3) 권위적 존재로서의 사회복지사 또는 상담가의 역할을 거부한다

권위자로서의 태도는 클라이언트와 상담가의 관계에 파괴적인 영향을 주는 것으로, 기피대상이다. 많은 사회복지사들은 이 권위를 부정하기보다는 보다 건설적인 방향으로 이용해 보고자 하는 것에 관심이 있다. 또한 개입 방법에서 교육적 방법이나 심리치료같이 진단적이고도 직접적인 개입 방법을 써야 할 경우가 많은데, 이런 경우에도 한계점을 갖고 있다.

(4) 단순하고 자세히 제시되지 않는 막연한 부분이 있다

사회복지실천에 초보자들은 클라이언트중심모델이 너무 단순하고 상세하지 못하며 이 접근법에 입각한 실천이 막연하다는 것이다.

이러한 문제점에도 불구하고 클라이언트중심모델은 사회복지실천의 중심 철학과 개념을 제시하고 널리 활용되고 있다. 이처럼 칼 로저스의 이론이 대중에게 인기가 있는 이유는 인간에 대한 신뢰성에 그 이론이 바탕을 두고 있기 때문이다.

3 클라이언트중심모델의 적용 및 사례

1) 공감적 반응과 비공감적 반응의 예

(1) 사례개요

"오늘 아침에 남편에게 몇 시에 퇴근하느냐고 물었죠. 저는 상황을 봐서 남편이 일찍 들어온다면 함께 친정에 다녀올 생각이었어요. 그런데 다짜고짜 왜 그러냐고 묻는 남편에게 왠지 선뜻 친정에 다녀올 생각이라는 얘기가 안 나오더라고요. 여자의 입장이 좀 그런 게 있잖아요? 왠지 친정에 다니러간다면 어딘가 죄스럽고 그런 거예요. 그래서 그냥 '몇 시에 퇴근하느냐'고 다시 물었지요. 그러니까 벌컥 화를 내면서 도대체 왜 그러느냐고 큰소리를 치잖아요. 그래서 저도 '아니 묻지도 못하느냐'고 대꾸했지요. 그러니까 아침부터 여편네가 출근하는 남편에게 어쩐다면서 '몰라'하고 나가버리는 거예요. 정말 하도 기가 막히고 말이 안 나와서…. 아니 그럴 수가 있는 거예요?"

(2) 개입과정

① 비공감적 반응

상담자 1: 그럴 수도 있지요. 미우나 고우나 남편 아닙니까? 참고 사셔야지요.

내담자: 참는 것도 한계가 있지요. 무조건 참을 수는 없잖아요?

상담자 2: 남편이 바쁘면 친정에 가지 못할 수도 있고, 때로는 화를 내고 다툴 때도 있는 거죠. 그런 것을 모두 문제로 삼는다면 어떻게 앞으로 살아가시겠어요? 그러니 그냥 참고 넘겨버리셔야죠.

내담자: 하지만 이번만 그런 게 아니라고요.

② 공감적 반응

상담자 1: 그랬군요. 여자의 입장에서 꾹 참으면서 몇 시에 들어오느냐 재차 물었는데도 남편은 화내고 그냥 나가 버렸군요. 그래서 기막히고 말이 안 나오는 상태군요.

내담자: 정말 말이 안 나오더라고요. 그럴 수가 있는가 싶고….

상담자 2: 그랬겠네요.

내담자: 자기가 그 동안 나에게 잘해준 게 뭐 있다고…, 나는 그래도 어떻게든 비위를 맞춰가면서 살려고 싫은 소리 하지 않고 참고 또 참았는데…

출처: 김양순(2008). 상담 및 심리치료 이론과 실제 I. (사) 한국산업카운슬러협회 카운슬러아카데미.

Key Point

- 클라이언트중심모델의 이론적 기반은 인본주의 이론에 기초하며, 클라이언트의 주관적 경험과 긍정적이고 건설적이며 의식적으로 선택할 수 있는 클라이언트의 능력을 신뢰한다. 인본주의는 인간이 긍정적인 방향을 자발적으로 성장할 수 있는 잠재력을 지녔지만 실존주의에서는 인간은 불안감을 피할 수 없는 존재로 보았다.

- 클라이언트중심모델의 핵심은 클라이언트의 사고와 느낌을 반영하고, 주의 깊은 경청을 강조하는 비지시적인 원조과정을 통해 자기 가치관과 자기이해를 향상시킴으로써 사회기능을 향상시킨다.

- 클라이언트중심모델은 클라이언트의 자기성장을 향한 잠재력이 발현될 수 있는 분위기를 조성하는 데 목적을 두며, 개입방향에 대한 일차적인 책임이 클라이언트에게 있도록 클라이언트의 문제에 대해 과거사보다는 '지금-여기'를 강조한다.

- 클라이언트중심모델의 장점은 클라이언트 스스로 해결책을 찾도록 도와주고 모든 대인관계와 인간서비스 분야에 다양하게 사용된다.

- 클라이언트중심모델의 단점은 사회복지사가 치료의 기본철학을 생활화할 수 있도록 인격과 소양이 중시되어야 하며, 사회복지사가 클라이언트의 중심적 입장의 태도를 잘못 해석하거나 단순화할 수 있고, 클라이언트중심이 되어 자신의 인간성과 독자성을 잃어버릴 수 있다.

- 사회복지사는 현상인식 및 자기인식과정에 개입하여 도움을 제공하게 된다. 이때 촉진적 분위기를 조성하기 위해 필요한 개념에는 감정이입, 무조건적 긍정적 존중, 자유, 유기체적인 가치화 과정, 자아와 경험의 일치에 대한 이해가 필요하다.

- 클라이언트의 중심모델을 이해하기 위한 주요개념은 로저스가 사용한 실현화 경향, 자아실현 욕구, 긍정적 관심, 조건부 가치의 개념을 이해하는 것이 필수적이다.

- 클라이언트중심모델에 입각한 개입이 추구하는 궁극적인 목표는 클라이언트의 자기이해를 통한 자아실현의 성취이다.

응용문제

1 다음 클라이언트중심모델에 대한 설명 중 옳지 않은 것은?

① 칼 로저스(Carl Rogers)에 의해 1940년대에 체계화되었다.
② 지시적 접근과 전통적인 정신분석적 접근에 대해 호응적이었다.
③ 심리적 도움을 원하는 사람은 자신의 삶을 지시할 수 있는 책임감이 있다고 보았다.
④ 클라이언트와 사회복지사의 위계적인 관계를 수평적인 관계로 전환시키는 계기가 되었다.
⑤ 인본주의적 관점을 가진 모델로 사회복지사와 클라이언트 간의 관계를 중시한다.

2 다음 클라이언트중심모델에 대한 설명 중 옳은 것만 묶인 것은?

보기

가. 인본주의적 관점
나. 사회복지사보다 클라이언트의 책임과 능력에 초점
다. '지금-여기'보다 과거에 관심
라. '모든 인간이 자아실현의 욕구를 가졌다'라고 가정한다.

① 가　② 나, 다　③ 가, 나, 다
④ 가, 나, 라　⑤ 가, 나, 다, 라

3 다음 클라이언트중심모델에 대한 설명 중 옳지 않은 것은?

① 칼 로저스는 이상적인 삶을 사는 사람을 '충분히 기능하는 사람'이라고 기술하였다.
② '충분히 기능하는 사람'이 되어가는 과정은 '경험에 대한 개방성이 증가한다'라는 특징이 있다.

③ '충분히 기능하는 사람'이 되어가는 과정은 '실존적인 삶의 태도가 증가한다'라는 특징이 있다.
④ '충분히 기능하는 사람'이 되어가는 과정은 '자신의 유기체에 대한 신뢰가 증가한다'라는 특징이 있다.
⑤ 사회복지사가 클라이언트를 위해 구체적인 목표를 선택해 주고 이를 따르도록 안내한다.

4 다음 클라이언트중심모델의 개입기법에 대한 설명 중 옳지 않은 것은?

① 공감은 클라이언트의 입장에서 클라이언트가 생각하고 느끼는 것을 이해할 수 있는 사회복지사의 능력을 말한다.
② 진실성은 클라이언트 자신의 진실된 반응에 신뢰하고, 그런 감정을 전달하는 능력을 말한다.
③ 자유란 스스로 무엇인가를 선택할 수 있고 사물을 결정할 수 있는 능력을 개인 내부에 갖고 있다고 생각한다.
④ 유기체적인 과정은 유기체 자신이나 개인이 원하는 무엇인가를 충족시켜주는 방향으로 진행하고 있다고 판단되는 경험들을 긍정적으로 평가하는 경향을 의미한다.
⑤ 무조건적인 긍정적 관심은 사회복지사가 클라이언트를 충분히 수용하며, 클라이언트에 대한 순수한 관심을 전달하는 것을 말한다.

5 다음 클라이언트중심모델의 개입 시 주의사항에 대한 설명 중 옳지 않은 것은?

① 사회복지사 자신의 신념체계를 살펴본다.
② 치료적 관계에서 클라이언트가 자신의 경험과 감정을 표현할 수 있도록 한다.
③ 진실성, 감정이입 등을 표현할 수 있는 면접기법을 활용한다.
④ 긍정적 자기 평가를 방해하는 클라이언트의 생활경험을 수용하고 해석한다.
⑤ 원조관계는 성장을 저해하고 자기 평가를 감소시킬 수 있다고 생각한다.

정답 1. ② 2. ④ 3. ⑤ 4. ② 5. ⑤

CHAPTER

08

역량강화모델

이 장에서는 사회복지의 가치와 철학이 그대로 녹아있는 역량강화모델에 대해서 다루고자 한다. 역량강화모델에서는 개인의 문제를 클라이언트의 결함으로 보기보다는 개인적 역량과 환경적 요구 사이에서 발생하는 불일치 혹은 불균형에서 찾는다. 따라서 문제를 분석하고 개선하기 위한 노력보다는 자원과 기회에 접근할 수 있도록 하고, 강점을 확장시켜 주는 접근이다. 이를 위해서 클라이언트를 지지하고 격려함으로써 클라이인트 내부의 잠재력을 끌어내는 방식이 전통적인 사회복지실천과 일맥상통한다. 이 장에서는 역량강화의 개념과 효과 그리고 기본원리를 다루게 된다. 특히 역량강화모델의 실천적 관점을 이해하는 것이 학습 포인트가 될 것이다.

학 | 습 | 목 | 표

1. 역량강화의 개념을 정확히 이해하고 설명할 수 있다.
2. 역량강화모델의 내담자에게 어떤 방식으로 도움을 주는지 설명할 수 있다.
3. 역량강화모델의 실천적 적용방식을 이해할 수 있다.

1 역량강화모델의 배경 및 영향[1)]

역량강화모델은 1970년대 이후 사회복지, 간호, 교육, 경영과 같은 다양한 현장에서 활용되었으며 사회복지실천에서 오랫동안 존재해 왔던 실천모델이다. 1970년대에는 일반체계이론과 생태학이론이 사회복지의 주요 이론 틀로서 활용되면서, 생태체계 관점에 근거한 강점 지향 혹은 해결 중심 접근의 중요성이 대두되었고, 이는 체스탕과 솔로몬, 핀더허그 등의 학자들에 의해 1970년대 중반에 권한부여 모델로서 새롭게 나타나게 되었다.

역량강화모델은 클라이언트를 문제 중심이 아니라 강점 중심으로 봄으로써 클라이언트의 잠재력 및 자원을 인정하고 건강한 삶을 결정할 수 있도록 권한 혹은 힘을 부여하는 것이다. 이 모델은 중증의 정신질환자에 대한 실천모델로서 가장 잘 개발되어 왔다. 클라이언트의 병리보다는 강점을, 자기결정을 강조하며, 정신질환자도 학습하고 성장하고 변화할 수 있다는 생각을 갖는다. 사회복지사가 클라이언트의 내재된 힘을 지지할 때 그들의 긍정적인 성장 가능성을 고양시킬 수 있다는 것이다.

2 역량강화의 개념 및 효과

1) 역량강화의 개념

역량강화(empowerment)란 한 마디로 능력을 가지는 것, 능력을 향상시키는 것이다. 개인이나 가족 또는 지역사회가 자신들의 문제를 해결할 수 있는 힘과 자원을 획득하는 과정 또는 그런 역량을 가질 수 있도록 돕는 활동이라고 정리할 수 있다. 사실상 모든 사회복지실천대상에게 적용할 수 있는 개입모델이라 할 수 있다.

1) 이종복 외(2015). 사회복지실천론. 서울: 정민사.

개인적 차원에서 역량강화는 자신이 처한 상황을 스스로 개선하기 위한 행동을 취할 수 있도록 개인적·대인적·정치적 측면에서 힘을 키워나가는 것으로서 자신의 삶에 대한 통제력을 갖는 것과 관계된다. 자신의 삶과 행동을 스스로 결정하고 운명을 개척해나갈 수 있는 힘을 얻게 되는 것이다.

또한 스스로 자신의 욕구와 복지를 확대하기 위해 환경과의 상호작용 능력을 습득함으로써 이전의 무기력하고 자신감 없는 상태에서 활기차고 능동적으로 자신의 문제에 대처함과 동시에 자신을 둘러싼 환경이 자신에게 유리하도록 개선시켜나갈 수 있는 능력을 말하기도 한다. 이는 환경에 적응 또는 대응하는 방법을 배울 뿐 아니라 환경의 변화를 주도하여 환경에 무기력한 상태에서 힘을 가진 상태, 즉 유능성의 상태를 지향한다는 점에서 '생태체계이론'의 주요 개념을 공유하는 셈이다.

역량강화모델을 따르는 치료사 또는 사회복지사는 개인의 문제를 클라이언트의 결함으로 보기보다는 개인적 역량과 환경적 요구 사이에서 발생하는 불일치 혹은 불균형에서 찾는다. 자원과 기회에의 접근 증가, 강점 확장, 역량 강조 자체가 바로 역량강화이며, 이는 우리의 삶에서 역동적으로 발생한다.[2)]

역량이 강화되면, 성별, 연령, 인종적 차별이나 사회경제적 어려움, 신체적인 불리함과 같은 장애요소를 극복할 수 있는 힘을 얻게 되어 자기 삶을 스스로 관리하고 결정할 수 있는 힘을 갖게 된다. 이런 사람들은 자기효능감과 자아존중감이 높고, 주체적이고 능동적인 삶을 살아갈 수 있다.

클라이언트의 역량이 강화될 수 있도록 돕기 위해서는 그들을 지지하고 격려함으로써 클라이언트 내부의 잠재력이 발휘될 수 있는 조건을 만들어내는 것이 중요하다. 또한 클라이언트가 스스로 문제를 해결하는 데 필요한 자원을 획득할 수 있도록 도와주거나 필요한 자원을 활용하는 방법과 이것을 창조적으로 변화시킬 수 있는 능력을 키울 수 있도록 지원이 필요하다. 경우에 따라서는 필요한 자원을 제공해 주는 활동이 포함

---

2) 양옥경, 김미옥(1999). 사회복지실천에서의 권한부여모델에 관한 고찰. 사회복지, 143. pp. 155-172.

되기도 한다.

역량강화는 결점에 대한 진단보다는 강점을 강조하고, 취약성을 파악하기보다는 개인역량의 강화를 기반으로 하며, 문제를 없애기보다는 해결책을 찾는 데 역점을 둔다.[3] 이런 점에서 역량강화모델은 '강점관점'과 '해결중심모델'과도 연결성을 갖는다고 할 수 있다.

임파워먼트는 강점 관점에 근거하는 것으로 클라이언트의 강점을 강화시키는 과정이 클라이언트의 역량을 향상시켜 가장 신속하게 클라이언트에게 권한을 부여할 수 있는 전략이라고 볼 수 있다. 강점 관점에서는 문제에 대한 관심보다는 해결점을 발견하고 강점을 강화시키는 것에 초점을 맞춘다. 따라서 강점 관점에 입각한 임파워먼트 모델은 클라이언트를 독특한 존재로서 바라보고, 다양성을 인정하고 존중하면서 클라이언트의 결점보다는 강점에 초점을 두고, 가능한 한 모든 자원을 활용하여 클라이언트의 역량을 실현해 나가도록 돕는다.[4]

2) 역량강화의 효과[5]

첫째, 개인 내적 변화로는 자기 효용감이 높아지고, 자신에 대한 자각이 증가하고, 자립심이 높아진다. 자신의 존재에 대해 긍정적인 인식을 하게 되며, 자존감이 높아짐에 따라서 사회적 서비스에 대한 권리의식이 증가되고, 자신의 상황에 대해 수동적인 자세를 벗어나 비판적 사고를 할 수 있게 된다.

둘째, 대인적 변화로는 문제해결과 관련된 지식이나 기술이 증가함에 따라, 자기주장을 할 수 있게 되며, 도움이 필요할 때 적극적으로 타인에게 도움을 요청할 수 있는 능력이 강화된다. 또한 문제해결능력이 향상되고 새로운 대인관계 기술을 익혀, 자신이 가지고 있는 잠재적 자원을 발견할 수 있는 능력이 생기게 된다.

---

3) Miley, K. K., O'Melia, M. & DuBois, B.(2013). Generalist social work practice: an empowering approach (97th ed.), Upper Saddle River, NJ: Prentice Hall.
4) 전남련 외(2012). 사회복지실천기술론. 서울: 정민사. p. 281.
5) 방영숙(2011). 노년기 부부의 성생활 역량강화 프로그램 개발: 개입연구 모델의 적용을 중심으로. 청주대학교 박사학위논문.

셋째, 사회정치적 변화는 각종 사회적 활동과 정치적 행동에 관심이 증가되거나 직접적인 참여가 늘어나게 되면서, 자신을 둘러싼 환경에 대한 통제감이 증가되는 것과 같은 사회정치적 변화를 보인다.

3 역량강화모델의 주요 가정6)

1) 인간체계들에 대한 가정

- 모든 인간은 수용과 존경을 받아 마땅하다.
- 클라이언트들이 자신들의 상황을 가장 잘 안다.
- 모든 인간행동은 맥락 안에서 타당성을 지닌다.
- 도전은 클라이언트 내부적 원인으로 인해 생기는 것이 아니라 인간체계들과 물리적·사회적 환경 간의 교류로부터 생겨난다.
- 강점이란 매우 다양한 것으로서, 개인의 존중감, 문화적 자부심, 지역사회 내에서의 성공적 관계 형성 및 상호 의존성 등을 모두 포함한다.

2) 변화에 대한 가정

- 변화는 가능한 것일 뿐만 아니라 필연적인 것이다.
- 생태체계 일부분에서의 작은 변화도 전체에게 유익한 변화의 시작일 수 있다.
- 도전들은 여러 가지의 해결책을 가지는 경향을 보인다.
- 해답을 구하기 위해 문제를 풀 필요는 없다.
- 변화를 견뎌냄은 강점을 형성한다.
- 강점 및 성장 잠재성은 모든 인간체계들을 특징짓는다.
- 기회를 부여받음으로써 인간체계들은 능력을 고양시킨다.

6) 김기태 외(2008). 사회복지실천론. 경기: 공동체. pp. 429-430.

- 협력 관계는 힘의 느낌을 자극하면서 이를 행동으로 옮기도록 이끈다.
- 문화적 차이들은 폭넓은 관점과 부차적 대안, 종합적 해결의 가능성 등을 제공하는 자원이 된다.

3) 임파워먼트에 대한 가정

- 임파워먼트는 클라이언트와 실천가가 동반자로서 함께 임하는 협력의 과정이다.
- 이 과정에서는 클라이언트 체계를 유능하며 자원과 기회로의 접근이 허용된 존재로 본다.
- 클라이언트는 스스로를 변화에 영향을 미칠 수 있는 주체로 인식해야 한다.
- 능력은 어느 누가 무엇을 하라고 지시하는 상황 속에서가 아니라 인생경험, 특히 유효성을 확인하게 한 경험을 통해 획득되거나 다듬어진다.
- 어떤 상황이라도 복합적 요인들이 관련되어 있으므로 효과적 해결을 모색함에 있어 다양한 접근을 해야 한다.
- 비공식적 사회관계망은 스트레스를 조정하고 통제감과 능력을 증대시키는 데 필요한 지지의 중요 출처이다.
- 사람은 자신의 임파워먼트 과정에 참여해야 하는데, 목적이나 수단, 그리고 결과에 대해서도 스스로 규정지어야 한다.
- 인식 수준은 임파워먼트에서의 핵심적 사안이며 변화가 일어나는 데는 정보가 필요하다.
- 임파워먼트는 자원 및 그 자원을 효과적으로 사용할 수 있는 능력으로의 접근을 시도한다.
- 임파워먼트 과정은 역동적이고, 항상 변화하며, 계속 발전한다.
- 개인적 발달과 사회경제적 발달의 구조가 평행선을 이룰 때 임파워먼트는 성취된다.

4 역량강화모델의 실천적 관점

1) 역량강화모델은 역량 자체의 증진에 관심을 둔다

역량(competence)이란 인간체계의 구성원을 돌보는 기능을 수행하며, 다른 체계와 효율적으로 상호작용하고, 사회적·물리적 환경의 자원체계에 기여할 수 있는 능력을 말한다. 역량은 개인 특성, 대인상호관계, 사회적·물리적 환경에서 비롯되는데, 이러한 세 차원이 잘 기능할수록 각 개인의 환경에 대처할 수 있는 역량은 향상된다.[7)]

역량강화모델에 근거한 사회복지사는 개인의 문제를 클라이언트의 결점으로 보지 않고 개인적 역량이 환경적 요구에 부응하지 못하고 불일치된 상태로 보기 때문에 클라이언트 주변의 자원과 이런 자원을 어떻게 활용하고 있는가를 확인하는 것이 필요하다. 따라서 역량에 대한 역량강화는 자원과 기회에 대한 접근을 증가시킴과 동시에 강점을 더욱 발휘할 수 있는 역량 그 자체의 증진이라고 할 수 있다.[8)]

2) 클라이언트를 상호협력적 동반자로 인식한다

역량강화모델에서는 클라이언트를 단순히 도움을 받는 또는 문제를 가진 사람으로 인식하지 않고 원조과정에서 사회복지사의 동반자로 인식한다. 클라이언트는 문제를 해결할 수 있는 잠재력과 강점을 가지고 있고, 문제해결에 필요한 자원을 가지고 있으며, 클라이언트 자체가 하나의 자원이 된다. 그리고 클라이언트는 자기결정권을 가지고 원조과정에서 자발적, 능동적으로 참여할 수 있는 원조과정의 주체이다.

3) 클라이언트는 소비자로서의 권리를 갖는다

클라이언트를 문제를 가진 자, 도움을 받는 수혜자, 서비스 대상자라는

7) 전남련 외(2012). 사회복지실천기술론. 서울: 정민사. p. 282.
8) 양옥경, 김미옥(1999). 사회복지실천에서의 권한부여모델에 관한 고찰. 사회복지, 99. 겨울호, pp. 155-172.

관점, 즉 낙인적 관점에서 보지 않고 소비자로서 서비스에 대한 권리를 가진 사람으로 바라본다. 소비자로서의 권리는 클라이언트의 자기결정권이 강조된 결과로서 서비스에 대해 수동적으로 받아들이지 않고 능동적으로 선택하고 요청하고 관여할 수 있는 존재, 즉 소비자로 바라본다. 사회복지사와 클라이언트의 수평적 파트너십 형성은 이처럼 소비자로서의 주권을 행사할 수 있는 기반이 되어준다.

5 역량강화 실천을 위한 프로그램 원칙

역량강화 실천을 위한 프로그램 원칙을 제시하면 다음과 같다.

첫째, 역량강화를 위한 프로그램을 계획할 때 가장 중요한 것이 대상자의 강점에 기반을 두어야 한다는 점이다. 강점 관점에 입각해서 모든 대상자의 변화과정에 강점을 부각시킬 필요가 있는데, 이것이 대상자에게 힘을 부여하고 변화를 지속시킬 수 있는 자원임을 인식하면서 대상자의 생태체계적 환경 중에서 효과적으로 기능할 수 있는 자원을 다차원적으로 발굴해야 한다.[9] 또한 대상자의 상실된 능력을 회복시키고자 할 때도 마찬가지로 대상자의 강점과 잠재력을 적극 활용하여 자기비난과 자신에 대한 부정적인 평가에서 벗어남으로써 자신에 대한 신뢰감을 증진시키도록 해야 한다.[10]

둘째, 집단적 개입을 활용할 때는 응집력 있는 집단활동을 구성하는 것이 중요하다. 대상자는 집단 내에서 이루어지는 격려와 지지, 그리고 피드백을 통해서 긍정적인 감정을 얻을 수 있으며, 자신의 스타일에 따라 집단에 참여하더라도 신뢰관계를 형성함으로써 이전에 느끼지 못한 자신과 타인에 대한 건전한 통제력을 경험할 수 있다. 즉, 집단적 상호지지와 문제해결을 위한 집단행동에 참여할 수 있다. 역량강화는 집단활동을 통해 상호교류의 기회를 가지고, 안전망을 만들며, 신뢰에 기반을 둔

9) Dubois, B. & Miley, K. K.(1996). Social Work: An Empowering Profession, Boston: Allynand Bacon.

10) Guiterrez, L.(1990). Working with Women of Color. Social Work, 35, 149- 153.

관계를 형성하고, 특정 문제에 대해 상호 교환적 의사소통을 할 수 있게 된다.[11)]

셋째, 교육적인 방식으로 프로그램을 구성할 수 있다. 교육은 대상자와 전문가 사이에서 활용되는 자원과 서비스뿐만 아니라 조언이나 안내를 해 줄 수 있고, 현재 당장 필요한 해결책이나 감정적인 도움까지 줄 수 있다.[12)] 또한 새로운 기술을 배우고 시도할 기회가 제공됨으로써 대상자가 개인의 상황을 탐색하고 이해한 후 체계적인 단계에 따라 문제를 처리할 수 있는 능력을 키우고 긍정적인 결과를 최대화하고 부정적인 결과는 최소화시킬 수 있는 역량을 개발할 수 있다.[13)]

넷째, 전문가 또는 치료자와 상호협력적인 관계가 전제되어야 한다. 이 과정에서는 대상자가 의사결정의 주체가 된다는 점과 변화가능성을 가진 유능한 존재라는 것을 인정해야 한다. 이 과정은 협력적이며 서로의 능력을 공유할 수 있어야 개입 효과를 최대화할 수 있다. 치료자는 대상자와의 관계 속에서 대상자가 능력을 확인할 수 있도록 하고, 대상자가 존중받고 있다는 것을 상호작용을 통하여 경험할 수 있도록 하며, 대상자는 수혜자일 뿐 아니라 개입 효과에 기여하는 파트너가 되도록 프로그램을 구성해야 한다.

다섯째, 자신과 사회에 대한 책임을 인정하는 단계로서 개인적 책임감에 대한 인식이 사회로 확장되는 것이다. 즉, 역량강화 과정을 통해 얻어진 자각 그리고 자기책임에 대한 인식, 부정적 감정의 회복 등을 거쳐 개인과 사회에 대한 책임감을 형성해 간다. 이제는 자신뿐만 아니라 자신처럼 어려움을 겪고 있는 사람들에게 이 과정을 알리고 도와주고자 할 것이다. 이 마지막 단계의 실천이 역량강화모델에서 중요한 의미를 가지는데 이 단계를 거치지 않고서는 책임 있는 인식자로서의 역할을 제대로

---

11) Kim, Hisata, Ichirai Kai & Lee.(2000). Social Support Exchange and Quality of Life among the Korean Elderly, Journal of Cross-Cultural, Gerontology, 15(4), 331-347.

12) Kim, I. B. & Miller, S. D.(1993). 해결중심적 단기치료. 가족치료연구모임 역(1995). 서울: 하나의학사.

13) Kim, Hisata, Ichirai Kai & Lee.(2000). Social Support Exchange and Quality of Life among the Korean Elderly, Journal of Cross-Cultural, Gerontology, 15(4), 331-347.

수행할 수 없으며 기존의 성취를 강화하지 못하므로 이 단계는 임파워먼트를 완성하는 핵심적인 단계로 강조되고 있다.[14] 이로써 그동안의 노력과 성공을 확인하고 결과를 통합함으로써 자신의 성장을 확인한다.

14) 정순돌, 김경미, 박선영, 박형원, 최혜지, 이현아(2007). 사회복지와 임파워먼트. 서울: 학지사.

Key Point

- 역량강화모델은 클라이언트를 문제 중심이 아니라 강점 중심으로 봄으로써 클라이언트의 잠재력 및 자원을 인정하고 건강한 삶을 결정할 수 있도록 권한 혹은 힘을 부여하는 것이다.

- 역량강화(empowerment)란 한 마디로 능력을 가지는 것, 능력을 향상시키는 것이다. 개인이나 가족 또는 지역사회가 자신들의 문제를 해결할 수 있는 힘과 자원을 획득하는 과정 또는 그런 역량을 가질 수 있도록 돕는 활동이라고 정리할 수 있다.

- 역량강화모델에 근거한 사회복지사는 개인의 문제를 클라이언트의 결점으로 보지 않고 개인적 역량이 환경적 요구에 부응하지 못하고 불일치된 상태로 보기 때문에 클라이언트 주변의 자원과 이런 자원을 어떻게 활용하고 있는가를 확인하는 것이 필요하다.

- 역량강화모델에서는 클라이언트를 단순히 도움을 받는 또는 문제를 가진 사람으로 인식하지 않고 원조과정에서 사회복지사의 동반자로 인식한다. 클라이언트는 문제를 해결할 수 있는 잠재력과 강점을 가지고 있고, 문제 해결에 필요한 자원을 가지고 있으며, 클라이언트 자체가 하나의 자원이 된다. 그리고 클라이언트는 자기결정권을 가지고 원조과정에서 자발적, 능동적으로 참여할 수 있는 원조과정의 주체이다.

응용문제

1 역량강화모델의 가정에 대한 설명으로 적절하지 않는 것은?

① 역량강화는 자원과 기회에 대한 접근을 증가시키고자 한다.
② 클라이언트들이 자신들의 상황을 가장 잘 안다.
③ 문제에 초점을 맞추어 그 해결의 실마리를 찾는 것으로 목적으로 한다.
④ 역량강화는 클라이언트와 실천가가 동반자로서 함께 임하는 협력 과정이다.
⑤ 기회를 부여받음으로써 인간체계들은 능력을 고양시킨다.

2 역량강화모델의 특징으로 맞는 것은?

보 기

가. 병리보다는 강점을 강조한다.
나. 자기결정을 강조한다.
다. 클라이언트의 성장 가능성을 강조한다.
라. 위기는 성장 가능성이다.

① 가, 나, 다 ② 가, 다 ③ 나, 라
④ 라 ⑤ 가, 나, 다, 라

3 역량강화모델의 관점에 대한 설명으로 옳은 것은?

보기

가. 임파워먼트를 획득한 사람은 자기효능감과 자아존중감이 높아진다.
나. 자신의 삶에 대한 통제력을 갖는 것이다.
다. 역량강화 활동은 필요한 자원을 제공해 주는 활동이 포함된다.
라. 클라이언트는 결점보다는 강점이 있는 존재로 바라본다.

① 가, 나, 다　② 가, 다　③ 나, 라
④ 라　⑤ 가, 나, 다, 라

4 역량강화모델에 대한 설명으로 올바른 것은?

① 시간제한적인 단기개입이다.
② 과거보다는 지금 현재를 중시한다.
③ 클라이언트의 다양성을 존중하고 결점보다는 강점에 초점을 맞춘다.
④ 인지재구조화가 대표적 기법이다.
⑤ 정신역동모델의 영향을 받았다.

5 역량강화모델의 지향점으로 연결된 것은?

보기

가. 대인관계에서의 능력 배양　나. 개인적 힘의 발휘
다. 개인 효율감의 향상　라. 왜곡된 사고의 전환

① 가, 나, 다　② 가, 다　③ 나, 라
④ 라　⑤ 가, 나, 다, 라

정답 1. ③ 2. ① 3. ⑤ 4. ③ 5. ①

CHAPTER

09

동기강화모델

이 장에서는 사회복지실천기술 중 양가감정을 탐색하고 변화에 대한 동기를 강화시키는 인간중심적이며 협력적인 상담 방법(Miller & Rollnick, 2012)인 동기강화상담에 대해 다루고자 한다. 동기강화란 성장과 자기결정을 위한 클라이언트의 능력을 존중하고 자신의 동기 목적을 달성할 수 있다는 신념을 강화하여 최대한 발휘할 수 있도록 하는 것을 말한다(Kim & Cho, 2013). 클라이언트의 문제 상황에 대한 해결을 위해서는 동기는 매우 중요한 요소가 된다. 즉, 동기부족은 변화에 대해 생각하지 않는 단계에 머무르게 하고 치료과정이 제대로 진척되지 못하게 하여 치료효과를 저하시킨다(신성만 외, 2015). 따라서 클라이언트와의 협력적 관계를 강조하는 동기강화상담에 대해 학습하고자 한다. 본 장에서는 동기강화상담, 동기강화면담, 동기면담 등의 용어를 동기강화모델로 설명하고자 한다.

학 | 습 | 목 | 표

1. 동기강화모델의 기본가정 및 원리를 학습할 수 있다.
2. 동기강화모델의 개입과정 및 방법, 주요 기술, 접근방법을 학습할 수 있다.

1 동기강화모델의 기본가정

1) 등장배경

동기강화상담(motivational interviewing, MI)은 1991년 밀러와 홀릭(Miller & Rollnick)가 개발한 상담기법으로 '인본주의적, 내담자 중심적, 심리사회적, 지시적 상담'으로 클라이언트의 양가감정을 탐색하고 해결함으로써 그 사람의 내면에 갖고 있는 변화 동기의 강화를 목적으로 하는 상담방법이다(Miller & Rollnick, 1995). 동기강화상담은 그 자체로 하나의 이론이기보다는 클라이언트 안의 동기를 이끌어내고 이를 강화하기 위해 만들어진 기술과 태도의 복합체이다.

동기강화상담은 로저스(Rogers)의 인간중심철학에 기반하여 적용되며, 3개월 이내의 단기개입으로서 장기간 클라이언트에 대한 개입이 어려운 사회복지실천현장에서 유용하게 사용되었다. 동기강화상담은 클라이언트가 갖고 있는 변화에 대한 양가감정을 탐색하고 해결함으로써 클라이언트가 갖고 있는 양가감정에 대해 변화를 위한 내적 동기를 증진시키는 클라이언트중심이면서 지시적인 치료 방법으로 정의된다.

동기강화상담은 클라이언트중심의 접근 방법으로 클라이언트의 경험에 대해 공감을 표현하고, 클라이언트가 보이는 저항과 함께 구르고, 갈등을 직면하거나 부추기는 것을 피하고, 클라이언트가 원하는 변화행동과 현재 실제 행동 사이에 발생되는 불일치를 만들고, 변화 달성이 가능하다는 자기효능감을 증진시키는 것을 중요하게 생각한다(강호엽·조성희, 2017).

그리고 동기강화상담에 기반을 둔 1~2회기만으로도 10회기의 장기 심리적인 개입 효과를 가져 올 수 있다는 보고가 되었으며, 동기강화상담에 기반을 두고 집중적인 단기 개입을 실시한 뒤 사후 개입으로 전화면담, 부모교육, 사례관리로 연계될 수 있으며 개별 및 집단을 활용한 개입 모두 가능하다. 이에 동기강화상담은 효과성이 보고되고 있는 증거기반의 실천방법이다. 이에 동기강화상담을 활용한 개입 방법, 즉 동기강화모델은 단독으로 활용되기도 하지만 인지행동모델이나 해결중심모델과 같은 다른 모델과 통합적으로 활용되기도 한다. 마지막으로 동기강화상담은 클라이언트를 단순히 좋게 하기 위한 상담접근이 아니다.

2) 동기강화모델의 기본정신

동기강화모델은 클라이언트 자신이 변화될 것인지, 말 것인지, 변화된다면 어느 정도 변화될 것인지, 또는 어떻게 변화될 것인지에 대한 자기결정권을 갖고 있다고 전제를 둔다. 즉, 클라이언트가 스스로 올바른 결정을 할 수 있다는 자율성을 갖는다. 그리고 사회복지사는 클라이언트의 동기를 차근히 강화하는 방향으로 상담과정을 체계적으로 이끌어간다. 사회복지사가 클라이언트에게 적용하기 위해서는 다음을 전제로 해야 한다(Miller & Rollnick, 1995).

(1) 변화동기는 클라이언트로부터 나오는 것이다

클라이언트의 상황이 변화되기 위해서는 변화에 대한 동기를 누가 갖고 있는가가 중요한 영향을 미친다. 이 점에서 동기강화모델은 클라이언트중심의 접근에 강조를 두기 때문에 변화동기는 클라이언트로부터 나온다고 생각한다.

(2) 양가감정을 분명히 인식하고 해결하는 것은 사회복지사가 아닌 클라이언트의 몫이다

클라이언트의 상황이 변화되기 위해서 자신이 모르는 전문가 집단을 만나 이야기를 나누는 것이 쉽지 않다. 그리고 그 과정에서 발생하는 변화에 대한 긍정적인 기대와 불안한 마음의 양가감정을 분명히 이해하고 올바른 방향으로 나아가기 위해서는 사회복지사가 아닌 클라이언트의 노력이 중요하다고 생각한다.

(3) 사회복지사의 설득, 조언, 충고는 양가감정을 해결하는 데 효과적이지 않다

사회복지사와 클라이언트 간의 관계에서 가치관의 차이는 분명히 존재한다. 그런 점에서 사회복지사가 갖고 있는 가치관이 항상 옳고 그름의 기준이 되어서는 안 된다. 따라서 사회복지사의 설득, 조언, 충고는 클라이언트의 양가감정을 해결하는 데 효과적이지 않다고 생각한다.

(4) 동기강화모델의 상담방식은 조용히 이끌어 내는 방식이다

사회복지사가 클라이언트에 대해 동기강화모델을 활용하는 과정에서 변화 동기를 조용히 이끌어 내는 방식을 취한다.

(5) 사회복지사는 클라이언트가 자신의 양가감정을 들여다보고 해결하도록 돕는다

사회복지사와 함께 하고 있는 클라이언트는 단순히 사회복지사에 대한 믿음과 신뢰로 변화에 대해 긍정적인 생각만 갖고 있지 않다. 즉, 변화에 대한 두려움을 가질 수 있다는 점에서 클라이언트가 갖고 있는 양가감정을 회피하지 말고 자신의 감정을 이해하고 들여다볼 수 있도록 도와야 한다.

(6) 변화는 대인 간 상호작용으로부터 발생한다

클라이언트의 변화는 사람과 사람 간의 관계에서 발생되는 상호작용으로부터 발생하며 이를 위해 사회복지사는 클라이언트가 상호작용에 의한 효과를 이해하고 두려움을 갖지 않도록 노력해야 한다.

(7) 사회복지사와 클라이언트의 관계는 파트너십 혹은 동반자의 관계이다

사회복지실천개입 과정에서 사회복지사가 클라이언트에 대해 어떻게 인식하고 개입하는가에 따라 주체가 변할 수 있다. 그리고 동기강화모델에서는 클라이언트중심에 의한 개입을 중시하고 그들의 강점을 활용하는 모델이라는 점에서 사회복지사는 클라이언트를 파트너 혹은 동반자로 인식하고 개입해야 한다.

밀러와 롤릭(Miller & Rollnick, 2013)은 동기강화상담의 정신을 네 가지로 설명하였다. 즉, 협동, 수용, 유발, 동정이다. 여기서 수용의 하위 특성으로는 자율성 지지하기, 절대적 가치로 받아들이기, 인정하기, 정확한 공감하기가 있고, 동정은 클라이언트가 고통당하고 있는 것에 대해 공감하고 고통으로부터 자유로워지기를 소원하는 마음으로 자비, 사랑으로도 설명될 수 있다. 특히 클라이언트를 향한 사회복지사의 태도와 의사소통 방식은 사회복지사가 동기강화상담의 정신을 지니고 있는가 혹은 아닌가에 따라 많은 영향을 받는다(강호엽·조성희, 2017).

(1) 협동

협동은 파트너십(partnership)을 말하며, 사회복지사가 클라이언트의 전문성을 존중하는 관계를 말한다. 여기서 클라이언트가 경험한 모든 것이 클라이언트를 전문가로 만들어 주었다고 생각하게 되고, 이로 인해 사회복지사와 클라이언트는 동일한 힘의 균형을 갖고, 각각 전문가라고 생각한다.

(2) 수용

수용은 클라이언트가 다른 사람들처럼 완벽할 수 없으며 부족한 점과 잘못을 행할 수 있는 존재이자 자율적인 존재임을 그대로 받아들이는 것을 말한다. 즉, 인간은 누구나 잘못을 행할 수 있고 완벽한 존재는 없다고 보는 것이다. 여기서 클라이언트의 선택에 대해 사회복지사는 존중해야 한다. 여기서 수용은 절대적 가치, 자율성, 정확한 공감과 인정이라는 네 가지 측면을 갖는다는 점에서 수용은 개인의 절대적인 가치와 인간으로서의 잠재성을 존중하고 자기 뜻대로 선택할 수 있는 자율성을 인정하고 지지하며, 다른 사람의 세계관을 이해하기 위해 정확하게 공감하려고 노력하며 개인의 강점과 노력을 인정하는 것이다.

(3) 유발

클라이언트가 갖고 있는 내적 자원, 즉 가치관, 가족과 이웃, 친구 등의 지지, 사회적 지원체계, 성격, 보호요인과 동기 등을 이끌어 내는 것을 유발이라고 말한다. 이때 클라이언트는 한 인간으로서 태어날 때부터 좋은 삶(good life)을 살고자 하는 바람을 가지고 있다는 점을 전제로 둔다. 사람은 누구나 긍정적인 성장과 변화를 원한다. 이처럼 내면 동기를 이끌어 내는 것이 유발이라는 동기강화상담의 정신이다. 유발은 클라이언트의 변화에 대한 양가감정을 스스로 해결하여 행동실천을 촉진시킨다.

(4) 동정

동정은 클라이언트가 고통으로부터 자유로워지기를 바라는 마음을 말한다. 고통과 고난 등을 경험하고 있는 클라이언트를 만나면서 사회복지사가 안타까운 마음을 갖는다. 이때 사회복지사가 클라이언트가 지금보다 더 잘 되기를 바라는 마음이자 그들의 복지와 삶의 질이 향상되기를 희망하는 마음을 말한다.

양가감정

양가감정은 변화의 과정에서 일반적으로 나타나는 과정이며, 변화를 위한 과정에서 장애요인이 되기도 하고 상반되는 상황을 모두 원하는 상태이기도 하다. 양가감정에는 변화대화와 유지대화가 있다. 예를 들어, 체중을 줄여야 하는데(변화대화), 시간이 없어요(유지대화)로 두 종류의 말을 섞어 하는 경우가 많다.

3) 동기강화모델의 적용 대상

동기강화모델의 적용 대상은 부정 및 낮은 치료 동기를 갖고 있는 알코올중독자 치료에서부터 사용되었지만 그 후 행동변화가 요구되는 흡연자, 약물중독, 도박, 강박 등의 다양한 유형의 중독자, 폭력가해자 등의 비자발적 클라이언트와 일상생활에서 규칙적인 관리가 필요한 만성 질환자에게 적용되었다(Rollnick & Miller, 2009).

동기강화모델은 일방적인 판단을 통해 클라이언트의 행동을 바꾸도록 직면하는 접근방법이 아닌 클라이언트들이 자발적으로 변화할 수 있는 분위기를 조성하고, 클라이언트의 생각, 느낌, 가치관, 인생목표, 관점 등의 변화 동기를 강화하여 클라이언트가 스스로 자신의 변화를 선택하고 결정할 수 있도록 돕기 때문에 동기가 부족하고 비자발적인 청소년 클라이언트를 위한 상담에 효과적인 상담기법이다(Miller & Rollnick, 2006).

동기강화상담(MI)을 바탕으로 인터넷 중독 청소년에 대해 효과성이 검증된 선행연구(신성만 외, 2015), 알코올중독자에 대한 선행연구(신성만 · 권정옥, 2008), 흡연 청소년에 대한 선행연구(김시현 · 김보현, 2020; 신은선 · 김수진, 2016), 동기강화상담에 대한 문헌고찰연구(남정자 · 유지형, 2014) 등이 진행되었다.

2 동기강화모델의 원리

동기강화모델의 원리에는 공감 표현하기, 불일치감 만들기, 저항과 함께 구르기, 자기효능감 지지하기 등이 있다(Miller & Rollnick, 2002).

1) 공감 표현하기

사회복지사는 클라이언트의 상황을 정확하게 이해해야 한다. 클라이언트의 상황에 대해 공감하고 있음을 클라이언트에게 충분히 전달하여 상호 간의 신뢰 관계가 형성되며, 이를 기반으로 개입이 원활하게 진행될 수 있도록 한다. 그리고 클라이언트의 변화 대화를 지지하기 위해 공감을 활용한다. 사회복지사가 클라이언트에 대한 상황을 공감하기 위해서는 그들의 삶에 대한 지식과 더불어 삶을 이해하기 위한 자발적인 노력과 다양한 인생 경험이 도움이 된다.

2) 불일치감 만들기

클라이언트의 가치와 행동 간 차이를 분명하게 드러내도록 한다. 즉, 기존의 직면 기법이 아닌 스스로가 양가감정을 파악하고 검토하게 하는 접근이다. 다시 말해서 사회복지사는 변화에 대한 동기를 갖도록 하고자 특정 문제가 어떻게 클라이언트의 변화에 장애가 되는지 묻고, 이러한 과정을 통해 의도적으로 클라이언트의 가치와 목표 사이의 불일치감을 형성한다(Miller & Rollnick, 2012). 불일치감 만들기의 기초는 인지부조화 이론에서 비롯되었고(Festinger, 1957) 클라이언트는 불일치감으로부터 오는 불편함을 해소하기 위해 변화를 결정하게 된다(Lundahl & Burke, 2009).

3) 저항과 함께 구르기

저항과 함께 구르기라는 표현은 클라이언트의 저항, 주저함, 망설임 등을 그대로 인정하고 존중하라는 의미이다. 클라이언트의 저항에 직면 및 회피하지 말고 있는 그대로 받아들이고 개입함으로써 클라이언트의 방어 상태를 감소시키게 된다. 그리고 클라이언트가 자신의 변화에 대해 양가감정을 가질 수 있기 때문에 무조건 수용하거나 참여한다는 인식 혹은 참여할 것이다 등의 긍정적인 생각만 가질 수 없다는 점을 인식해야 한다. 또한 사회복지사는 클라이언트의 저항에 대해 무조건 부정적인 생각으로 받아들일 것이 아니라 현재의 상황에 대해 클라이언트가 가질 수 있는 생각, 감정, 느낌 등에 대해서도 민감성을 가져야 그들의 입장에서 생각해 볼 수 있다.

4) 자기효능감 지지하기

자기효능감은 자신이 어떤 일을 성공적으로 수행할 수 있는 능력이 있다고 믿는 기대와 신념을 뜻하는 말이다. 그래서 자기효능감 지지하기란 클라이언트가 자신이 변화의 주체이자 변화할 수 있는 능력을 갖고 있다고 스스로 확신하도록 지지하는 것이다. 클라이언트는 자신의 고민과 문제, 어려움을 해소하기 위해 스스로 노력했으나 다양한 상황에 의해 어려움을 경험하고 전문가 집단을 만나 해결하고자 하는 의지를 보이고 있다면 이에 대해 사회복지사는 그들을 지지하고, 그들의 강점과 변화에 대한 충분한 동기를 갖고 있다고 긍정적으로 바라봐야 할 것이다.

3 동기강화모델의 개입과정 및 방법

동기강화모델을 네 가지 과정으로 나눠 살펴보면 관계 형성하기, 초점 맞추기, 변화동기 유발하기, 계획하기이다(Miller & Rollnick, 2013). 이 과정을 통해 클라이언트가 스스로 해야 할 것을 찾고 목표로 설정하여 실천하기로 결단하고 구체적인 계획을 세우는 데까지 클라이언트의 변화 동기를 지속적으로 이끌어내는 데 매우 효과적으로 작용한다(강호엽·조성희, 2017).

1) 관계 형성하기(engaging)

사회복지실천현장에서 사회복지사에게 요구되는 실천기술 중 '관계 형성'기술은 매우 중요하다. 실제로 사회복지학 전공 학생들이 자원봉사활동을 통해 자신에게 맞는 사회복지실천영역을 선택하는 과정에서도 클라이언트와의 관계 형성이 영향을 미치기 때문이다. 그리고 클라이언트가 사회복지서비스의 이용에 의한 서비스 만족도와 성과에도 영향을 미친다는 점에서 '관계 형성', 즉 라포 형성(rapport building)은 중요한 과정이다. 사회복지사와 클라이언트 간의 관계가 잘 형성되기 위해서는 서로간의 협조와 관심이 전제되어야 한다. 예를 들어 사회복지사는 클라이언트에 대해 얼마나 이해하고 있는가? 그리고 그들의 고민과 어려움, 욕구와 요구에 대해 얼마나 관심을 갖고 있는가? 또한, 클라이언트는 자신의 요구와 욕구에 관심을 갖고 있는 사회복지사의 전문성에 대해 얼마나 신뢰하고 있는가? 등의 정도에 따라 관계 형성의 깊이가 달라질 수 있다. 더욱이 관계 형성의 과정에서 사회복지사가 협동, 수용, 동정, 유발 등의 동기강화모델의 정신을 클라이언트에게 잘 전달되어야 가능한 과정이다.

관계 형성하기를 위해 사회복지사는 자신의 삶 속에서 해결해야 하는 개인 심리정서적 과제들이 탐색되고 해결되어 클라이언트와의 만남에서 평형 상태를 효과적으로 유지할 수 있어야 한다.

2) 초점 맞추기(focusing)

초점 맞추기는 변화를 위한 대화를 해 나갈 특정한 방향을 정하는 개입 방법으로 어떤 주제에 대해 대화를 하고 싶은가를 합의하는 과정이다. 사회복지사는 클라이언트의 수집된 정보를 근거로 실천목적과 목표를 클라이언트와 함께 설정하고 동의한 실천방법에 의해 개입이 진행된다. 그리고 그 과정에서 제대로 운영되고 있는지 점검을 실시한다. 이때 클라이언트가 적극적인 참여에도 불구하고 초점 맞추기를 진행하기 전까지 실천목적과 목표에 맞지 않게 잘못된 방향으로 흘러가거나 제자리에 멈춘 것처럼 느낌을 갖기도 한다. 따라서 사회복지사는 클라이언트가 어떠한 목적과 목표를 달성하기 위해 사회복지서비스를 이용하고 있는지 대화를 통해 확인해야 한다. 이를 초점 맞추기 과정이라 말하고 클라이언트가 나아갈 방향에 대해 잡아주기 때문에 클라이언트뿐만 아니라 사회복지사에게도 도움을 준다. 그리고 초점 맞추기를 위한 대화 접근 방법으로 사회복지사가 상담의 초점과 의제를 정하거나 정보를 제공하고 가르치거나 조언하는 대화 스타일 방식인 지시하기(directing), 클라이언트에게 우선권과 주도권을 넘겨 사회복지사는 클라이언트가 제기하는 초점과 주제에 대해서만 탐색하는 대화방식 혹은 상대방이 말하고자 하는 것에 관심을 기울이고 그것을 이해하려고 하며 상대방을 존중하여 자신이 원하는 주장을 강요하지 않는 대화 스타일인 따라가기(following), 지시하기와 따라가기의 중간에 위치한 대화 스타일로 사회복지사와 클라이언트가 서로 합의하는 형태인 안내하기(guiding)로 세 가지가 있다. 또한 초점 맞추기 과정에서 중요한 것은 사회복지사는 평형, 즉 중립적 태도로 실천과정에 참여해야 하고, 타협이 아닌 대화임을 인식해야 한다. 따라서 사회복지사의 가치관을 클라이언트에게 강요하거나 부여하면 안 된다. 예를 들어, "제가 생각했을 때 선생님의 가치관은 잘못되었습니다. 제 생각에는 이런 것이 아닐까 싶습니다." 등이 있다.

3) 변화동기 유발하기(evoking)

사회복지사가 클라이언트와의 관계 형성을 지속적으로 유지하기 위해 변화 동기 유발하기 과정은 필수이다. 그리고 클라이언트와의 대화에서 합의된 변화행동 목표가 명확하게 진술되는 초점 맞추기가 선행되어야 한다. 이 과정에서 변화에 대한 필요성과 중요성을 클라이언트가 인식하고 있음을 의미한다. 더욱이 클라이언트 스스로가 변화행동을 어떻게, 어디서, 무엇을, 누구와 할 것인지를 자발적으로 진술하도록 대화가 진행되어야 하고 많은 대화가 유발될 수 있도록 개방형 질문하기, 인정하기, 반영하기, 칭찬과 격려하기 등의 동기강화모델의 기법을 잘 활용해야 할 때이다. 예를 들어, "선생님, 당신이 생각하는 행복한 삶은 무엇이라 생각하십니까?", "선생님, 당신이 직접 하는 모습을 보니 제가 너무나 놀랍습니다. 당신은 혼자 할 수 있습니다." 등이 있다.

4) 계획하기(planning)

클라이언트가 자신의 요구와 욕구를 충족시키기 위해 변화에 대한 준비 수준이 높아지고, 중요성과 자신감 수준이 높아져 많은 대화를 나눴다면, 다음 단계로 구체적인 행동실천을 시작하는 과정에 들어간 것이다. 이 과정이 계획하기이다. 그리고 클라이언트의 행동실천이 가능해졌다는 표시로는 사회복지사와 함께 하는 클라이언트의 긍정적인 행동모습, 미래에 대한 이야기가 많거나 변화에 대한 질문을 많이 하는 모습, 자신이 어떻게 참여하면 좋을지 등의 질문 등에서 알 수 있다. 이때 계획하기는 사회복지사가 클라이언트와 충분한 관계 형성과 변화행동 목표가 분명하게 공유되고 클라이언트가 변화되고자 하는 의지가 높으며 변화를 위한 준비가 되었을 때 수행하는 것이 필수적이며 사회복지사와 클라이언트가 가진 다양한 자원에 대해 이해도가 높으면 도움이 된다. 더욱이 사회복지사는 클라이언트에게 칭찬과 격려하기, 인정하기 등을 충분히 제공하여 회기를 마친 후에 계획을 실천할 수 있도록 도와야 한다. 예를 들어, "선생님, 변화하고자 하는 목표가 분명하고 변화를 위한 역량을 갖추고 있으니 한번 당신이 계획을 세워보면 어떨까요?" 등이 있다. 클라이언트가 스스로 변화를 위한 계획서를 작성해 보거나 계획에 방해가 되는 것은 무엇인지, 방해물에 대한 대응 전략은 무엇인지 생각할 수 있도록 한다.

동기강화모델의 상담 단계	
1단계: 관계 형성하기	사회복지사와 클라이언트 간 서로에게 도움이 되는 협력적 관계로 연결되는 과정
2단계: 초점 맞추기	변화에 대한 과정 속에서 특정한 방향을 설정하고 그것을 유지해 나가는 과정
3단계: 유발하기	변화에 대한 클라이언트의 동기를 이끌어 내는 과정
4단계: 계획하기	변화에 대한 동기를 발전시키고 구체적인 행동 계획을 마련하는 과정

4 동기강화모델의 주요 기술

사회복지사가 클라이언트에게 동기강화모델을 활용할 때 협동, 수용, 유발, 동정 등의 기본 정신은 꼭 가져야 할 필수적인 자세이자 태도이다. 그리고 사회복지사가 클라이언트의 강점을 보고 지지와 협조하는 과정에서 클라이언트가 안전한 공간에서 자신의 양가감정을 탐색할 수 있도록 이끌게 만들어주는 것이 동기강화모델의 주요 기술이다. 동기강화모델의 주요 기술로 개방형 질문하기, 인정하기, 반영하기, 요약하기가 있다(강호엽·조성희, 2017).

1) 개방형 질문하기

개방형 질문하기(open-ended questions)는 클라이언트의 어려움에 대해 사회복지사의 시각이 아니라 클라이언트의 시각에서 정보를 수집하는 데 유용한 질문 형태이다. 예를 들어, "오늘 무슨 일이 있었나요?", "요즘 당신을 힘들게 하는 것이 있나요?" 등과 같이 개방형 질문하기는 클라이언트의 반응과 대답을 제한하지 않고 다양하고 광범위한 답변을 이끌어 낼 수 있다.

2) 인정하기

인정하기(affirmations)는 클라이언트가 갖고 있는 강점, 과거행동이나 태도 중에서 긍정적인 측면, 좋아진 점, 개선된 점에 대해 인정함으로써 지지하는 방법이다. 예를 들어, "힘든 상황임에도 문제를 해결하기 위해 최선을 다하셨네요.", "여러 가지 힘든 점이 많았는데 포기하지 않고 잘 버티셨네요." 등과 같이 오랜 어려움과 힘든 상황임에도 문제를 해결하기 위해 자신이 갖고 있는 역량을 갖고 최선을 다했다는 점을 인정하여 클라이언트의 자존감을 높일 수 있고, 치료적 관계 형성에도 도움이 된다.

3) 반영하기

반영하기(reflections)는 사회복지사가 클라이언트의 말을 바꾸어 말하거나 생각이나 감정 상태에 대해 말함으로써 상담자가 경청하고 있으며 공감과 이해하고 있음을 전달하는 방법이다. 반영하기는 동기강화모델의 가장 핵심적인 기술이자 훈련하기 어려운 기술이기도 하다. 예를 들어, 반영하기에는 내용을 반영하는 방법, 감정을 반영하는 방법 등이 있다.

4) 요약하기

요약하기(summaries)는 상담회기 동안 사회복지사와 클라이언트의 대화

내용을 간헐적으로 또는 맨 마지막에 요약하여 전달하는 방법이다. 즉, 상담의 주요 내용을 정리하고, 클라이언트가 자신의 문제에 대해 객관적으로 인식할 수 있도록 돕기도 하고 사회복지사가 클라이언트의 상황을 잘 이해하고 있음을 전달하는 기능도 한다. 예를 들어, "오늘 저와 나눈 상담 내용 중에는 어렸을 때 부모님과의 관계에서 힘들었던 상황에 대해 이야기했고, 그 경험이 지금의 가정생활에도 비슷한 상황이 있다고 말씀하셨습니다. 제가 말한 것이 클라이언트가 말한 내용과 맞나요?"처럼 사회복지사가 클라이언트와의 상담 내용을 정리하여 상담내용을 확인한다.

동기강화모델의 주요 기법(OARS)	
1) O: 개방형 질문하기 (Open-ended questions) 클라이언트의 생각을 자유롭게 말할 수 있도록 이끌어낸다.	2) A: 인정하기(Affirmations) 자신이 변화되기를 희망하는 방향, 즉 목표 행동을 향한 변화동기를 증진시킨다.
3) R: 반영하기(Reflections) 클라이언트의 말을 사회복지사가 이해한 대로 말한다.	4) S: 요약하기(Summaries) 클라이언트의 말이나 생각을 선별하여 목차를 쓰는 것처럼 열거하여 정리한다.

출처: 강호엽·조성희(2017). 자살예방실천현장에서의 동기면담. 서울: 학지사. p.34.

사회복지사는 클라이언트의 동의하에 정보나 조언을 제공할 수 있으며, 단순 정보제공이 아닌 클라이언트의 가치관을 이해하며 제공한 정보를 갖고 클라이언트가 스스로 결론을 내릴 수 있도록 돕는 기술도 중요하다(신성만 외, 2015).

5 동기수준에 따른 접근 단계: 변화단계모델

사회복지사는 클라이언트와의 대화 기회를 갖고 변화동기를 증진하는데 최대한의 노력을 기울여야 한다. 즉, 클라이언트가 변화 과정에서 어떠한 상황에 놓여 있는지 이해하고, 동기수준에 적절한 개입이 시작되고 삶의 동기를 증진시켜 안전계획을 수립하기 위해 노력해야 한다. 이 장에서 소개되는 변화단계모델은 동기강화상담을 암시적으로 언급하면서 동기강화상담과 혼동된다. 이는 서로 상호 보완적이지만 두 모델은 독립된 심리학파들이 발전시켰다. 즉, 변화단계 모델 안에 동기강화상담이 자리잡은 방식을 이해할 수 있도록 소개하였다(강호엽·조성희·신성만 외, 2017).

1) 인식전단계(전숙고단계)

인식전단계에 있는 클라이언트는 자신의 행동이 보이는 문제점을 인식하지 못하고 변화에 대한 의지가 없어서 사회복지사가 클라이언트의 변화에 대한 대화를 진행하는 것에 거부하고 화를 내거나 언성을 높이는 경우도 있다.

2) 인식단계

인식단계에서는 클라이언트가 자신이 갖고 있는 현재의 어려움, 문제행동, 행동에 문제가 있음을 인식하게 되면서 자신이 변화되어야 한다는 이유를 인식하기 시작한다. 그리고 변화에 대한 의지와 더불어 변화에 대한 두려움이 발생하는 양가감정을 갖게 된다. 그러나 인식단계는 언제든지 양가감정의 한쪽 편이 활성화될 수 있는 상태이다. 따라서 사회복지사는 클라이언트의 변화의 측면을 말할 수 있게끔 파트너가 되어야 한다. 이는 충분히 변화를 위한 방법과 변화의 장·단점에 대해 충분히 논의하여 변화결정을 촉진시킬 필요가 있다.

3) 준비단계(결심단계)

준비단계는 클라이언트의 변화 행동에 대해 결단을 내린 상태로 변화를 위해 필요한 준비를 하고 실행에 옮기고자 하는 단계이다. 사회복지사는 클라이언트로 하여금 정보를 수집하고 변화 방법을 검토하여 각 방법의 긍정적 및 부정적 결과를 생각할 수 있도록 돕는다. 이는 변화를 위한 계획을 수립하기 시작하는 단계로 매우 중요하다. 이때 준비단계는 동기강화모델에서 계획하기에 해당되어 충분한 정보와 클라이언트의 욕구에 기초하여 계획을 수립해야 한다.

4) 행동실천단계(실행단계)

행동실천단계는 클라이언트가 준비단계에서 작성한 변화를 위한 계획을 행동으로 실천하는 단계이다. 이때 클라이언트가 수립한 계획에 문제가 발견되면 계획을 수정해 가면서 재실행하는 과정을 6개월 이상 지속한다. 이 과정에서 클라이언트는 자신에 대한 효능감이 향상되고 자신감을 갖게 된다. 그리고 그 과정에서 계획에 대한 실패를 경험한다는 점에서 사회복지사는 클라이언트의 실패가 변화의 연속적인 과정에 포함된다는 것을 인식시켜 주는 것이 필요하다. 또한 클라이언트가 계획에 따라 잘 실천하면 지지하기를 꼭 제공하는 것도 사회복지사의 역할이다.

5) 유지단계

유지단계는 클라이언트의 긍정적인 변화에 대해 문제가 재발하지 않도록 행동실행을 유지하고 스트레스를 관리하는 삶을 살아가도록 돕는 것이 필요한 단계이다. 이때 변화를 6개월 이상 실행하면서 새로운 삶의 방식, 변화를 경험하는 단계가 된다.

6) 재발단계

재발단계는 재발을 부정적으로 인식하기보다 고위험 상황 및 그에 대한 해결을 위해 개발되어야 하는 전략을 보다 더 인식하는 기회로 보았다. 즉 변화가 일직선이 아니라 나선형 과정이라는 견해는 재발이 변화과정의 정상적인 부분임을 의미한다. 이때 사회복지사는 클라이언트의 변화 과정에 대해 촉진해야 한다.

표 9-1 동기수준에 따른 접근방법

1) 인식 전단계 → 2) 인식단계 → 3) 준비단계 → 4) 행동실천단계 → 5) 유지단계 → 6) 재발단계

단계	내용
인식전단계	자신의 문제점을 인식하지 못하고 변화에 대한 의지가 없다.
인식단계	자신의 행동에 문제가 있다는 점과 변화되어야 한다는 이유를 인식한다.
준비단계	자신의 변화를 위해 필요한 준비를 하고 실행에 옮기고자 한다.
행동실천단계	준비단계에서 작성한 변화를 위한 계획을 행동으로 실천한다.
유지단계	행동실행을 유지하고 스트레스를 관리하는 삶을 살아가도록 돕는다.
재발단계	고위험 상황 및 그에 대한 해결을 위해 개발되어야 하는 전략을 보다 더 인식하는 기회로 본다.

6 동기강화모델의 장점과 한계점

1) 장점

동기강화모델은 클라이언트의 양가감정을 탐색하여 변화에 대한 동기를 강화시키는 인간중심적이나 협력에 의한 기법으로 사회복지실천영역에서 중요하게 인식되는 윤리, 가치관과 비슷하여 사회복지사에게 익숙하게 활용될 수 있는 모델이다. 그리고 인간의 존엄성을 근본으로 협력과 협동을 강조하면서 클라이언트를 병리적인 관점이 아닌 변화를 위한 의지가 있으며, 능력과 자원을 가진 존재로 인식한다는 점에서 강점을 기본 토대로 한다. 이는 클라이언트가 문제해결의 주체이자 사회복지사의 협력적 관계로 인식되면서 자기결정권이 존중된다는 점에서 상담과 실천개입에 많이 활용된다(신성만 외, 2017).

2) 한계점

클라이언트의 삶의 질을 향상시키기 위해서 변화되어야 할 것이 무엇인지 목적과 목표가 명확해야 한다. 그리고 그 과정에서 변화에 대한 양가감정을 가질 수 있다는 점에서 사회복지사는 클라이언트의 언어적·비언어적 행위에 대한 관찰과 반응에 민감해야 하며, 클라이언트의 특성에 따라 더 많은 동기부여가 요구될 수 있다. 그런 점에서 사회복지사의 소진도 발생할 수 있다. 따라서 사회복지사는 개입·치료과정에서 클라이언트의 양가감정을 정확하게 인식하고 상황에 맞는 동기부여를 위한 기술이 요구되고, 클라이언트에게 동기를 부여할 수 있는 친구, 이웃과 가족 등의 협력을 유도할 수 있는 능력을 갖고 있어야 한다. 또한, 동기강화모델은 제한적인 시간 내에서 요구되는 절차를 달성하는 데 실질적으로 활용과 관리가 가능한지 회의적인 전문가들도 있다(강호엽·조성희, 2017).

Key Point

- 동기강화란 성장과 자기결정을 위한 클라이언트의 능력을 존중하고 자신의 동기 목적을 달성할 수 있다는 신념을 강화하여 최대한 발휘할 수 있도록 하는 것을 말한다.
- 동기강화상담은 '인본주의적, 내담자 중심적, 심리사회적, 지시적 상담'으로 클라이언트의 양가감정을 탐색하고 해결함으로써 그 사람의 내면에 갖고 있는 변화 동기의 강화를 목적으로 하는 상담방법이다.
- 동기강화모델의 원리에는 공감 표현하기, 불일치감 만들기, 저항과 함께 구르기, 자기효능감 지지하기 등이 있다.
- 동기강화모델을 네 가지 과정으로 나눠 살펴보면 관계 형성하기, 초점 맞추기, 변화동기 유발하기, 계획하기이다.
- 사회복지사가 클라이언트에게 동기강화모델을 활용할 때 협동, 수용, 유발, 동정 등의 기본 정신을 꼭 가져야 할 필수적인 자세이자 태도이다.
- 동기강화모델의 주요 기법으로 개방형 질문하기, 인정하기, 반영하기, 요약하기가 있다.

응용문제

1 다음 [보기]는 동기강화모델의 정신 중 옳은 것은?

> **보 기**
>
> 가. 변화동기는 사회복지사로부터 나온다.
> 나. 사회복지사의 설득, 조언, 충고는 양가감정을 해결하는 데 효과적이다.
> 다. 양가감정을 분명히 인식하고 해결하는 것은 클라이언트가 아닌 사회복지사의 몫이다.
> 라. 사회복지사는 클라이언트가 자신의 양가감정을 들여다보고 해결하도록 돕는다.

① 가, 나, 다 ② 가, 다 ③ 나, 라
④ 라 ⑤ 가, 나, 다, 라

2 다음 동기강화모델에 대한 설명 중 옳은 것은?

① 전문가 중심의 상담기법이다.
② 클라이언트가 문제해결의 주최가 되기에는 문제가 있다고 생각하는 기법이다.
③ 밀러와 롤릭(Miller & Rollnick)이 개발한 상담기법이다.
④ 동기강화모델의 기본정신 중 사회복지사의 가치관 주입은 매우 의미가 있다.
⑤ 변화동기는 사회복지사의 의지에 의해 나온다.

3 다음 동기강화모델의 개입과정에 대한 설명 중 옳지 않은 것은?

① 관계 형성하기 ② 초점 맞추기
③ 변화 동기 유발하기 ④ 계획하기
⑤ 사후 개입하기

4 다음 중 동기강화모델의 주요 기법으로 옳지 않은 것은?

① 관찰하기 ② 개방형 질문하기 ③ 인정하기
④ 반영하기 ⑤ 요약하기

5 다음 중 동기강화모델의 원리에 해당되지 않는 것은?

① 자기효능감 지지하기 ② 공감 표현하기
③ 저항과 함께 구르기 ④ 전문가 따라하기
⑤ 불일치감 만들기

정답 1. ④ 2. ③ 3. ⑤ 4. ① 5. ④

CHAPTER

10

증거기반실천모델

증거기반실천은 단순히 사회복지사들이 기존의 조사연구 증거를 좀 더 많이 활용하는 정보처리자로서 기능하는 기술적 차원의 접근이 아니라, 클라이언트와의 협력적 관계와 사회복지사 자신의 전문성을 토대로 하여 검증된 조사연구 결과를 적용하고 평가하는 보다 역동적인 차원의 접근모델이라고 할 수 있다. 증거기반 사회복지실천은 우리나라에서 아직 잘 알려져 있지 않은 실천모델이지만, 사회복지실천의 효과성에 대한 관심이 증대하고 있는 상황에서 적극적으로 그 적용을 검토해 볼 만한 충분한 가치가 있는 것으로 평가되는 사회복지실천모델이라 할 것이다.

학 | 습 | 목 | 표

1. 증거기반실천모델의 실천과정을 학습할 수 있다.
2. 증거기반실천모델의 긍정적 효과와 비판적 견해를 비교할 수 있다.
3. 증거기반실천모델의 향후 개선방안을 논의할 수 있다.

1 증거기반실천의 등장배경

증거기반실천은 의료분야에서 증거기반의학(evidence-based medicine, EBM)이라는 용어로 시작된 이후로 최근에는 공공보건, 사회복지, 간호학, 임상심리, 범죄학 등 다양한 휴먼서비스 분야에서 주목을 받고 있다. 의료분야에서 증거기반실천이 대두된 이유는 전문가들이 조사연구 결과를 시의적절하고 체계적으로 활용하지 못하는 시간적 차이가 빈번하게 발견되고 전문직에 관련된 저서들과 관련 리뷰와 같은 전통적인 지식보급 방법에 많은 오류가 존재한다는 인식의 증가에서 비롯되었다.

미국은 증거기반실천이 전형적으로 클라이언트에 대한 직접 서비스 및 임상적인 이슈에 주로 초점을 두고 있지만, 영국의 경우에는 '증거기반 정책과 실천'의 개념으로 이해된다. 그러나 최근 증거기반실천의 개념과 적용에 대한 논의가 계속 발전하면서 증거기반실천은 '조사연구 결과의 적극적 활용'과 같은 단순한 기술적 진보를 의미하는 것이 아니라, 하나의 '패러다임의 전환'으로서 실천분야에 철학적, 교육적, 기술적 변화를 가져올 것으로 기대되고 있다.

사회복지에서 증거기반실천은 갬브릴(Gambrill)에 의해 개념화 작업이 처음 시작된 이후 다양한 내용과 수준에서 정의되어 왔다. 초기에 증거기반 사회복지실천의 개념은 증거기반의학(EBM)의 정의를 근거로 하여 "개별 클라이언트의 개입에 관련된 의사결정을 하기 위해 최근의 가장 효과성 있는 증거를 세심하고, 명확하며, 현명하게 사용하는 것"으로 소개되었다. 증거기반실천의 이러한 개념은 기존에 사회복지 분야에서 계속 논의되어온 "경험적으로 지지되는, 과학에 기반을 둔 조사연구에 근거한 실천"의 내용을 포괄한다고 볼 수 있다.

최근의 증거기반 사회복지실천의 개념은 '과학적 조사결과의 활용자'로서 사회복지사의 역할과 조사연구 증거를 기본적으로 강조할 뿐만 아니라 사회복지사의 임상적 전문성과 클라이언트의 기대 및 가치, 기관의 환경적 맥락에 대한 이해를 동시에 강조하고 있다.

따라서 증거기반실천을 활용하는 사회복지사들은 실천과정에서 개입

결정에 관한 구체적인 질문을 제기하고 그 질문에 대한 해답을 찾기 위해서 집적된 관련 자료를 활용하여 과학적인 근거가 있는 증거들을 수집하며, 수집한 증거가 적절한가를 면밀하게 검토한 후 개별 클라이언트의 상황과 기관의 맥락에 맞게 적용한다. 이때 증거기반실천에서 사회복지사가 의사결정의 근거로 활용하는 증거는 단지 외부의 조사연구 결과뿐만 아니라 클라이언트와의 상호작용에서 얻게 되는 정보를 당연히 포함해야 한다.

결론적으로 증거기반실천은 단순히 사회복지사들이 기존의 조사연구 증거를 좀 더 많이 활용하는 정보처리자로서 기능하는 기술적 차원의 접근이 아니라, 클라이언트와의 협력적 관계와 사회복지사 자신의 전문성을 토대로 하여 검증된 조사연구 결과를 적용하고 평가하는 보다 역동적인 차원의 접근모델이라고 할 수 있다.

2 증거기반실천모델의 적용 절차

증거기반실천모델을 사회복지실천에 통합하기 위해서 사회복지사는 실천의 의사결정과 관련된 조사를 하고, 자료를 수집하고 이를 비판적으로 검토하고, 그 결과를 기관 및 클라이언트 상황에 적용하는 일련의 과정을 거치게 된다. 증거기반실천모델은 기본적으로 따라야 할 단계를 다음과 같이 제시하고 있다(공계순·서인해, 2006).

증거기반실천의 5단계

1단계: 사회복지실천의 의사결정과 관련되어 궁금한 점을 답변이 가능한 질문으로 전환한다.
2단계: 그 질문에 대한 답이 되는 최선의 증거를 최대한 효율적으로 찾는다.
3단계: 수집된 증거를 타당성, 효과의 정도 적용가능성에 대해서 비판적으로 평가한다.
4단계: 비판적 평가의 결과를 실천에 적용한다.
5단계: 실행의 결과를 평가한다.

1) 1단계: 답변 가능한 질문 만들기

증거기반실천의 첫 단계는 검색할 수 있는 질문을 만들고 예비적인 검색 계획을 세우는 것이다. 개념화된 질문과 검색 계획이 좋게 만들어지면 검색의 효과성을 높이고 수집한 정보의 분석을 통해 높은 질의 서비스를 제공할 가능성을 증가시킨다.

필요한 자료수집을 위해 맞추어진 질문의 종류와 특성은 특정 개입기법이나 프로그램의 효과성, 예방적 효과가 높은 접근법, 타당하고 신뢰할 만한 사정도구 및 평가도구, 비용효율성에 관한 것 등 다양할 수 있다. 질문의 범위도 실천이 이루어지는 환경의 특성, 클라이언트의 특성 등을 상당히 일반적이고 또한 아주 구체적인 것이 될 수도 있다.

2) 2단계: 질문에 대한 답이 되는 증거 찾기

답변 가능한 질문들에 대한 구체적 자료를 어디서 수집할 것인지에 대한 결정을 하여야 한다.

오늘날 인터넷을 통한 각종 정보의 원천 전자DB(database)를 통해 각 부문과 각국의 최신정보에의 접근이 과거에 비해 훨씬 편리해졌지만 시간 효율성을 높이기 위해서는 정보검색에 관련한 직접적인 사이트(site)를 알아야 한다.

현재 국내의 대학 및 국회의 전자도서관, 한국학술정보원 등과 같이 국내외의 학술정보에 관한 전자DB와 각종 검색엔진을 이용할 수도 있다. 증거기반실천을 촉진하기 위한 목적으로 구축해 놓은 다른 학문적인 사이트라도 특별히 사회복지와 관련한 내용이 있다면, 사회복지에서의 증거기반실천에 효과성에 관한 의사결정에 정보적 도움을 주는 내용이라면 사회복지분야의 효과성에 관한 질문들에 답을 얻을 수 있는 자료로 이용하여야 한다.

3) 3단계: 수집된 증거에 대해 평가하기

수집된 정보들 중 유용한 자료와 유용하지 않은 자료를 분류하는 단계로서 자료의 형태, 내용의 성격과 질 등에 대해 평가하고, 분석의 결과를 통합하는 단계이다. 즉, 사회복지사는 증거기반실천 개입을 위해 무엇을 적합한 증거로 받아들이고 무엇을 배제할지에 대해서 결정해야 하는데, 이를 위해서는 수집된 정보의 질을 평가할 수 있는 조직화된 개념적 틀과 평가하는 절차를 갖고 있어야 한다.

4) 4단계: 실천에 적용하기

분석한 내용들을 통합하여 좋은 실천방법으로서 확인된 것을 실제 상황에 적용하는 단계를 말한다. 잘 설계된 조사연구들에서 일관된 결론과 증거가 확실하고 유용한 실천방법을 구축했다하더라도 증거기반실천의 개념이 조사연구를 실천에 통합하되 원조전문가의 전문성, 기관의 상황, 클라이언트의 특성 및 선호도를 동시에 포함하는 것이라는 점을 상기하면 이 방법을 실제 적용하기에 그리 용이하지 않을 것이다.

왜냐하면 우선 증거기반실천모델을 적용하려는 클라이언트의 문제특성, 장·단점, 나이, 성별, 인종, 교육 정도, 소득수준과 클라이언트의 가치와 선호도 등과 같은 특성이 조사연구상의 클라이언트와 실제 개입하고자 하는 실천과정에서의 클라이언트와 유사 정도에 따라 클라이언트에게 유용한지에 대하여 다시 평가하여야 하기 때문이다. 확정된 모델의 개입이 유용하기 위해서는 실천방법에 대해서 클라이언트가 알고 있어야 한다. 또한 기관의 상황이 특정 개입 방법이나 사정절차를 채택하여 개입하는 데 소요되는 금전적 예산과 실행할 인력에 대한 자원을 고려하든지 확보하여야 한다.

5) 5단계: 실행에 대해 평가하기

최적의 증거기반실천모델을 실천에 적용한 후 이 실천한 것에 대해서 평가를 하여야 한다. 최적의 실천방법으로 입증되고 실천에 적용했다 하더라도 1단계에서부터 각각의 단계에서의 오류가 나타날 수 있다. 평가하는 방법은 결국 처음 제기했던 질문에서 출발하여 관련 자료를 찾고 최고의 증거를 확인하여 적용한 실천의 내용에 따라서 효과성 평가가 될 수도 있을 것이며, 사정도구의 정확성에 대한 평가가 될 수도 있다. 즉, 각각의 단계나 일련의 단계에서 끊임없는 피드백이 요구된다.

3 증거기반실천의 긍정적 효과

증거기반실천모델은 조사연구의 결과를 이전보다 좀 더 많이 활용하는 차원이 아니라 중요한 철학적·기술적 변화를 요구하는 패러다임의 전환으로 여기고 있으며, 사회복지분야의 지식과 실천의 발전에 상당한 기여를 하고 있다고 평가한다.

증거기반실천의 대표적인 장점들은 다음과 같다.

① 전통적인 사회복지실천은 확인되지 않은 직관, 일화적인 경험, 다른 사람들의 견해, 대중적인 인기 등과 같은 기준에 의존하는 '권위에 기반한 실천'으로 사회복지실천 개입과정의 비효율성과 결과에의 비효과성이 나타날 수 있는데, 증거기반실천은 이러한 권위에 기반한 실천을 하지 않도록 한다.

② 사회복지사는 기관의 이익이나 관심이 아닌 클라이언트에 미치는 유용성 등 실천의 결과에 관심을 둠에 따라, 클라이언트에게 도움을 준다는 이유로 실제로 해를 입히는 것을 최소화할 수 한다.

③ 실천과정에서 클라이언트의 상황 및 가치에 대해서 고려하고, 의사결정과정에 클라이언트를 참여시키며, 효과적인 서비스의 제공을

강조함으로써 사회복지사의 윤리를 존중하고 또한 윤리적인 실천을 촉진한다.

④ 조사연구의 방법과 한계, 반대되는 결과와 다른 관점, 이용 가능한 정보와 제공된 서비스의 차이, 결과를 달성하기 위해 필요한 정보 등에 대해서 분명하게 기술하여 투명성을 높이며, 이는 달성할 수 없는 목표의 추구, 불충분한 직원의 훈련, 어떤 서비스를 주기 위해 전문자격 증이 필요하다는 가짜 자격주의 등이 드러나게 하여 정직성을 높인다.

⑤ 효과적이며 효율적이고 윤리적인 서비스 제공을 위해 증거, 윤리, 그리고 실제 적용에 관한 관심을 통합할 수 있는 체계적인 접근을 촉진한다.

⑥ 조사연구의 결과에 대한 비판적인 평가를 통하여 실천에 관한 현재의 지식의 내용과 수준을 알 수 있으며, 실천현장에서 이용 가능한 지식을 증진시키고, 정보를 많은 사람들이 효율적으로 공유하여 지식의 자유로운 흐름을 촉진한다.

⑦ 어떻게 필요한 정보를 효율적으로 찾고 비판적으로 평가하는가를 알려주어서 지식사회에서 사회복지사가 평생학습자로서 새로운 정보를 필요에 맞게 활용할 수 있도록 한다.

4 증거기반실천에 관련된 태도 및 영향요인

1) 증거기반실천에 대한 전문가들의 태도

(1) 보건 분야(의학, 간호학)

보건 분야는 의료관리자, 의사, 간호사, 약사, 공공보건실천가들 등 전문가들의 증거기반실천에 대한 신념이나 태도 및 선호 정도는 대부분이 지지적인 태도를 나타냈고, 클라이언트를 위한 서비스 질 향상에 도움이 된다고 보았다.

(2) 복지 분야(사회복지학)

증거기반실천을 지지하였고, 증거기반실천이 클라이언트를 위한 개입의 의사결정에 유용하다고 보았으며, 임상현장에 적용 가능한 연구들이 보다 많이 이루어지기를 원했고, 증거기반실천을 위해서는 직접적인 서비스제공에 필요한 워크북 형태의 자료개발과 교육이 새로운 지식과 기술에 대해 개방적인 태도를 가지는 데 도움이 된다고 지적하였다.

2) 증거기반실천의 채택에 대한 사회복지사들의 태도에 영향을 주는 요인

(1) 개인적 요인

① 학력이 높은 실천가들이 증거기반실천에 대해 긍정적인 태도를 나타냈다.

② 전문자격증을 보유하고 있는 실천가들은 기존에 사용하고 있는 실천방법을 고수하면서 자신의 분야가 아닌 다른 혁신적인 접근들에 대해서 개방성과 유연성이 부족하다. 이는 증거기반실천에 부정적이다.

③ 사회복지사로서의 실천경험이나 근무기간이 짧을수록 증거기반실천에 긍정적이다. 이것은 수련과정 중에 있는 전문가들이 새로운 방법을 학습하는 데 있어 보다 유연하고, 상대적으로 증거기반실천의 선택에 개방적이기 때문이다.

(2) 조직환경적 요인

① 기관의 유형에 따라 사회복지사의 역할과 직무가 달라질 수 있기 때문에 기관유형은 증거기반실천태도에 영향을 미칠 수 있다.

② 조직환경 내에서의 직무특성, 조직규범과 기대, 조직 문화나 분위기, 리더십의 질, 슈퍼비전과 보수교육체계 등이 증거기반실천에 대한 사회복지사들의 태도에 영향을 미친다.

③ 직무특성은 기술다양성, 과업정체성, 자율성, 피드백으로 측정될 수

있으며, 이러한 요소들이 조직구성원들의 직무태도와 만족에 영향을 주는 것으로 나타났다.

④ 사회복지실천현장에서 사회복지사의 담당업무가 다양한 기술을 필요로 하고, 자율적 의사결정이 존중되며, 직무에 대한 피드백과 평가가 시기적절하게 주어지는 환경일 경우에는 증거기반실천과 같은 새로운 접근모델의 채택에 대한 사회복지사들의 태도에 긍정적인 효과를 준다.

⑤ 조직위계 구조의 권위주의 정도는 조직의 변화에 대한 유연성과 개방성과 관련성이 높을 수 있다. 권위주의적 성격이 강한 기관에 근무하는 사회복지사들은 자율성이 존중되는 기관에 소속되어 있는 사회복지사들보다 엄격하거나 유연하지 못한 의사결정을 내리는 것으로 나타났다. 즉, 조직의 권위주의 정도는 증거기반실천과 같은 새로운 접근방법의 채택에 대한 사회복지사들의 개방적인 태도에 영향을 미칠 것으로 고려된다.

⑥ 사회복지사는 조직 내의 슈퍼비전 활용과 보수교육체계를 통해 새로운 개입 방법을 학습할 수 있는 교육과 훈련기회를 갖게 되므로, 슈퍼비진과 보수교육은 사회복지사들의 증거기반실천 태도에 긍정적인 영향을 미치는 요인으로 작용할 수 있다.

⑦ 워크숍이나 세미나 형태의 보수교육은 전문서비스를 제공하는 데 필요한 최신의 정보와 자료들을 제공하고, 새로운 이론들을 학습할 수 있게 되는 장점을 가진다.

5 증거기반실천모델에 대한 비판적 견해

1) 웹(Webb, 2001)

사회복지사를 증거에 따라 행동을 취하는 합리적인 존재로 가정하며 사회복지기관에서 사회복지실천에 관한 의사결정은 복합적인 요소와 과정에 대해 증거기반실천은 이를 무시하고 있어서 실제 현실을 반영하지 못한다.

2) 로젠탈(Rosenthal, 2004)

① 증거기반실천모델의 중요한 특성이라고 볼 수 있는 증거의 개념, 조사연구의 질을 평가하는 기준과 증거의 서열에 대해서 문제가 있다.

② 실제 조사연구의 질은 측정도구에 따라서 다양할 수 있으며, 가장 타당한 측정절차와 측정 도구에 대해 합의가 이루어지지 않은 부분이 많고, 실험-통제집단설계를 최상의 증거로 두는 것은 조사연구의 질을 평가하는 데서 신뢰도와 타당도만을 주요한 평가기준으로 보는 것이며, 적합성이나 실현가능성에 대해서는 고려하고 있지 않다.

3) 위트킨과 해리슨(Wittkin & Harrison, 2001)

① 증거는 증명과 정당화의 기능을 갖고 있는데, 무엇이 증거가 되고 누가 그것을 정하는가는 결국 힘의 관계에서 나오는 것이고, 증거기반실천에서 전형적으로 중요하게 여기는 증거 외에 포함되어야 할 것이 무엇인지, 그리고 증거기반실천을 통해서 누가 이득을 보게 되고 또 손해를 보게 되는지, 또한 증거기반실천의 강조로 인해 사회복지에서 중요한 이슈를 놓치지 않는지에 대해서 질문을 제기하고 있다.

② 사회복지분야에서 어떤 연구를 증거에 포함해야 하고, 어떤 기준을 갖춘 조사연구를 최상의 증거로 보아야 할지에 대해서 의학이나 임상심리학의 기준을 그대로 따르기보다는 사회복지분야 내에서 합의점을 찾는 것이 필요하다.

6 증거기반실천모델 적용의 개선방안

① 사회복지실천에 관한 조사연구가 보다 많이 발표되고, 현장의 사회복지사들이 조사 연구에 참여하는 정도가 높아져야 한다.

② 지식활용에 관한 여러 연구자들은 지식생산자와 지식활용자 간에 가치 및 문화의 차이로 인하여 지식의 활용과 전파에 상당한 장애가 되고 있다. 향후 산·학협동으로 이루어지는 연구가 보다 많이 실시되어야 할 것으로 보인다.

③ 증거기반실천의 적용에 관련된 지식과 기술에 관해 현재의 사회복지사와 장래에 사회복지사가 될 대학생들에 대해 체계적으로 교육하는 방안이다.

④ 증거기반실천의 특성상 다음과 같은 체계적인 교육을 통해 실천모델에 적용하여야 한다(Mullen, 2002).

- 비판적 사고 기술
- 정보를 수집하고 비판하는 평가 기술
- 수집된 정보의 체계적인 검토 정보합성 및 메타분석 절차
- 과학적으로 입증된 사회복지실천을 개발 검증 재수정 및 전파하는 데 필요한 개입조사방법과 관련된 지식
- 조사평가와 관련된 지식
- 증거자료 및 정보들을 실천 지침, 매뉴얼, 도구 형태로서 현장에서 적용할 수 있는 처방적인 지식의 형태로 전환하는 기술

⑤ 사회복지계에서 증거기반실천을 할 수 있도록 하는 지원체계로서, 증거기반실천에 관한 재정적 지원, 현장의 사회복지사들에 대한 교육, 그리고 정보접근의 향상을 위한 사회복지 관련 자료의 DB 구축 업무를 지원하는 전문기관이 마련되는 것이다.

Key Point

- 증거기반실천은 단순히 사회복지사들이 기존의 조사연구 증거를 좀 더 많이 활용하는 정보처리자로서 기능하는 기술적 차원의 접근이 아니라, 클라이언트와의 협력적 관계와 사회복지사 자신의 전문성을 토대로 하여 검증된 조사연구 결과를 적용하고 평가하는 보다 역동적인 차원의 접근모델이라고 할 수 있다.
- 증거기반실천의 단계는 답변 가능한 질문 만들기, 질문에 대한 답이 되는 증거 찾기, 수집된 증거에 대해 평가하기, 실천에 적용하기, 실행에 대해 평가하기 순으로 이루어진다.
- 다양한 사회복지현장에서 활동하는 사회복지사는 현장과 클라이언트의 특성에 대한 이해가 선행되고 이를 전제로 클라이언트의 문제(고민)에 대해 해결하기 위한 전문적인 개입을 위해서는 프로그램에 대한 신뢰가 매우 중요하며, 프로그램의 효과가 입증된 것을 토대로 진행되어야 한다.
- 사회복지실천 개입의 전문성과 효과성을 위해서는 증거기반실천모델은 사회복지사에게 매우 의미 있는 개입모델이다.

응용문제

1 다음 중 증거기반실천의 5단계에 속하지 않는 것은?

① 사회복지실천이 가능한 질문 만들기
② 질문에 대한 답이 되는 증거 찾기
③ 수집된 증거에 대해 평가하기
④ 실천에 적용하기
⑤ 실행에 대해 평가하기

2 증거기반실천의 채택에 대한 사회복지사들의 태도에 영향을 주는 요인 중 개인적 요인에 속하는 것은?

① 기관유형은 증거기반실천 태도에 영향을 미칠 수 있다.
② 직무특성, 조직규범과 기대, 조직 문화나 분위기, 리더십의 질, 슈퍼비전과 보수교육체계 등이 증거기반실천에 대한 사회복지사들의 태도에 영향을 미친다.
③ 조직위계 구조의 권위주의 정도는 조직의 변화에 대한 유연성과 개방성과 관련성이 높을 수 있다.
④ 슈퍼비전과 보수교육은 사회복지사들의 증거기반실천 태도에 긍정적인 영향을 미치는 요인으로 작용할 수 있다.
⑤ 사회복지사로서 실천경험이나 근무기간이 짧을수록 증거기반실천에 긍정적이다.

3 뮬렌(Mullen)이 이야기한 증거기반실천의 특성상 적용·실천하기 위한 지식에 속하지 않는 것은?

① 정보를 수집하고 비판하는 평가 기술
② 수집된 정보의 체계적인 검토와 정보합성 및 메타분석 절차
③ 조사평가와 관련된 지식
④ 수용적 사고기술

⑤ 과학적으로 입증된 사회복지실천을 개발 검증 재수정 및 전파하는 데 필요한 개입 조사방법과 관련된 지식

4 증거기반실천모델 적용의 개선방안이 아닌 것은?

① 사회복지실천에 관한 조사연구가 보다 많이 발표되어야 한다.
② 현장의 사회복지사들이 조사 연구에 참여하는 정도가 높아져야 한다.
③ 산학협동으로 이루어지는 연구가 보다 많이 실시되어야 한다.
④ 증거기반실천의 적용에 관련된 지식과 기술에 관해 체계적으로 교육하여야 한다.
⑤ 증기기반실천을 적용하기에는 현장을 고려할 때 불가능하므로 연구자에게만 요구되는 모델이다.

5 증거기반사회복지실천의 긍정적 효과가 아닌 것은?

① 증거기반실천은 권위에 기반한 실천을 하지 않도록 한다.
② 클라이언트에게 실제로 해를 입히는 것을 최소화하도록 한다.
③ 사회복지사의 윤리를 존중하고 또한 윤리적인 실천을 촉진한다.
④ 서비스를 제공하기 위해 전문자격증이 필요하다는 전문자격주의 등을 통해 전문성을 높인다.
⑤ 정보를 많은 사람들이 효율적으로 공유할 수 있는 지식경제에 관심이 있어서 지식의 자유로운 흐름을 촉진한다.

정답 **1.** ① **2.** ⑤ **3.** ④ **4.** ⑤ **5.** ④

PART
03

체계 수준별
사회복지실천기술

CHAPTER

11

개인대상의 사회복지실천기술

사회복지실천은 개인에 대한 심리사회적 개입과 복합적 서비스 욕구를 지닌 개인을 대상으로 다수의 서비스 제공자가 개입하는 사례관리를 포함한다. 즉, 개인에 대한 실천은 일대일의 상호관계에 기초하여 개인적, 사회적 문제를 해결하고자 하는 목적을 가지며, 클라이언트가 자신의 환경에 적응하도록 원조하거나, 그 개인에게 부정적인 영향을 미치는 사회·경제적 압력들을 변화시키는 것이라 할 수 있다. 이에 개인에 대한 실천은 클라이언트와 사회복지사 간의 관계의 친밀도가 매우 높으며 서비스의 제공이 집중적이므로 관계의 중요성이 무엇보다 우선하게 된다.

이 장은 '개인대상 사회복지실천기술의 이해'로서 사회복지실천의 기초가 될 수 있는 다양한 기술 가운데 면담 및 의사소통 기술을 학습하고 '개인대상 사회복지실천 개입과정'을 살펴보고자 한다.

학 | 습 | 목 | 표

1. 개인을 대상으로 한 개입에서의 면담준비 및 시작기술을 학습할 수 있다.
2. 개인을 대상으로 한 개입에서의 의사소통기술을 학습하고 실제 예를 통하여 연습에 활용할 수 있다.
3. 개인대상 사회복지실천 개입과정을 학습할 수 있다.

1 개인대상 사회복지실천기술의 이해

1) 면담 준비 및 시작기술

사회복지사는 면담 및 의사소통 기술을 통하여 클라이언트의 감정, 사고, 욕구, 결정, 기대 등을 알 수 있게 되며, 동시에 클라이언트에 대한 존중과 관심을 전달하게 된다.

사회복지실천과정에서 첫 면담은 사회복지사와 클라이언트 모두에게 다양한 감정과 반응을 불러일으킨다. 더욱이 어려움에 직면하여 도움을 요청한다는 측면에서 클라이언트는 도움 요청에 대한 양가감정을 갖게 되며, 문제 상황을 어디서부터 설명해야 할지 당황스러워 하며, 혼돈을 경험하게 된다. 즉, 문제해결에 대한 희망을 가지면서도 사회복지기관으로부터 실제적인 도움을 받을 수 있을지, 자신의 문제 상황을 사회복지사가 이해하고 수용할 수 있을지 등 갖가지 의문을 갖게 된다. 첫 면담은 사회복지사와 클라이언트 모두 상대방에게 첫 인상을 심어준다는 측면에서 후속 상담 및 관계 형성, 그리고 문제해결 및 서비스의 효과성에 많은 영향을 줄 수 있다. 또한 성공적인 첫 면담은 조기종결이나 중도탈락을 예방할 수 있는 기회를 제공할 뿐 아니라 비자발적 클라이언트의 참여 동기를 강화할 수 있기 때문에 매우 중요하다.

이에 면담의 준비 및 시작 단계는 사회복지실천과정 가운데 중요한 과정이라고 할 수 있다. 면담을 위한 준비를 철저히 함으로써 면담의 효율성을 높이며 클라이언트의 만족도를 높일 수 있다. 사회복지사는 면담을 위한 사전 준비를 통하여 어떻게 면담을 진행시킬 것인지 해결방안을 모색해 보고 요구되는 정보를 수집하며 필요한 경우 다른 사람의 조언을 구할 수 있다.

(1) 면담의 준비기술

코노이어(Cournoyer, 2000)와 김인숙·김용석 역, 엄명용 등(2008)은 사회복지사가 면담 준비를 위해 활용할 수 있는 여덟 가지 기술을 제시하였다.

① **사전 검토**(preparatory review)

클라이언트의 이전 기록과 기관의 정보를 검토하고 기본 배경(예: 교육 정도)을 검토하는 것이다. 이 단계에서 클라이언트에 대한 편견이나 선입견을 갖는 것에 주의해야 한다.

② **사전 탐색**(preparatory exploring)

접수나 초기 면담을 담당한 사람과 클라이언트의 의뢰자에게 클라이언트 및 그의 상황에 대한 질문을 통해 정보를 수집하는 것이다.

③ **사전 협의**(preparatory consulting)

슈퍼바이저나 동료에게서 조언을 구하는 것을 의미한다. 예를 들어, 우울증을 보이는 주부 클라이언트를 면담할 예정인 사회복지사는 우울증 증상 및 잠재적인 자살 가능성을 파악하기 위한 질문목록을 슈퍼바이저, 동료와 함께 협의해 볼 수 있다.

④ **사전 정리**(preparatory arranging)

첫 면담을 위해 체계적인 물리적 환경을 조성하는 것이다. 물리적 공간은 면담에 중요한 영향을 미친다. 공간의 크기, 온도, 채광, 조명, 실내장식, 안락한 의사 등 실내의 분위기뿐만 아니라 비밀보장을 받을 수 있는 공간의 위치와 방해를 받지 않을 수 있는 독립성, 그리고 교통의 편의를 고려한 접근성 등이 영향을 미친다. 상담은 마음의 문을 열고서 사적인 어려운 이야기를 나누어야 하므로, 클라이언트의 기분이나 감정을 편안하게 할 수 있는 분위기를 만드는 것이 중요하다. 면접이 사무실에서 시행된다면 사회복지사는 클라이언트와 대화가 잘 이루어지도록 의자나 책상의 배열에 신경 쓰고 산만한 물건들이 나열되지 않도록 해야 한다.

⑤ **사전 공감**(preparatory empathy)

클라이언트가 초기면담에 오기 전이지만 클라이언트가 겪을 수 있는 느낌이나 현재의 문제 및 상황에 민감하게 반응할 수 있도록 사전 공감을 실천해 보는 것이다.

⑥ 사전 자기탐색(preparatory self-exploration)

자기인식 및 전문적인 자질 향상과 매우 관련이 깊다. 효과적인 의사소통을 방해할지도 모를 자신의 감정과 태도를 잘 인식하고 있어야 한다. 예를 들어, 사회복지사가 과거에 부모님으로부터 학대를 받았던 경험이 현재 내가 만나는 클라이언트에게 어떤 영향을 줄 것인지, 혹은 자신의 미해결된 문제가 클라이언트에게 영향을 미쳐 의사소통에 방해를 주지 않는지 탐색할 수 있어야 한다.

⑦ 집중적인 자기 관리

사회복지사의 개인 사정이 전문가로서의 의무와 서비스 전달에 방해가 되지 않도록 하기 위한 것이다. 예를 들어, 집안의 갈등으로 인하여 업무에 집중하기 어렵고 면담 중에도 집안 문제가 자꾸 떠오르면 사회복지사는 적절한 조치를 취하여야 한다.

⑧ 사전 계획 기록(perliminary planning)

사회복지사가 면담 전에 면담의 목적과 목표를 검토하고, 면담에서 논의할 주요 과제를 임시적으로 설정하는 것을 의미한다. 예를 들어, 클라이언트의 면담이 생계수단을 위한 것인지, 심리적 고통을 감소시키기 위한 것인지, 가정폭력의 피해자로서 재발방지책을 모색하기 위해서인지, 아니면 이혼을 위한 법률적 조언을 구하러 온 것인지 등에 따라 면담의 방향은 다르게 된다. 따라서 클라이언트가 '지금–여기서' 얻기를 원하는 것이 무엇인지를 정확하게 파악하고, 그에 대한 해결방안을 강구해 봄으로써 면담의 목적을 명료화할 수 있다.

(2) 면담의 시작기술

도움을 요청하는 클라이언트의 입장은 서로 잘 알지 못하고 처음 만나는 사람에게 자신의 사적인 어려움이나 문제를 이야기하고 도움을 구한다는 것은 쉬운 일이 아니다. 사회복지사 또한 독특한 개성을 가진 클라이언트가 처한 상황을 도와주기 위한 전문적 관계를 맺어 나간다는 것은 여러 가지 어려움에 직면할 수 있다. 이러한 과정을 좀 더 용이하도록 도와주기 위해서는 사회복지사의 전문적인 관계 형성 기술과 분위기 조성 기술 등이 요구된다.

관계의 기본 원리

사회복지실천은 사회복지사와 클라이언트의 원조관계가 기반이 된다. 즉, 사회복지사와 클라이언트의 협력적 작업관계를 형성하기 위해서는 무엇보다 클라이언트와의 긍정적 관계를 유지하는 것이라 할 수 있다. 다음은 전문적 원조관계의 기본원리이다.

- **개별화**(individualization)

개별화란 사회복지사가 클라이언트를 만날 때, 클라이언트는 자신만의 고유한 역사와 능력, 성격을 가진 인간이며, 세상에 단 한 사람밖에 없다는 것을 인식하는 것이다. 사회복지사는 클라이언트가 아무리 다양한 문제 전반에 노출되었다고 하더라도 그런 문제를 갖게 된 데에는 고유한 이유가 있다는 것에 주목해야 하며, 이를 위해서는 클라이언트에 대한 정보인식이 가장 필요하다. 사회복지사에게 필요한 정보는 클라이언트의 외형적 정보도 물론 중요하지만, 무엇보다 필요한 정보는 클라이언트를 오늘까지 이끌어 온 개별적인 역사와 환경이므로 그 상황에 따른 개별적인 의미를 이해해야 한다는 것이다.

- **의도적 감정표현**(purposive expression of feeling)

의도적 감정표현이란 사회복지사가 클라이언트로 하여금 자신의 의견과 감정을 자연스럽게 표현할 수 있도록 관계를 형성하는 것을 말하며, 클라이언트가 말하는 동안 정서적인 지지를 의도적인 감정으로 표현함으로써 클라이언트가 감정을 표시할 수 있도록 기회를 마련해 주는 것이다. 클라이언트는 어떠한 분위기가 조성되는가, 자신을 상담하고 있는 사람이 어떠한 태도와 감정을 가지고 있는가에 따라 솔직한 감정을 표현할 수도 있고 그렇지 않을 수도 있다. 따라서 사회복지사는 의도적으로 적극적인 태도와 감정을 표현함으로써 클라이언트가 솔직한 자신의 감정을 표현할 수 있도록 해야 한다.

- **통제된 정서적 관여**(controlled emotional response)

사회복지사와 클라이언트와의 관계 속에서 가장 중요한 것은 사회복지사와 클라이언트의 '공감'이다. 사회복지사는 클라이언트의 감정에 호응하기 위해 정서적인 관여를 하게 된다. 그러나 이러한 정서적 관여는 상담자에 의해 그 정도와 방향이 통제될 수 있어야 한다. 즉, 통제된 정서적 관여가 필요하다. 사회복지사가 통제할 수 없는 정서적 관여는 상담자나 내담자 모두에게 상담의 합리성과 객관성을 확보하기보다는 서로의 입장만을 나열하여 자신의 처지와 상황을 더욱 비참하게 할 뿐이다.

• **수용(acceptance)**

수용이란 클라이언트의 강점과 약점, 바람직한 성격과 그렇지 못한 성격, 긍정적인 감정과 부정적인 감정 등 있는 그대로를 이해하는 관계의 원칙이다. 이것은 클라이언트의 존엄성과 인격에 대한 가치를 존중한다는 말이며, 이때 존중하고 받아들여야 하는 것은 선한 것(the good)이 아니라 있는 그대로의 참된 것(the real)이다.

• **비심판적 태도(nonjudgemental attitude)**

비심판적 태도란 문제의 원인이 클라이언트의 잘못과 어떠한 관련이 있는지를 판단하지 않는 것으로, 클라이언트의 특성과 가치관을 비난하지 않는다는 원칙이다.

• **클라이언트의 자기결정권(self-determination)**

클라이언트는 자신의 인생에 대해 스스로 결정할 수 있는 욕구와 능력이 있다는 원리에 바탕을 둔 것이다. 이는 사회복지사가 클라이언트에게 뭔가를 해주는 것이 아니라 클라이언트와 함께 해결하는 것을 말한다.
클라이언트가 스스로 결정을 내리게 하는 것 역시 시간과 노력이 많이 필요한 과정이다. 이때 사회복지사는 클라이언트가 선택할 수 있는 결정의 여러 가지 가능성과 한계에 대해 고민할 수 있도록 도와주고, 그 결정에 따르는 시간과 노력, 희생에 대해서도 충분히 고려할 수 있도록 조언해 주어야 한다.

• **비밀보장(confidentiality)**

비밀보장이란 사회복지사가 전문적 관계를 통해 알게 된 클라이언트의 비밀스러운 정보를 치료적 목적 이외에 타인에게 알려서는 안 된다는 원리이다.
그러나 비밀보장의 원칙에도 예외는 있다. 자살이나 방화 등 극단적인 상황 속에서 사회와 클라이언트의 보호가 시급하다고 판단될 때에는 비밀보장은 지켜질 수 없음을 클라이언트에게 알리고 해당 문제가 발생하지 않도록 신속하게 조치해야 한다.

면담의 시작단계는 접수, 치료관계 접수, 치료관계의 착수, 면담 시간의 처음 진입 등이라고 볼 수 있다. 이 단계는 ① 자기소개, ② 클라이언트에게 클라이언트 자신 및 동행인에 대한 소개를 요청하기, ③ 첫 면담의 목적 설명, ④ 클라이언트의 역할 설명하기, ⑤ 기관의 정책 및 윤리적 요건에 대해 설명하기, ⑥ 피드백 요청하기 등과 같은 과업을 수행하게 된다(Cournoyer, 2000).

① 첫 면담에서 처음으로 해야 할 것은 자기를 소개하는 것이다. 사회복지사는 자신의 성명, 소속기관 및 부서, 그리고 직위 등에 대해 간략하게 소개한다. 흔하지는 않지만 클라이언트 가운데는 사회복지사의 학력과 출신학교, 자격증 소지 여부에 대해 문의하는 경우도 있다. 사회복지사는 이러한 사항에 대해 솔직하게 답하는 것이 일반적이다. 사회복지 실습생은 학생 신분인 점과 실습기간을 명료하게 설명하여 후에 오해의 소지가 없도록 한다.

② 자신의 소개가 끝나면 클라이언트에게 클라이언트 자신 및 동행인에 대해 소개해 줄 것을 요청한다. 경우에 따라서는 클라이언트와 동행인을 어떻게 부를 것인지 확인하는 것도 필요하다. 예를 들어, "제가 ○○선생님이라고 불러도 될까요?", 혹은 "○○아버님이라고 불러도 될까요?", "나이를 고려해 보니 내가 너를 ○○라고 불러도 될 것 같은데 괜찮겠니?" 등과 같은 확인이 필요하다.

③ 서로 인사를 마치면 사회복지사는 면담의 목적을 설명한다. 목적의 설명은 가급적 직접적이고 분명하면서도 부드럽게 진행되어야 하며, 어려운 전문적 용어는 피하는 것이 좋다. 예를 들어, "오늘 저희 기관에 처음 방문하셨는데 저희 기관에 오시게 된 이유를 알고 싶습니다. 그 후에 저희 기관에서 제공하는 서비스에 대해 설명을 드리도록 하겠습니다." 혹은 "저희 기관에 어떻게 오시게 되었나요?", "어떤 도움이 필요하신지 말씀해 주시면 저희 기관에서 어떤 도움을 줄 수 있는지 함께 모색해 보도록 하지요." 등이다.

④ 클라이언트가 기관을 처음 방문하여 면담을 할 경우에 많은 불안함이나 불확실한 느낌을 갖게 된다. 여기서 불안감을 감소시킬 수 있

는 방법으로 사회복지사는 첫 면담에서 구조화시키는 방법을 고려해 볼 수 있다. 즉, 첫 면담이 어떻게 진행될 것이고, 몇 분간 진행될 것인지, 첫 면담에서 행할 과업이 어떤 것이 있다는 점을 설명해 준 후에 본격적인 면담을 시작하는 것이다.

또한 사회복지사는 클라이언트의 역할과 클라이언트에 대한 기대를 설명한다. 몇 가지 예는 다음과 같다. ㉠ 면담을 위해 시간 약속을 꼭 해 주고 지킬 것, ㉡ 약속을 취소할 경우에는 하루 전에 사전통보해 줄 것, ㉢ (해당되는 경우)합의된 상담료를 납부해 줄 것, ㉣ 클라이언트에게 과제를 내어줄 수 있으므로 이를 성실히 수행해 달라고 요청할 수 있다.

⑤ 사회복지사는 기관의 정책 및 윤리적 요소를 설명할 의무가 있으며 이를 첫 면담에서 실행할 필요가 있다. 그런 다음 기관의 서비스 수혜자격과 요건, 수혜기간, 전달방법, 절차, 후속조치 등에 대해 클라이언트가 이해할 수 있는 수준으로 충분히 설명하고 이를 이해했는지 피드백을 받을 필요가 있다. 윤리적 요소에서는 비빌보장이 가장 중요한 과제이다. 외국에서는 사회복지사의 비밀보장이 지켜질 수 없는 경우를 ㉠ 아동학대가 발생하는 경우, ㉡ 클라이언트가 타인을 해칠 위험이 있는 경우, ㉢ 클라이언트가 자해의 위험이 있는 경우, ㉣ 클라이언트가 사회복지사와 기관을 대상으로 소송을 제기했을 경우로 제한하고 있으며 아동학대, 자살 혹은 타인에 해를 끼칠 경우에는 생명존중과 안전의 원칙에 따라 해당기관이나 당사자에게 알려 줄 의무를 갖고 있다(Hersen & Van Hasselt, 1998; 엄명용 외, 2008 재인용).

⑥ 이상과 같이 첫 면담을 통해 클라이언트의 상황에 대한 이해와 기관에 대한 설명을 마치면 사회복지사는 클라이언트에게 궁금증이나 의문점이 있으며 물어볼 것을 요청하고 이에 답해 준다.

2) 의사소통기술

면담이 효과적으로 진행되기 위해서는 의사소통 기술이 필수적이다.

사회복지실천에서 사용되는 의사소통 기술이나 상담 기술 등에는 여러 가지가 있다. 여기에서는 경청기술, 표현촉진 및 제공기술, 목적유지기술, 질문기술로 분류하여 설명하고자 한다.

(1) 경청기술

경청기술은 ① 클라이언트가 하는 말을 주의 깊게 듣는 것뿐만 아니라, ② 클라이언트의 비언어적 자세를 관찰하고, ③ 클라이언트가 자유로이 표현할 수 있도록 적극 격려하고, ④ 사회복지사와 클라이언트 양자 간의 대화 내용을 기억하는 것을 포함한다. 적극적 경청은 이를 포함하여 사회복지사가 클라이언트의 메시지를 정확하게 받아들여 이해하고 있음을 끊임없이 클라이언트에게 전달해 줌으로써 클라이언트가 자신이 정확히 이해받고 있다는 생각을 갖도록 하는 행위까지를 포함한다. 트레비딕(Trevithick, 2000: 59)은 보다 자세하게 경청기술과 관련된 기본 기술을 다음과 같이 제시하고 있다.

① 가급적이면 최대한 개방적이고 직관적이며 공감하고 자기인식을 하고 있도록 한다.
② 눈맞춤을 유지한다.
③ 개방적이고 주의를 기울이는 몸자세를 취한다.
④ 비언어적 형태의 의사소통에 주의를 기울이고 의미를 파악한다.
⑤ 의사소통의 한 방법으로 침묵을 허용하고 활용할 수 있도록 한다.
⑥ 적절한 신체적 거리를 유지한다(너무 멀지 않게, 너무 가깝지 않게).
⑦ 주요한 단서를 파악하고 이를 확인한다.
⑧ 사회복지사 자신의 산만한 행동과 매너리즘에 빠진 행동을 인식한다.
⑨ 모호하고 혼돈스러운 언급을 회피한다.
⑩ 사람들이 시대에 맞는 적절한 언어를 활용하는 중요성을 인식한다.
⑪ 면담 장소와 일반적인 물리적 환경의 중요성을 인식한다.
⑫ 간섭되거나 산만해질 가능성을 최소화한다.
⑬ 면담의 전반적인 분위기, 특히 의사소통이 되고 있지 않는 분위기에 민감해진다.

⑭ 면담에서 정서적인 내용을 경청하면서 이에 적절한 질문을 한다.
⑮ 가능할 때마다, 그리고 적절할 때 피드백을 제공한다.

주의할 점

- 민감한 문제나 고통스러운 주제를 말할 때는 목소리 톤에 주의를 기울인다.
- 예상하거나 편견 혹은 낙인을 찍는 일을 피하며, 조숙한 판단이나 평가를 내리는 것을 피하도록 한다.
- 도움이 될 만한 이론들을 상기하고 적절한 시점에서 이해를 돕기 위해 이론을 이해 가능한 언어로 설명토록 한다.

⇒ 사회복지사가 돕고자 하는 마음이 앞서기 때문에 클라이언트의 말과 상황을 듣기도 전에 성급한 판단과 조언, 자신의 경험, 감정, 의견 등을 제공하는 실수를 범하기 쉽다. 따라서 사회복지사는 일체의 판단이나 충고의 충동을 억누른 채 클라이언트의 말을 끝까지 인내심을 갖고 들어야 한다는 것이다.

침묵의 활용

면담 과정 가운데 클라이언트가 침묵을 지키면 클라이언트와 사회복지사 모두에게 긴장을 유발하게 되고 어려운 상황을 만들게 된다. 사회복지사나 클라이언트는 면담 과정에서 항상 말을 많이 해야 하고 침묵하는 동안에는 어떤 의사 전달도 없고 의미가 없다고 생각하기 쉽다. 그러나 면담 도중의 침묵은 불안이나 위협이 아니라 오히려 기회라고 할 수 있다. 즉, 침묵은 나름대로 의미를 갖고 있기 마련이므로 상황에 따라 각기 다른 의미를 파악하는 노력이 필요하다.

클라이언트가 보이는 침묵의 의미 예

1. 대답하기 힘든 질문에 대한 적절한 내용의 답을 발견해내지 못하는 경우
2. 대답하기에 너무 감정이 격한 경우
3. 질문 사항이나 면담 상황에 전체적으로 불만을 갖고 있는 경우

4. 자신의 느낌을 표현하려고 최대한 노력을 하는데도 말로 잘 표현하기 어려운 경우
5. 클라이언트 자신이 방금 이야기했던 것에 관해서 생각을 계속하고 있는 경우

⇒ 간단한 침묵의 경우 사회복지사는 인내를 갖고 조심스러운 침묵을 지키는 것이 좋다. 하지만 침묵이 길어질 경우, 그 원인을 파악하여 대응할 필요가 있다. 특히 사회복지사의 질문이나 면담상황에서 불만이 있어 저항적 침묵을 할 경우에는 진솔하게 대응하는 노력이 필요하다. 예를 들어, "제가 질문을 드렸는데, 아무 말씀을 하지 않으셔서 조금 당황스럽네요. 혹시 제 질문이 선생님을 곤란스럽게 했는지 걱정이 되네요." 하고 물을 수 있다.

위의 경우가 아닐 경우 사회복지사의 잘 조율된 경청과 침묵은 결코 수동적인 태도라고 할 수 없으며, 대화가 공백 상태에 이르렀다는 것을 뜻하지도 않는다. 요컨대 내담자가 생각하거나 말하고 싶어 할 때는 상담자가 침묵을 지켜주고 경청의 태도를 가지되, 내담자가 무언가 반응을 기대할 때에는 적절한 말과 반응을 해 주어야 한다(이장호 외, 2011).

(2) 표현 촉진 및 제공기술

① 짧은 언어적 반응(minimal prompts)

짧은 언어적 반응이란 "음", "네~", "그래서요", "와~"와 같은 사회복지사의 반응을 말한다. 이는 사회복지사가 주의 깊게 듣고 있다는 것을 전달해 주며 클라이언트가 계속 이야기할 수 있도록 지지한다.

② 반영(reflection)

반영은 클라이언트의 말과 행동에서 표현된 기본적인 감정·생각 및 태도를 사회복지사가 다른 참신한 말로 부언해 주는 것이다. 이것은 내담자의 자기 이해를 도와줄 뿐 아니라 클라이언트로 하여금 자기가 이해받고 있다는 인식을 갖게 한다. 여기에서 주의할 점은 ㉠ 클라이언트의 말 속에 담긴 주된 생각을 재진술하고, ㉡ 클라이언트의 의미에 덧붙이거나 의미를 바꾸지 않으며, ㉢ 클라이언트의 말을 앵무새처럼 따라 하

지 않는 것이다.

반영의 예는 다음과 같다.

⇒ **클라이언트:** 이번 시험 정말 끝이에요. 다 포기해야 할 것 같아요, 엄마에게 당당하게 이야기하고 싶었는데…….
사회복지사: 이번에는 시험을 잘 봐서 엄마에게 자랑스럽게 내보이고 싶었는데, 점수가 잘 나오지 않아서 무척 실망스럽고 속상하다는 말이구나…….

연습] • **클라이언트:** 남편 보란 듯이 아이를 잘 키우고 싶었는데…… 우리 애가 저렇게 될지 몰랐어요… 선생님 꼭 도와주세요…….
• **상담자:**

③ 명료화 · 명확화(clarification)

명료화는 클라이언트의 말에 내포되어 있는 뜻을 내담자에게 명확하게 말해 주거나 분명하게 말해 달라고 요청하는 것이다. 이 기술은 클라이언트가 표현을 분명하게 할 수 있도록 격려함과 동시에 클라이언트가 말한 내용을 정리하면서 사회복지사가 잘 이해하고 있는가를 확인하기 위한 질문이다. 이 기술의 장점은 사회복지사가 클라이언트의 이야기를 주의 깊게 경청하고 있으며, 한편으로는 이야기에 중요성을 부여하고 있음을 보여 주는 것이다.

명료화의 예는 다음과 같다.

⇒ **사회복지사:** 남편과 사이가 좋지 않다고 하셨는데, 무슨 말인지 잘 이해가 가지 않습니다. 구체적으로 이야기해 주실 수 있겠습니까?
⇒ **사회복지사:** 죄송합니다. 지금 하신 말씀을 제가 잘 듣지 못했습니다. 다시 한 번 말씀해 주시겠습니까?
⇒ **사회복지사:** 지금 하신 말씀은 남편이 돌아가시고 경제적으로 너무 어려워 도움을 받고 싶다는 말씀으로 이해하면 되겠지요?

④ 요약기술(summarizing)

요약기술은 지금까지 클라이언트가 한 말의 내용과 그 속에 담겨 전해진 감정들을 전체적으로 묶어 정리하는 것을 의미한다. 이 기술을 통하여 면담 동안 진전된 사항을 파악할 수 있고, 중요 문제나 요점을 다시 한 번 생각할 수 있는 기회를 가질 수 있다.

요약기술의 예는 다음과 같다.

⇒ **사회복지사**: 지금까지 어머님의 말씀을 들어보니 남편이 갑작스럽게 돌아가시면서 자녀분들과 어떻게든 살아가야겠는데 일을 하자니 마땅한 일자리도 없고, 아이도 어려서 맡길 곳도 없고, 빚도 갚아야 하고, 더 슬픈 것은 이런 문제를 누구와 상의할 사람이 없다는 점이군요. 지금까지 어머님의 하신 말씀을 정리해 보았는데 제가 잘 이해를 했는지요?

클라이언트: 선생님께서 이렇게 정리를 해 주시니 제가 요즘 무엇 때문에 고통스러웠는지 알겠네요…….

⑤ 조언 및 정보 제공

- 조언기술은 실제 임상에서 많이 사용되고 있지만 여러 가지를 고려하여 신중하게 사용되어야 한다. 사회복지사가 제공하는 조언이 정확하지 못하거나 혹은 잘못된 것일 가능성이 있으며, 클라이언트의 자기결정권을 침해하고 클라이언트에게 사회복지사의 가치관을 심어 주게 되어 문제해결 과정에 있어 사회복지사에 대한 의존성을 높일 수 있다. 또한 사회복지사의 조언으로 클라이언트의 행동에 부정적인 결과가 발생했을 때 이에 대한 책임이 사회복지사에게 있을 수 있기 때문이다.
- 정보제공은 사회복지사가 클라이언트에게 의사결정이나 과업수행에 필요한 정보를 제공하는 것을 말한다. 예를 들면, 국민기초생활보장의 수급자격, 장애인 생활시설 이용 자격 등과 같은 구체적이고 정확한 정보를 필요로 할 때 사회복지사는 이를 제공해 줄 수 있다. 이 기술을 사용할 때는 사회복지사가 말하고자 하는 정보를 분명하게 알도록 확인하고 클라이언트의 교육 수준 및 어휘 능력에 맞게 정보

를 제공한다. 또한 제공하는 정보를 클라이언트가 수용할 의지가 있는지 확인하고 이에 따라 세심하게 정보를 제공하여야 한다.

⑥ 직면

직면은 클라이언트가 모르고 있거나 인정하기를 거부하는 생각과 느낌에 대해서 주목 받도록 하는 사회복지사의 언급이다. 예를 들면, 클라이언트가 부정(denial)하고 있는 과거와 현재의 연관성, 행동과 감정 간의 유사점이나 차이점 등을 지적해 주고 그것에 주목하도록 한다. 그러므로 직면은 클라이언트가 자신의 경험의 일부로 지각하기를 두려워하거나 거부하는 어떤 측면에 주의를 돌리도록 요청하는 것이다. 직면은 클라이언트의 변화와 성장을 증진할 수 있지만 클라이언트에게 심리적인 위협과 상처를 줄 수 있으므로 직면을 사용할 경우 시의성, 즉 내담자가 그것을 받아들일 준비가 되어 있는지를 면밀히 고려해야 한다. 또한 사회복지사의 직면 반응은 클라이언트를 배려하는 상호 신뢰의 맥락에서 행해져야 하며 결코 클라이언트에 대한 좌절과 분노를 표현하는 수단으로 사용되어서는 안 된다.

직면기술의 예는 다음과 같다.

⇒ **사회복지사**: ○○○선생님께서 세 번씩이나 저와의 약속을 어기시니 제가 조금 당황스럽습니다. 왜냐하면 지금까지 제 도움이 별로 도움이 되지 않았나 하는 생각이 들었기 때문입니다. 선생님 생각은 어떠신지요?

⇒ **사회복지사**: 선생님께서는 여성들에게도 공평하고 평등한 권리를 가져야 한다고 말씀하셨는데, 실제적으로 부인께서 일을 하신다고 하실 때는 반대가 심한 의견을 내놓고 있습니다. 이에 대해서 어떻게 생각하시나요?

연습] 가정폭력 가해자인 클라이언트와의 면담에서 클라이언트가 다음과 같이 언급할 경우 어떻게 반응할 것인지 연습해 보도록 한다.

⇒ **클라이언트**: 저는 아내를 그렇게까지 때리지는 않았어요……. 물론 화가 났을 때 몸을 몇 번 밀친 적은 있지만 이 정도는 남자들이 화나면 그렇게 하지 않나요? 그리고 선생님도 우리 부인과 같은 사람하고 한 번 살아보세요. 얼마나 답답하고 자기 멋대로만 하려고 하는

지…… 손이 올라가게 만든다니까요. 저는 그래도 제 성격 바꾸어서 잘 살아 보자고 하는 건데 오히려 제가 너무 억울하지요……. (그러면서 옆에서 울고 있는 아내에게 버럭 화를 내면서) 왜 그렇게 울고 있어! 창피하게……. 이렇게 나에게 창피를 주니까 속이 시원해! 내가 왜 여기까지 와서 이런 수모를 당해야 해!!

⇒ **사회복지사:**

⑦ 해석하기

해석은 클라이언트에게 어떤 의미를 전달하고자 하는 사회복지사의 시도라고 할 수 있다. 즉, 해석은 클라이언트가 새로운 방향에서 문제를 바라볼 수 있도록 행동이나 생각, 감정 등에 새로운 의미와 원인을 설명하는 것으로 말 속의 숨은 메시지에 초점을 둔다. 예를 들면, 겉으로는 각각의 사건들이 분리되어 있는 것 같지만 비슷한 동기에서 발생한 연결된 행동이라는 사실을 설명해 주거나 클라이언트의 행동이나 감정 그리고 생각에서 반복적으로 나타나는 주제를 지적해 주고 이해시키기 위해서 새로운 시각을 제공하는 것이다

여기에서 가장 중요한 것은 시기의 문제다. 해석은 클라이언트가 받아들일 준비가 되어 있다고 판단될 때 조심스럽게 하는 것이 중요하다. 즉, 내담자가 스스로 거의 깨달은 후에 해석을 하거나 내담자가 스스로 해석을 내리도록 인도하는 것이 가장 현명하다. 받아들일 준비가 되어 있지 않을 때 해석하면 클라이언트의 심리적인 균형이 깨져 몹시 불안하다. 클라이언트가 자신에 대한 통찰력을 얻어가는 속도와 사회복지사에 대한 신뢰와 관계 형성이 적절할 때 효과적으로 사용될 수 있다.

해석기술의 예

현재 남편과의 친밀감을 갖지 못하여 어려움을 호소하는 클라이언트에게 과거의 부모님과의 관계를 묻고 답하는 과정에서 부모님과의 미해결된 문제가 발견된다면 이를 해석할 수 있다. "지금까지 말씀을 들어 보았는데, 과거의 부모님 특히 아버지와의 관계에서 해결되지 못한 문제가 현재 남편과의 관계에서도 반복되어 나타나는 것 같습니다. 제 생각에 대해 어떻게 생각하시는지요?"

(3) 목적유지기술

① 초점유지기술

사회복지사를 찾아오는 클라이언트들의 대부분의 경우 조리 있게 말을 하거나 자신의 생각을 표현할 수 있는 경우보다는 혼돈되거나 불안하고 생각을 적절히 표현할 수 있는 능력이 부족한 경우가 많다. 이때 사회복지사는 클라이언트의 문제 상황에 맞게 면담을 유도할 필요가 있다.

초점유지기술의 예는 다음과 같다.

⇒ "오늘 우리가 아드님 문제에 대해서 이야기를 나눠 보고자 했는데, 지금까지 시어머니에 대한 이야기를 나눴습니다. 그럼 아드님의 문제에 대해서 이야기를 나눠 볼까요?"

② 촉구기술

촉구기술은 클라이언트가 말을 시작하거나 계속하도록 할 때 활용하는 것으로 추가로 설명할 것을 권하는 방법과 한 가지 진술내용과 다른 진술 내용을 연결시킴으로 계속 말을 할 수 있도록 하는 방법, 그리고 중단된 문장이나 말을 끝맺도록 하는 방법 등이 있다. 이 기술 또한 사회복지사는 적절한 시기를 고려하고 강압적으로 느껴지지 않도록 유의해야 한다.

촉구기술의 예는 다음과 같다.

⇒ "조금 더 말씀해 주실 수 있으신지요?"
⇒ "조금 전에는 엄마와의 관계에서 많이 힘들어 도움을 받고 싶다고 했는데, 지금은 괜찮다고 하니 선생님이 어떻게 이해하면 될까?"
⇒ "지금 말씀을 중간에 그치셨는데, 조금 더 말씀해 주시겠습니까?"

③ 환기기술

환기(ventilation)는 클라이언트의 억압된 감정, 특히 부정적인 감정인 증오, 슬픔, 죄의식, 수치심, 불안 등이 문제해결을 방해하거나 감정 자체가 문제가 되는 경우 이를 표출하도록 함으로써 감정의 강도를 약화시키거나 해소시키는 기술이다. 나아가 클라이언트의 기능에 부정적인 영향을 줄 수 있는 감정을 표현할 수 있도록 돕는 것으로서, 해소되어야 할 감추어진 감정이 표면으로 표출될 수 있도록 하는 방법이며 이러한 감정을 탐색하고 고려해 볼 수 있는 기회를 제공한다.

④ 중재기술

중재기술은 분쟁 당사자들 간의 차이점을 조정하여 합의점에 도달하도록 돕는 기술이다. 합의점을 찾기 위해서 사회복지사는 중립적인 입장을 취하면서 분쟁 당사자들 간의 공통점을 찾아내도록 해야 한다.

⑤ 계약기술

계약기술은 클라이언트와 사회복지사가 각자의 역할, 책임, 기대 및 수행할 업무의 목적을 공식화하고 구조화하는 것이다. 이를 위해 클라이언트와 사회복지사는 성취하고자 하는 목표에 대한 합의점을 모색해야 한다. 계약은 클라이언트의 욕구에 기반을 두기 때문에 말로써 혹은 문서로써 합의되며 때로는 편지의 형식을 띠기도 한다. 합의사항은 가급적 문서로 보관하는 것이 좋다. 이를 작성하는 과정에서 클라이언트의 자유를 최대한 보장하여 문제 설정 및 목표 설정, 해결 방법에 있어 클라이언트의 참여를 촉구할 필요가 있다.

(4) 질문기술

클라이언트의 문제 상황에 대한 정보를 수집하고 동시에 클라이언트로 하여금 문제에 관한 자신의 생각과 느낌을 표현하도록 효과적으로 이끄는 것은 질문하는 기법에 달려 있다. 이에 면담 과정에서 질문은 매우 중요한 기술 가운데 하나다. 일반적으로 질문은 크게 개방형 질문과 폐쇄형 질문으로 나눌 수 있다. 이들 질문은 모두 다양한 상황에 따라 유용하게 사용될 수 있지만 질문에 따라 한계를 갖는다.

① 개방형 질문

개방형 질문은 클라이언트에게 선택의 자유를 주어서 자신의 생각이나 감정을 자신의 방식대로 편하게 표현할 수 있도록 한다. 이에 이 질문은 클라이언트가 하고 싶은 말을 자율적으로 충분하게 하게 함으로써 많은 정보를 수집할 수 있는 장점이 있다.

개방형 질문은 클라이언트가 내면에서 탐색하도록 돕고 격려하는 질문으로 집중하고 몰입하게 함으로써 자신의 감정을 파악하고 생각을 명료화하도록 도우며 구체적인 예를 이끌어낼 수 있다. 그러나 개방형 질문은 자신의 생각이나 감정을 언어로 표현하는 데 익숙하지 않은 클라이언트에게는 오히려 위협이 되거나 불안감을 야기할 수 있다. 따라서 개방형 질문과 폐쇄형 질문을 다양하게 혼합하여 사용하는 것이 도움이 되며, 클라이언트가 성취하고자 하는 것이 무엇인지, 그리고 면담이 이를 성취하는 데 어떤 도움이 될 것인지를 강조하는 것이 좋다.

개방형 질문의 예는 다음과 같다.

⇒ **사회복지사:** 댁의 남편에 대해 말씀해 주시겠습니까?
⇒ **사회복지사:** 오늘 너의 기분이 나쁜 것 같은데 이유를 말해 줄 수 있겠니?

⇒ **사회복지사:** 아드님의 행동 중에서 좋은 점과 변화했으면 하는 점에 대해 말씀해 주시겠습니까?
⇒ **사회복지사:** 부인이 변해야 한다고 하셨는데, 구체적으로 무엇이 어떻게 변했으면 하시는지요?
⇒ **사회복지사:** 다시 음주를 시작하셨는데, 어떤 이유가 있으셨는지요?

② 폐쇄형 질문

폐쇄형 질문은 ‘예’, ‘아니요’로 답할 수 있거나 또는 분명하고도 간단하게 응답할 수 있는 유형의 질문이다. 이 질문 기법은 시간이 제약된 상황에서 사실이나 자세한 정보를 얻고자 할 때, 그리고 위기적인 상황에서 신속하게 정보를 얻고자 할 때 활용하는 것이 유용하다. 폐쇄형 질문은 자신감이 결여되어 있거나 타인을 잘 신뢰하지 못하는 경우, 자신의 생각이나 감정을 표현하기 어려운 경우, 개방형 질문에 답하기 어려워할 수 있는 클라이언트에게는 폐쇄형 질문이 개방형 질문보다 상대적으로 잘 대답할 수 있다.

그러나 클라이언트가 매우 제한된 범위 내에서 답하게 되며, 클라이언트의 문제를 다양하게 탐색해 볼 기회가 줄어든다. 또한 클라이언트는 취조 당하는 듯한 느낌을 받을 수 있고 위협적으로 느낄 수 있으므로 조심해서 사용하여야 한다.

폐쇄형 질문의 예는 다음과 같다.

⇒ **사회복지사**: 이름이 무엇인지요?
⇒ **사회복지사**: 자녀가 몇 명입니까?
⇒ **사회복지사**: 오늘 기분은 좋은 편입니까? 아니십니까?
⇒ **사회복지사**: 학교 가는 것이 좋았습니까? 아니십니까?

연습] 개방형 질문을 10개씩 적어보고 이를 폐쇄형 질문으로 바꾸어 보십시오. 그리고 이때의 어감의 변화에서 어떤 느낌이나 생각이 나는지 토론해 보십시오.

③ 질문에서의 주의점

- 유도 질문: 사회복지사가 일정 방향으로 응답을 유도하기 위해 질문하는 것을 뜻한다.

  예를 들면, 다음과 같다. 마음만 먹으면 술을 끊을 수 있다는 클라이언트에게 "어제 술을 마시지 않기로 했는데, 오늘 약속에 늦은 것을 보니 어제도 술 마신 것이 맞지요? 역시 단주하는 것이 쉽지 않다는 것을 아시겠지요." 이러한 유형의 질문은 클라이언트가 방어적인 입장이나 혹은 사회복지사의 비위를 맞추기 위해 솔직하지 않은 답을 하도록 영향을 줄 수 있다. 또한 이 질문은 모욕적일 수 있으므로 회피하여야 한다.
- 이중 질문(중첩질문): 이중 질문은 너무 많은 질문을 한 번에 물어 보는 것, 혹은 이전 질문에 대한 대답이 끝나지 않았는데 다른 질문으로

넘어가는 것을 의미한다. 예를 들면, “오늘이 마지막 상담인데 어때 상담 결과는 만족하니? 참 친구들이랑 헤어지니 속상하겠다. 엄마는 뭐라고 하시니?”이다.

- '왜'라는 질문을 피한다: 예를 들면, “왜 오시지 않았나요?”, “왜 남편과 잘 지내시지 못하나요?”, “왜 학교에 가지 않는 것인지요?” 등이 해당된다. 이러한 질문은 반감이나 불쾌감을 주고 그 상황에 대하여 비난하는 것으로 들린다. 이런 질문은 “오시지 않은 이유가 있으셨나요?”, “남편과 관계를 어렵게 하는 것은 무엇인가요?”, “학교에 나가지 않게 된 배경이 있나요?” 등으로 물어볼 수 있으며, ‘어떻게’ 또는 ‘무엇’이라는 질문으로 바꾸는 것이 필요하다.

2 개인대상 사회복지실천 개입과정

개인대상 사회복지실천과정은 사회복지사가 클라이언트와 클라이언트를 둘러싼 다양한 환경 내의 체계들을 변화시키기 위해 그의 전문적 가치와 지식에 기초하여 개입하는 과정이다. 일반적으로 실천과정은 접수, 자료수집 및 사정단계, 사정에 근거하여 개입의 목표를 정하고 필요한 서비스를 제공하기 위한 개입단계, 종료단계인 평가 및 종결의 단계로 이루어져 있다.

1) 초기단계: 접수 및 사정을 위한 자료수집

초기단계는 접수를 통해 클라이언트와 기관에서의 계약관계가 형성이 되면 개입에 앞서 사정을 위한 자료를 수집하고 서비스를 제공하기 위한 정보와 클라이언트가 당면한 어려움 및 자원 등을 파악한다.

(1) 접수(intake)

접수란 문제를 가진 사람이 사회복지기관을 찾아왔을 때 사회복지사가 그의 문제와 욕구를 확인하여 그것이 기관의 정책과 서비스에 부합 여부를 판단하는 과정으로, 서비스 제공 여부를 결정하고 앞으로 진행될 전문적 관계의 양상을 결정하는 중요한 만남이다. 이 단계는 무엇보다도 사회복지사와 클라이언트의 첫 만남이 시작되므로 사회복지사의 태도가 중요하다(이 부분은 앞에서 제시한 면담 준비 및 시작기술 참고).

접수단계의 과제는 ① 클라이언트와의 관계 형성 및 문제 확인, ② 클라이언트의 욕구와 기대 확인, ③ 서비스에 대한 정보제공, ④ 서비스 수혜여부 결정, ⑤ 의뢰 여부 확인, ⑥ 클라이언트의 동기화, ⑦ 원조과정에 대한 안내 등이 있다.

(2) 자료수집 및 사정(assessment)

① 자료수집

자료수집은 클라이언트의 문제를 이해·분석·해결하는 데 필요한 자료를 모으는 것을 말한다. 이렇게 수집된 자료를 바탕으로 사정을 하게 되므로 일반적으로 자료수집이 사정에 선행되어 이루어져야 할 것으로 보이지만 실제 자료수집과 사정은 거의 동시에 혹은 반복적으로 이루어진다. 즉, 사회복지사는 자료를 수집하면서 문제를 분석하고 또한 분석과정에서 필요한 정보를 수집할 수 있다.

일반적으로 활용되는 자료수집방법은 다음과 같다(최혜경, 2010).

- 클라이언트가 작성한 기본정보
- 면접을 통해 얻은 정보들, 즉 클라이언트의 문제와 그동안의 사건 경과, 견해, 생각 등
- 비언어적 행동에 대한 직접적 관찰
- 부부, 가족구성원, 집단구성원 간의 상호작용에 대한 직접적 관찰
- 검사 혹은 평가도구
- 클라이언트와 직접적 상호작용에 근거한 사회복지사의 개인적 경험

기본 정보수집은 초기 면접지의 구조화된 양식을 사용한다. 초기 면접지에 해당하는 정보들은 다음과 같다.

- 클라이언트의 기본 정보: 이름, 성별, 나이, 결혼관계, 주소, 전화번호, 직업 등
- 가족관계: 동거 중인 가족을 중심으로 가족구성원의 이름, 나이, 직업, 교육수준, 종교, 관계 등
- 주요문제: 클라이언트가 사회복지사에게 도움을 청하는 문제가 무엇이며 언제부터 어떠한 과정을 거쳐 지속되었는지에 관한 내용
- 기관에 오게 된 동기
- 의뢰이유: 타 기관 혹은 가족에 의뢰된 경우
- 이전의 사회복지서비스 경험: 과거에 어떤 사회복지기관에서 어떤 서비스를 받았는지에 관한 내용

수집되는 자료의 정보 출처 중에는 심리검사, 선별도구, 사정도구 등 다양한 측정도구들이 있다. 구조화된 자료 수집 면접에서 검사 또는 사정도구를 사용할 수 있는데, 예를 들면 지능검사, 불안장애 면접 양식, 우울, 자존감, 스트레스, 결혼만족도 관련검사 도구를 비롯한 다양한 임상적 현상들을 측정하는 도구들이 사용될 수 있다.

여기에서는 일반적으로 임상현장에서 공통적으로 사용하는 사정도구로서 가계도, 생태도, 생활력표에 대해서 알아보도록 한다.

㉮ 가계도

가계도는 사람을 표시하는 기호, 관계를 표현하는 선, 개인 관련 주요 정보를 사용하여 3세대 이상의 가족에 나타나는 결혼, 이혼, 출생, 사망, 입양 등 중요한 생활사건과 성별, 연령, 교육수준, 직업 등 인구사회학적 정보들을 나타낸다.

가계도에서 사용하는 상징들을 보면 **그림 11-1**과 같다.

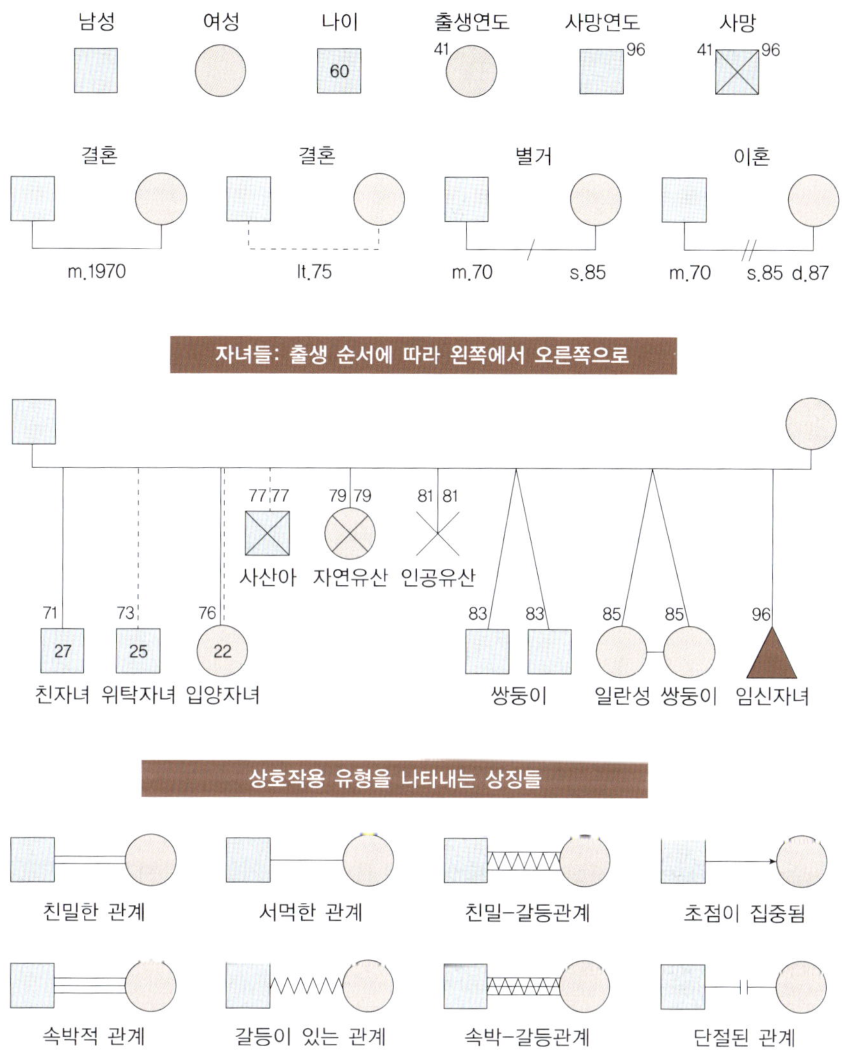

그림 11-1 가계도에서 사용되는 상징들

그림 11-2의 그림에서 알 수 있는 것처럼 가계도는 가족구성원들의 출생과 사망, 중요한 특성 및 생활사건, 관계 등 개인과 그 가족과 관련된 연대기적 정보를 제공해 준다.

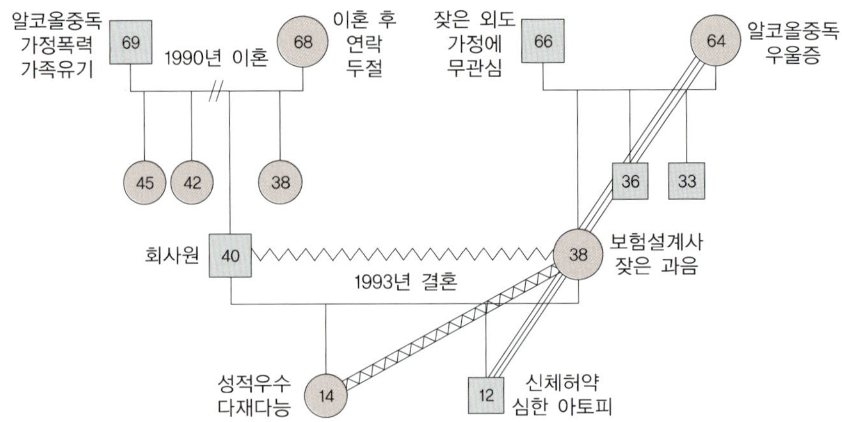

그림 11-2 가계도의 예(최혜경, 2010)

사회복지사는 가계도를 통해 개인과 가족 내에서 반복되어 나타나는 유형과 사건을 발견할 수 있다. 가계도는 가족관계나 기능을 도식화함으로써 클라이언트가 원가족 혹은 생성가족과 어떠한 관계를 형성하고 있는지를 파악할 수 있다. 가계도의 장점은 첫째, 가족의 구성과 구조를 분석할 수 있고, 둘째, 가족의 생애주기를 분석할 수 있으며, 셋째, 세대 간에 유형의 반복이 있는지 분석할 수 있고, 넷째, 가족구성원들의 역할과 기능이 균형을 이루고 있는지 분석할 수 있다.

㉯ 생태도

생태도는 개인을 둘러싸고 있는 사회적 관계를 모두 포함시킴으로써 사회적 관계의 장단점과 자원을 파악하는 데 유용하다. 생태도는 하트만(Ann Hartman, 1978)에 의해 개발된 것으로, 개인 및 가족의 사회적 맥락과 개인 및 가족을 둘러싼 사회체계들과의 상호작용 상태를 하나의 그림으로 나타낼 수 있도록 고안된 도구이다. 생태도의 유용성은 다음과 같다.

- 가족을 둘러싼 자원 또는 에너지의 유입, 유출을 표시할 수 있다.
- 주요 주변 환경체계들, 가족과 그들과의 관계, 주변체계들 간의 관계 등을 표시할 수 있다.
- 가족의 장점을 위축시키는 외부 요소들을 찾아내 표시할 수 있다.

- 가족의 적응과 대처능력을 향상시킬 수 있는 외부 요인들을 확인해 낸다.
- 조정되어야 할 갈등요소, 연결·동원·추구되어야 할 자원들을 확인해 낼 수 있다.
- 생태체계적인 공간 내에서 가족구성원을 향한 에너지의 출입 경향을 확인함으로써 가족구성원의 현 상태에 대한 객관적인 이해와 수용을 유도할 수 있다.

생태도의 기본적인 모형은 **그림 11-3**과 같다.

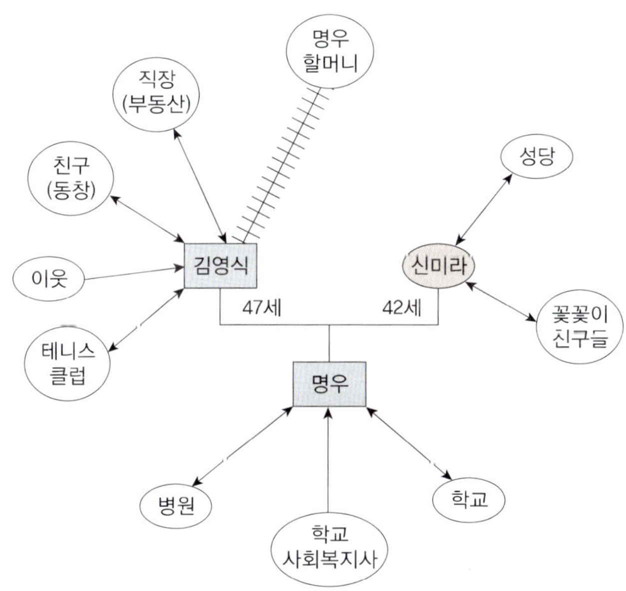

그림 11-3 생태도의 예(엄명용 외, 2008)

그림에서 주변의 원들은 가족을 둘러싸고 있는 여러 가지의 환경체계를 의미한다. 주변 환경체계는 물리적으로 가까운 거리에 있는 환경은 물론 물리적으로 떨어져 있으나 일상생활의 경계 내에 있어 일상생활을 하면서 접촉하고 관심을 갖는 모든 체계들을 포함한다.

㉰ 생활력표

개인의 삶을 시계열적으로 중요한 사건이나 특성들을 나열함으로써 일목요연하게 도표로 표시하기도 한다. 연대기에는 가족상황의 변화와 그 시기에 문제가 되었던 질병, 문제 또는 특정 사건 등을 포함한다. 경우에 따라서는 삶에서 일어났던 중요한 사건과 주기적으로 반복되는 문제 또는 환경적 변화 등을 좀 더 자세히 파악하는 것이 요구되기도 한다. 이것은 클라이언트나 가족이 겪고 있는 문제의 발생시점과 촉발사건 등을 파악할 수 있는 장점이 있으며, 사건 간에 보이는 양상이나 사건 간의 관계를 파악할 수 있다. 다음의 **표 11-1**은 생활력표의 예를 나타내고 있다.

표 11-1 생활력표의 예

연도	나이	소재지	건강	가족	학교	활동	문제	기타
1985	1	광주	정상	父 30 母 25				자연 분만
1986	2	경주로 이사		할머니와 동거			고부갈등	
1987	3	서울로 이사	발육이 늦음	할머니 입원			할머니 간호로 가족의 부담	병원비 문제로 친척과 갈등
1988	4		감기를 자주 앓음	할머니 사망			경제적 이유로 부모님의 잦은 싸움	고모가 주로 양육
1989	5			부모의 이혼	유치원 적응의 어려움	피아노 시작	또래와의 부적응	엄마가 양육

② 사정

㉮ 사정의 기본 특성

사정은 수집된 자료 혹은 정보를 종합하여 해석하고 의미를 부여함으로써 문제를 최종적으로 규정하여 실천의 방향을 결정하는 데 그 목적이 있다. 그리고 클라이언트의 상황을 정확하게 사정하면 정확한 개입 계획을 수립할 수 있고, 결과적으로 사회복지실천의 효율성 및 효과성을 높일 수 있게 된다.

사회복지실천에서 사정은 다음과 같은 특성을 갖는다(엄명용 외, 2008).

- 사정은 계속되는 과정이다.
  클라이언트와 초기 면접 시 사정으로 모든 사정이 끝난 것이 아니라, 사회복지실천의 과정이 종결되는 시점까지 계속적으로 이어지는 과정이다. 따라서 반복적으로 클라이언트를 만나야 할 경우라면, 새로운 면접을 시작하는 첫 단계에서 클라이언트의 상황에 변화가 있었는지를 물어봄으로써 클라이언트의 최근 상황을 이해할 필요가 있다.
- 사정은 이중 초점을 갖고 진행된다.
  클라이언트와 그를 둘러싼 환경 그리고 클라이언트와 환경체계 간의 상호작용을 동시에 이해해야 하므로 이중 초점을 갖는다.
- 사정은 클라이언트와 사회복지사의 상호과정이다.
  사회복지사는 클라이언트를 신뢰하는 관계 속에서 그러한 정보를 그대로 수용할 수도 있는 반면, 보다 정확한 정보를 수집하기 위해 클라이언트의 진술에 대해 반복하여 질문하거나 심층적인 질문을 할 수 있다.
- 사정에는 사고의 전개과정이 있으며, 이론적 지식을 기반으로 한다.
  사정의 방향과 맥락은 대개 이론이 설명하는 바에 의해 설정되므로 사회복지사는 특정 문제현상과 관련된 이론을 숙지할 필요가 있다.
- 수평적, 수직적 탐색 모두가 중요하다.
  사회복지사는 클라이언트의 수평적 정보, 즉 현재의 기능과 능력 및 대인관계 등을 파악하면서 동시에 수직적 탐색, 즉 과거력 및 생활사 등을 모두 판단할 필요가 있다.

- 사정은 개별적이다.

  사회복지사가 대면하는 클라이언트는 그 사람 나름대로의 개별적인 독특한 상황에 처해 있기에 개별화된 사정이 요구된다.

㈏ **사정 시 고려사항들**

- 발달단계와 과업 파악하기

  특정 클라이언트의 문제나 그가 처해 있는 상황을 이해하기 위해서는 클라이언트가 생애 발달단계에서 어떤 위치에 처해 있으며, 이 시기의 발달상의 특성과 과업은 무엇인가를 파악하는 것이 요구된다. 이러한 발달특성에 따른 이해를 통해서 그 단계의 과업을 수행할 수 있도록 도와주는 것이 개입의 중요 목표가 되기 때문이다.

- 가족생활주기 파악하기

  특정 클라이언트의 욕구가 가족생활주기의 단계와 어떻게 연관되어 있는지를 파악하고 가족주기상의 특성과 발달적 이슈와의 상호작용적 요소를 파악하는 것이 요구된다. 예를 들면, 부인의 우울증이 가족생활주기상으로 볼 때 자녀들이 성장해서 집을 떠나고 난 빈 둥지 현상과 관련이 있는지를 파악한다.

- 클라이언트의 강점 사정

  문제 상황에 처해 있는 클라이언트라 할지라도 많은 자원과 강점을 지니고 있다. 그러므로 이러한 클라이언트의 강점을 활용해서 욕구와 문제를 해결해 나갈 수 있게 된다. 그래서 클라이언트의 강점과 긍정적인 측면과 자원 파악에 대해서 강조하게 된다. 또한 비슷한 상황에서 성공적으로 문제를 처리할 수 있었던 예가 있는지도 알아본다.

2) 중기단계: 목표설정과 개입

(1) 목표설정

사정 단계가 끝나고 나면 변화를 위한 목표가 설정되어야 한다. 목표는 다시 궁극적으로 달성해야 하는 최종 목표와 이를 실천하기 위한 세부 목표가 세워져야 한다. 클라이언트의 문제는 복합적이기 때문에 개입의 목표를 설정하기 위해서는 사정 과정에서 드러난 여러 문제들 중에서 가장 중요하고 시급히 해결해야 할 문제를 선정하여 개입의 목표를 설정한다.

이러한 목적을 달성하기 위해서 실행해야 하는 개입의 목표는 구체적이고 단순하며 세분화되어야 한다.

① **목표설정의 원칙**(최선화, 2009)

수집된 정보를 바탕으로 사정을 통해서 적절한 개입목표를 정해야 한다. 적절한 목표를 설정하는 것은 능률적인 개입과 개입의 효과를 높이는 데 필수적이다. 목표설정의 원칙은 다음과 같다.

㉮ **클라이언트에게 중요한 것을 목표로 정한다.**

모든 개입의 목표는 클라이언트를 돕기 위한 것이며, 클라이언트중심으로 이루어져야 한다. 상담자는 클라이언트 만큼 클라이언트의 문제에 대해서 잘 알지 못하기 때문에 클라이언트 스스로가 중요시 여기는 것을 목표로 정해야 한다.

클라이언트가 원하는 목표가 여러 가지인 경우 우선 순위를 정하는 기준은 다음과 같다.

첫째, 클라이언트에게 가장 시급한 사항
둘째, 단기간에 성취 가능한 문제 사항
셋째, 클라이언트에게 강한 동기를 부여할 수 있는 사항
넷째, 무리 없이 달성 가능한 사항

㉯ **작고 쉬운 것을 정한다.**

이렇게 순위를 정하는 이유는 클라이언트에게 가장 필요하고 원하는 일을 달성하기 쉬운 것부터 실시해서 성공적으로 달성하면, 자신감을 회복할 수 있게 되기 때문이다. 그리고 복잡하고 어려운 문제는 작은 목표

로 쪼개어서 단계적으로 접근하는 것이 좋다.

㉰ 목표를 구체화한다.

클라이언트들은 상담을 하러 올 때 복잡하고 추상적이며 모호한 목표를 가지고 온다. 예를 들면, '우리 아들 사람 좀 만들어 주세요' 또는 '저 좀 도와주세요', '살맛나게 해 주세요' 등의 모호한 표현을 자주 한다. 이렇게 모호하고 구체적이지 않은 목표를 작고 쉬운 것으로 구체화해서 구체적으로 어떤 변화를 원하는 것인지 명확히 할 필요가 있다. 이렇게 구체화하는 형태는 바로 행동적으로 나타나는 것, 변화를 측정할 수 있고 수치화 할 수 있는 것으로 목표를 정하는 것이 효과적이다.

㉱ 현실적이고 성취 가능한 것을 목표로 한다.

개인의 목표가 비현실적이거나 성취 불가능한 목표를 설정하지 말아야 한다. 사회복지사는 클라이언트의 비현실적이고 성취가 어려운 목표를 상담을 통해서 현실적이고 성취 가능한 목표로 바꿀 수 있도록 도와야 한다. 이러한 점은 사회복지사에게도 적용된다. 목표는 사회복지사의 능력과 기술에 상응하는 것으로, 자신이 성취 가능한 범위 내에서 목표를 정해야 하며, 그렇지 못하다면 슈퍼바이저를 통해서 능력을 성장시키거나 다른 능력 있는 사회복지사에게 넘겨야 할 것이다.

㉲ 부정적인 것보다 긍정적인 목표를 정한다.

개입의 목표는 부정적인 것보다는 긍정적인 것이 더 효과적이다. 예를 들면, 초등학생 클라이언트에게 '그렇게 하면 안 된다'라고 하면 다른 방법을 모르기 때문에 당황하게 된다. 그러므로 그렇게 하지 마라 대신 '이렇게 하라'고 하는 것이 더 효과적이다. 개입의 목표도 이렇게 긍정적인 목표를 가짐으로써 더 효과를 가질 수 있다.

㉳ 선택의 폭을 넓혀 주며, 스스로 선택하게 하고 선택에 대한 책임을 지게 한다.

이들에게 선택의 가능성과 폭을 넓혀 주며 스스로 선택하게 하고 선택에 따른 책임을 지게 도와 나가야 한다.

㉺ 목표가 사회복지사의 중요한 권리나 가치에 위배된다면 동의하지 않아야 한다.

사회복지사는 클라이언트의 권리와 선택권을 존중한다. 그럼에도 불구하고 클라이언트가 정하는 개입의 목표가 사회복지사에게 받아들이기 힘든 권리나 가치에서 나온 것이라면 동의하지 말아야 한다. 이런 면은 사회복지사에 대한 신뢰성과도 관계되는 것으로, 마음으로는 동의하지 않으면서 겉으로 동의하는 척하는 이중성을 가져서는 안 된다. 예를 들면 실직한 가장이 아동이 수급권을 받을 수 있도록 하기 위해서 일부러 아이들을 버리고 가출하려고 할 경우 사회복지사는 아버지의 결정에 동의하지 않아야 한다.

㉻ 목표는 기관의 기능과 일치해야 한다.

클라이언트나 사회복지사가 시도하는 변화를 위한 노력이 기관의 기능이나 설립목적과 일치하지 않거나 위배될 때, 사회복지사는 클라이언트를 다른 기관으로 의뢰해야 한다. 예를 들면, 미혼모가 임신중절을 원할 경우 특정 기관에서는 동의하지 않을 수 있다. 이럴 경우는 다른 기관으로 의뢰하는 것이 요구된다.

(2) 개입

초기 활동을 마친 후 사회복지사와 클라이언트는 개입단계로 들어가게 된다. 이 단계는 사회복지사와 클라이언트가 초기단계에서 설정한 목표를 달성하고 문제를 해결하기 위한 구체적인 행동을 실천하는 단계이다. 개입단계는 변화를 일으키기 위한 직접적인 과정이면서 사회복지실천과정의 핵심적인 단계이다.

개입단계의 기술이란 문제해결을 위한 접근이 필요한 실천과정의 기술을 말한다. 여기에는 문제해결이나 적응, 성장발달을 위한 클라이언트의 능력을 향상시키고 회복시키는 기술, 사회적 기능을 향상시킬 수 있는 자원·서비스·기회 등을 제공할 수 있는 지역사회체계로 사람들을 연결시키는 기술 등이 포함된다.

사회복지사가 클라이언트에게 영향력을 행사하며 의도적인 변화를 일으키는 과정이고, 결과적으로 클라이언트는 자신이 직면한 문제를 해결하거나 자신의 능력과 잠재력을 개발하는 것이 핵심적인 내용이다.

구체적 개입기술은 모델링, 인지적 재구조화(cognitive restructuring), 연습(rehearsal) 등의 상담기술이나 조언, 교육 등의 기술이 포함된다(Cormier & Cormier, 1985). 이러한 개입기술은 전문가로서의 지식과 신념, 경험 등이 필요하며, 특정한 개입 방법을 선택하는 데 따르는 명확한 근거와 전문가적인 판단이 중요하다.

3) 종결단계

종결단계는 목표달성에 따라 혹은 목표달성의 여부와 상관없이 사회복지사와 클라이언트의 전문적 원조관계를 끝내는 과정을 말한다. 그러나 종결단계(termination phase)는 갑작스러운 종결을 피하여야 하며, 점차적으로 클라이언트가 종결을 준비할 수 있도록 과정이 마련되어야 한다. 종결은 클라이언트의 목표가 달성되었거나 클라이언트의 변화를 기대할 수 없거나 다른 기관에 의뢰할 때, 클라이언트가 개입을 거부할 때 이루어진다. 종결단계에서 이루어져야 할 과업은 다음과 같다.

- 클라이언트와 함께 서비스전달체계, 서비스의 효과성과 성취도를 확인하는 과정이다.
- 사회복지사의 개입과정에 대한 검토와 평가가 이루어진다.
- 앞으로의 방향에 대한 논의가 이루어진다.
- 클라이언트와의 종결을 준비한다.
- 만일 별다른 변화가 없거나 부정적인 결과를 보이는 경우, 이전의 사정이나 계획, 개입단계에 대한 점검이 필요하다.
- 종결의 사유는 목표를 성취했거나, 클라이언트의 변화를 기대할 수 없거나, 다른 기관에 의뢰한 경우, 클라이언트가 개입을 거부하는 경

우이다.

- 종결 감정을 공유하는 것과 개입과정에 대한 요약, 사후활동의 계획을 다루며 종결기록을 작성하는 것이 중요하다. 종결 시 클라이언트의 감정으로는 장래에 대한 두려움, 자신이 획득한 성과에 대한 의문 등이 있을 수 있는데, 이 경우 상실감을 극복하고 새로운 생활 상황을 부딪치게 하는 것은 클라이언트에게 중요한 학습경험을 제공하는 것이다. 따라서 종결단계에서는 최종평가와 함께 원조관계를 끝내는 데 대한 클라이언트의 종결 소감을 함께 나누면서 다루는 기술이 중요하다.

Key Point

- 개인을 대상으로 하는 사회복지실천은 사회복지사와 클라이언트의 일대일의 상호 관계의 기초하에 클라이언트의 개인적·사회적 문제를 해결하고자 하는 목적을 갖는다.
- 개인대상의 면담준비기술로는 사전검토, 사전탐색, 사전협의, 사전정리, 사전공감, 사전 자기탐색, 집중적인 관리, 사전계획기록이 있다.
- 전문적인 원조관계의 기본 원리는 개별화, 의도적 감정 표현, 통제된 정서적 관여, 수용, 비심판적 태도, 클라이언트의 자기결정권, 비밀보장으로써 사회복지사는 클라이언트와 신뢰·존중의 친밀한 관계를 유지하는 것이 중요하다.
- 사회복지사와 클라이언트와의 면접이 효율적이기 위해서는 의사소통 기술이 필수적이다. 의사소통의 기술에는 경청기술, 침묵의 활용, 짧은 촉진적 반응, 반영, 명료화, 요약기술, 조언 및 정보기술, 직면, 해석하기, 초점유지기술, 촉구기술, 환기, 중재기술, 계약기술, 질문기술 등이 있다.
- 개인대상 사회복지실천과정은 사회복지사가 클라이언트와 클라이언트를 둘러싼 다양한 환경내의 체계들을 변화시키기 위해 그의 전문적 가치와 지식에 기초하여 개입하는 과정이다.
- 일반적으로 실천과정은 초기단계의 접수, 자료수집 및 사정단계, 중간단계로서 사정에 근거하여 개입의 목표를 정하고 필요한 서비스를 제공하기 위한 개입단계, 종료단계인 평가 및 종결의 단계로 이루어져 있다.
- 초기단계는 접수 및 자료수집 및 사정의 단계로 임상현장에서 공통적으로 사용되는 사정도구로는 가계도, 생태도, 생활력표 등이 있다.
- 중간단계는 사정에 근거하여 최종목표 및 세부 목표가 세워지고, 실제로 설정된 목표를 달성하고 문제를 해결하기 위한 구체적인 행동을 실천하는 개입단계이다.
- 종결단계는 목표달성에 따라 혹은 목표달성과 상관없이 사회복지사와 클라이언트와 원조관계를 끝내는 과정이다. 이 단계에서는 최종 평가와 함께 원조관계를 끝내는 데 대한 클라이언트의 종결소감 등을 나누고 다루는 기술이 중요하다.

응용문제

1 다음 중 전문적인 원조관계의 기본원리가 아닌 것은?

① 개별화
② 개방된 정서적 관여
③ 의도적 감정표현
④ 수용
⑤ 비밀보장

2 다음 [보기]는 의사소통 기술 중 어떤 기술을 설명하는 것인가?

> **보 기**
>
> 클라이언트의 말과 행동에서 표현된 기본적인 감정·생각 및 태도를 사회복지사가 참신한 말로 부언해 주는 것이다. 이것은 클라이언트의 자기이해를 도와줄 뿐 아니라 클라이언트로 하여금 자기가 이해 받고 있다는 인식을 갖게 된다.

① 명료화
② 요약하기
③ 촉진적 반응
④ 반영
⑤ 환기

3 개인대상 사회복지실천과정의 순서가 올바르게 설명된 것은?

① 접수 → 자료수집 → 사정 → 목표설정 → 개입 → 평가 및 종결
② 자료수집 → 접수 → 사정 → 목표설정 → 개입 → 평가 및 종결
③ 접수 → 사정 → 자료수집 → 목표설정 → 개입 → 평가 및 종결
④ 사정 → 접수 → 자료수집 → 접수 → 목표설정 → 개입 → 평가 및 종결
⑤ 접수 → 자료수집 → 목표설정 → 사정 → 개입 → 평가 및 종결

4 사정도구 중 (㉠)는 개인을 둘러싸고 있는 사회적 관계를 모두 포함시킴으로써 사회적 관계의 장단점과 자원을 파악하는 데 유용한 도구이다. ㉠은 무엇인가? (   )

5 사정의 기본 특성으로 옳지 않은 설명은 무엇인가?

① 사정은 이중 초점을 갖고 진행한다.
② 사정은 클라이언트와 사회복지사의 상호과정이다.
③ 사정은 일회성으로 한 번 결정되면 수정되지 않는다.
④ 사정은 이론적 지식을 기반으로 한다.
⑤ 사정은 개별적이다.

정답 **1.** ② **2.** ④ **3.** ① **4.** 생태도 **5.** ③

CHAPTER

12

집단 및 가족대상의 사회복지실천기술

이 장은 집단과 가족을 대상으로 서비스를 제공하는 사회복지사가 알아두어야 할 사회복지실천기술의 기초적 이해와 사회복지실천 개입과정에 대해서 살펴보고자 한다.

먼저 집단대상의 사회복지실천기술은 집단대상 사회복지실천의 장점, 집단의 모델과 유형, 특성 등의 기초적 이해를 돕고자 한다. 또한 사회복지실천과정으로서 초기단계와 중간단계, 종결단계에 필요한 집단 사회복지실천기술과 각 단계에서의 집단성원과 집단의 특성 및 사회복지사의 역할 등을 설명한다.

가족대상 사회복지실천기술은 가족의 기본 속성 및 가족치료의 특성, 가족치료의 모델별 주요 개입기술을 살펴보고 각 단계별 실천개입 과정을 소개한다.

학 | 습 | 목 | 표

1. 집단대상 사회복지의 장점, 집단의 모델, 유형, 특성에 대하여 학습하여 집단사회복지실천에 대한 기초적 이해를 도울 수 있다.
2. 집단대상 실천 개입과정으로 초기단계, 중간단계, 종결단계에서의 집단 성원의 특징 및 사회복지사의 역할, 실천기술을 학습할 수 있다.
3. 가족의 기본 속성과 개인치료와 가족치료의 차이점을 살펴볼 수 있다.
4. 가족치료의 주요 모델에 대해서 학습할 수 있다.
5. 가족대상 사회복지실천 개입과정을 학습할 수 있다.

1 집단대상 사회복지실천기술의 이해

집단대상 사회복지실천은 대부분의 사회복지기관에서 널리 사용하고 있는 실천방법으로서 의도적인 집단경험을 통해 사회적 기능을 향상시키며 당면 문제에 보다 효과적으로 대처해 나갈 수 있도록 돕는 기능을 한다(Konopka, 1963). 다양한 집단활동을 중심으로 이루어지는 집단대상 실천은 전통적인 방법론의 하나인 집단지도(group work) 또는 집단사회사업(social group work)으로부터 비롯된다. 집단사회사업이라는 용어는 1930년대에 개별사회사업과 구분되는 사회복지실천방법을 가리키기 위해 사용하기 시작했다.

1) 집단 사회복지실천의 장점

유스터(Euster, 1975)와 코노프카(Konopka, 1963)는 집단경험을 통해 성원들이 의사소통 능력, 적응적 대처기술, 효과적인 문제해결기법을 개발하는 것을 집단사회사업의 목적으로 강조하였다. 효과적인 집단지도가 되기 위해서는 집단성원들 사이에서 발생하는 상호작용의 역동성을 활용하여야 한다. 이를 위해서 집단성원들은 집단의 목적 성취를 위해 의사결정 과정이나 경험의 공유, 상호지지에 적극 참여하도록 권고받는다.

많은 심리적 어려움은 기본적으로 대인관계에서 나오고 결과적으로 이러한 어려움은 다른 사람들과의 협력 속에서 다루어져야 한다는 신념 속에 집단 사회복지실천의 당위성이 있다. 집단을 통한 개인의 변화는 많은 장점을 갖는데, 얄롬(Yalom, 1985)이 제시한 치료적 요인은 다음과 같다.

- 희망: 집단치료는 클라이언트에게 그들이 변할 수 있다는 희망을 심어주고 이는 커다란 치료적 가치를 갖는다.
- 보편성: 클라이언트는 종종 자신의 불행한 측면은 남들과 달리 매우 독특하다고 믿으며 치료에 임한다. 즉, 그 어느 누구도 자신처럼 고통스럽고 두려운 감정을 갖고 있지 않을 것이라 생각한다. 집단을

통해 자신의 문제가 꽤 보편적으로 일어나고 있다는 것을 발견하고 위로를 얻게 된다.

- 정보: 집단지도자로부터 클라이언트는 일반적 심리장애 및 자신들의 문제에 대한 정보를 얻을 수 있다. 또한 다른 클라이언트로부터 대처 방안 등 각종 귀중한 정보를 얻게 된다.
- 사회적 지지: 집단성원은 조언과 격려와 동정을 통해 서로를 돕는다. 그래서 도움을 주는 자는 자신이 누군가에게 도움을 제공할 수 있다는 것과 도움을 받는 자는 자신이 혼자가 아니라는 것을 배우게 된다.
- 가족집단으로의 재현: 집단은 마치 가족의 성격을 재현할 수 있다. 이렇게 일종의 새로운 가족으로서의 집단은 클라이언트들이 원래 가족으로부터 받은 상처를 치료하는 데 도움이 된다.
- 사회기술의 개발: 집단성원들로부터 받는 피드백을 통해 대인관계적 행동에서의 단점(예: 비웃는 듯한 목소리, 경멸적 행동 등)을 수정할 수 있다.
- 모방행동: 집단의 리더와 성원들은 새로운 행동을 배우는 데 유용한 모델이 될 수 있다.
- 대인관계 학습: 집단과의 상호작용을 통해 클라이언트는 자신에 대한 통찰을 얻고 자신이 가지길 원하는 관계 형성에 대한 아이디어를 찾을 수 있다. 더 나아가 집단은 클라이언트의 새로운 관계 형성 방식을 시험해보는 장이 될 수 있다.
- 집단응집력: 집단 내에서 발달하는 소속감이나 친밀감은 클라이언트에게 위로와 용기를 제공한다.
- 카타르시스: 집단 내의 보호적 분위기 속에서 성원들은 자신의 행동에 장애까지 초래해 왔던 억눌려 있던 감정을 자유로이 표현할 수 있다.
- 실존적 요인: 클라이언트들은 자신들의 경험을 공유함으로써 인생은 종종 공정치 못하다는 것과, 비록 다른 사람들의 지지가 매우 도움이 될지라도 그들은 자신 스스로 결정을 내려야 한다는 것을 배운다.

2) 집단의 모델

(1) 사회적 목표모델(social goal model)

사회적 목표모델은 민주주의를 유지하고 발달시키려는 집단의 사회적 목표를 강조한다. 따라서 인간관계의 의식적인 훈련, 지도력의 실험, 민주적 과정의 학습, 시민참여와 같은 집단활동을 통해 사회적 의식, 사회적 책임의 목적을 달성한다. 이 모델에서는 개인의 성숙과 민주시민의 역량개발에 초점을 두고 있으며, 토론, 참여, 합의, 집단과제 개발 및 실행 등의 활동을 한다. 사회복지사는 이 과정에서 바람직한 역할모델을 제시할 수 있다. 보이스카우트, 걸스카우트 등과 같은 집단활동이 이에 해당한다.

(2) 치료모델(remedial model)

치료모델에서는 집단은 개인의 치료를 위한 수단임과 동시에 상황으로서 개념화되고 있다. 사회복지사와 성원들은 개별적인 치료계약을 맺고, 자신의 문제나 어려움을 해결하기 위해 치료적 집단에 참여하게 된다. 따라서 사회복지사의 전문적인 개입과 결과에 대한 상호평가를 통해 사정이 계속되며, 이를 위해 과거의 경험, 이론적 지식, 현재의 관찰 등의 방법이 동원된다. 우울증 치료를 위한 집단, 성폭력 피해자들을 위한 집단 등이 이에 해당한다.

(3) 상호작용모델(social interaction model)

상호작용모델은 앞의 두 가지 모델을 혼합한 것으로 집단성원이나 집단의 문제를 해결하기 위해 집단성원 간에 상호원조체계를 구축하는 것에 초점을 두고 있다. 집단은 사회복지사와 집단성원을 포함한 하나의 사회적 체계로 개념화되며, 유기체로서 이해된다. 사회복지사는 집단성원과 사회의 중재자 역할을 하며, 집단의 목표는 사회복지사와 집단구성원 간의 상호관계 속에서 이루어지는 상호작용을 통해 설정된다.

표 12-1 집단사회사업의 모델비교

특징	사회적 목표모델	치료모델	상호작용모델
주과제	• 필요한 자원제공과 사회적 붕괴의 예방(비공식적 정치 및 사회행동)	• 사회적 사고 및 위험으로부터의 회복과 재활(집단 매개체를 통한 치료)	• 앞의 두 모델의 조합(문제해결을 위한 상호원조체계의 개발)
장기적 목적	• 보다 나은 민주사회 건설	• 개개인의 사회적응 향상	• 개인과 사회의 조화
구체적 목표	• 소속감의 증대, 민주적 참여에 대한 훈련 • 처음에는 전문가에 의해 집단목표가 결정되나 점차 그 책임은 집단에게 이양	• 집단 상호작용을 활용하여 역기능 행동을 하는 성원의 치료와 재활 • 세부적인 집단목표를 전문가가 사전에 결정	• 적정수준의 적응과 사회화를 성취하기 위해 성원간의 상호원조체계 형성, 대인관계 향상 • 집단목표의 결정을 전문가와 회원이 공유
개입장소 및 기관	• 회원이 있는 가정, 인근지역, 인보관, 지역사회복지관	• 임상기관, 사회복지기관 및 시설	• 임상기관, 사회복지관(집단목표에 따라 다양)
초점	• 개인의 성숙과 민주시민의 역량개발	• 개인적인 역기능 변화	• 성원 간의 자조, 상호원조체계 개발
지도자 역할	• '영향력을 끼치는 자(influnence person)'의 역할: 바람직한 역할 모델을 제시	• 전문적인 '변화 매개인(change agent)'의 역할	• '중재자(mediator)'의 역할
대상	• 시민, 지역주민	• 역기능 또는 문제해결을 위해 도움을 필요로 하는 자	• 공동관심사의 성취를 위해 협력하는 구성원
집단활동	• 토론, 참여, 합의, 집단과제의 개발 및 실행, 지역사회조직화, 성원의 사회행동기술 습득	• 성원의 행동변화를 일으키기 위해 구조화된 개입을 하거나 직접, 간접적 영향력을 발휘	• 관심사를 토론, 상호원조 형성, 상호이익이 되는 결속된 사회체계의 형성
집단크기	• 3~25명 정도	• 7~10명 정도	• 상황에 따라 유동적
신입회원 가입문제	• 개방적이며, 누구나 친구가 될 수 있다.	• 전문가의 통제	• 전문가와 회원의 동의에 의한 자유로운 가입
회합기간	• 지도력 유형에 따라 유동적	• 정기적이며, 시간사용계획을 사전에 설정	• 유동적, 지도자와 성원의 합의
대표학자	• Ryland, Wilson, Coyle, Klein	• Vinter, Sarri, Glasser	• Schwartz, Bion, Lewin, Tropp

출처: 최선화 외(2010). 풀어쓴 사회복지실천기술. 경기: 공동체.

3) 집단의 유형

집단의 목적에 따라서 다양한 특성을 지닌 집단들이 있다. 예방적이고 성장지향적인 측면을 강조하며 청소년이나 아동을 위한 성장집단, 사회화집단, 성인을 위한 지지집단과 공통의 목적을 가진 성취지향집단 등 다양한 형태가 있다.

다양한 집단의 예를 토스랜드와 리바스(Toseland & Rivas, 1995)가 분류한 치료집단을 중심으로 살펴보면 다음과 같다(오정수 외, 2010 재인용).

- 치료집단: 공통의 문제를 가진 클라이언트들이 구성원으로 참여한다. 공통의 목적 내에서 개인 구성원들의 목적을 달성하도록 돕는다. 도박의존집단이나 청소년 보호관찰집단이 대표적이다.

표 12-2 집단유형별 특징

집단유형	정의	예시
치료집단	심각한 심리적·정서적 문제를 지닌 성원들의 행동변화를 돕는 집단	우울, 성적인 어려움, 불안 및 정신신체장애 치료집단
지지집단	성원들이 공동의 이슈와 문제를 나누며 지속적으로 만나면서, 스트레스에 대처하고 서로에게 제언을 하며, 격려하고, 정보를 전하고 정서적인 지지를 하는 집단	AIDS 환자, 회복 중인 알코올의존자, 성학대 피해자, 후외상성장애를 경험한 퇴역 군인
교육집단	참가자들에게 일정 유형정보를 제공하는 집단	부모역할 훈련, 청소년 성교육, 구직집단, 요양시설의 노인들을 위한 처방약에 대한 교육
성장집단	자기인식을 확대시키고, 잠재력을 증가시키고, 건강과 안녕을 최대화하고자 목적하는 집단	이성에 대한 태도 탐색집단, 청소년 가치명료화집단, 동성애자의 자긍심중심 집단
사회화집단	참가자들이 그들의 사회 환경에 보다 적합할 수 있도록 대인관계행동, 의사소통, 그리고 사회기술을 개선시키도록 돕는 집단	도시 근린지역의 청년 활동집단, 수줍음이 많은 십대의 대인관계기술을 향상시키기 위한 학교사회복지 집단, 파티나 여행과 같은 다양한 활동들을 후원하는 한부모 집단

- 지지집단: 일상생활 속에서 발생하는 문제들을 효과적으로 대처하고 적응해 나가도록 원조하고 대처기술을 학습할 수 있도록 돕는다. 자조집단이 대표적인 예이다.
- 교육집단: 정보나 지식, 기술을 전하는 것이 주목적이다. 주로 강의 형태로 이루어지며, 참여 학습을 통해서 교육적 효과를 높이기도 한다. 청소년을 위한 성교육이 대표적인 예가 된다.
- 성장집단: 구성원들의 성장 잠재력을 향상시켜 자극과 통찰력을 얻고 모델링을 찾으며 새로운 행동을 시험해 보기도 한다. 청소년을 위한 성장상담이 있다.
- 사회화집단: 사회생활에 요구되는 기술을 익히거나 학습시키는 것이 목적이다. 또래와의 관계에서 문제를 일으킨 학생들을 위해서 사회기술훈련을 실시하거나 자기주장훈련을 함으로써 불건전한 유혹을 물리치는 기술을 익히도록 한다.

4) 집단의 특성

(1) 집단원의 구성

집단을 구성할 때 고려해야 할 몇 가지 사항들을 소개하면 다음과 같다.

① 동질성

집단성원의 동질성이란 성원들의 집단참여 동기, 목적, 문제 등과 함께 인구사회학적 특성들이 유사함을 의미한다. 집단성원 개개인의 집단에 참여하는 동기 또는 목적이 집단의 목적과 동일할 때 집단성원들은 집단과정에서 많은 것을 얻을 수 있다. 또한 집단성원들의 연령, 교육수준, 문제유형 등이 유사할 경우 집단성원들 간의 상호작용이 더욱 활발해질 수 있다. 한편, 집단성원들의 특성이 지나치게 동질적이면 오히려 부정적인 결과를 가져올 수도 있다. 예를 들어, 알코올의존자를 대상으로 한 집단프로그램의 성원들이 모두 알코올의존자일 경우, 이들은 자신들의 음주문제에 대한 정당성을 주장할 가능성이 높으며, 이는 알코올의존자의 잘못된 인식을 강화시켜 주게 될 것이다. 집단성원들 가운데 알코올 의존 가족의 배우자나 자녀를 사전 준비과정을 통해 선별·참여시키면 가족의 입장을 들어볼 수 있게 되어 보다 객관적인 관점을 제공할 수 있을 것이다.

② 이질성

집단성원의 이질성이란 성원들의 주요 특성에 차이가 있음을 의미한다. 집단성원들의 대처능력, 인생경험 등은 이질적인 경우가 대부분이다. 이와 같은 이질성은 집단의 자산이 될 수 있다. 예를 들면, 집단성원들은 다른 성원들이 문제를 해결하기 위해 사용하는 대처기술 또는 전략 등을 배울 수 있기 때문에 집단은 각기 다른 능력과 경험을 지닌 성원들이 상호 간에 배울 수 있는 기회를 제공한다.

한편, 집단성원들의 특성이 지나치게 이질적이면 집단 전체 및 개별 성원에게 역효과를 가져올 수 있다. 예를 들어, 성원들이 모두 초등학생 남학생인데 비해 유일하게 여학생이 있다든지, 조현증을 앓고 있는 환자들을 주요 대상으로 한 집단프로그램에 조울증을 가진 환자, 편집증을 가진 환자, 중독문제를 가진 환자가 포함되어 있다면 집단운영의 초점과 목적이 흐려질 수 있다.

집단응집력

집단의 응집력은 집단에 참여하는 구성원들이 집단에 지속적으로 남아서 참여하는 힘을 말한다. 집단응집력은 집단구성원들이 느끼는 소속감과 친밀감으로 응집력이 강하면 집단의 목표를 효율적으로 달성할 수 있게 된다. 집단구성원들이 소속감을 갖고 친밀감을 가지게 되는 근거로는 다른 참여자들에 대한 매력과 다른 참여자들을 좋아하거나 집단활동 자체가 흥미롭고 유익하기 때문에 또는 집단에서의 지위가 갖는 매력 등 여러 가지가 있다. 일반적으로 유사성을 가진 집단으로 구성될 때 응집력이 증가하며 이러한 유사성에는 연령, 성별, 지위 또는 당면 문제, 문제해결기술, 취미 등이 있다. 따라서 집단구성원들 간의 속성이나 행동이 극단적으로 차이가 나지 않으며, 집단과 활동에 대한 이해에서 큰 차이를 느끼지 않게 구성하는 것이 바람직하다.

(2) 집단의 크기

집단의 크기는 집단의 목적에 따라서 달라질 수 있다. 보통 소집단의 경우는 5~12명 정도가 적당하며 너무 수가 적으면 상호작용이 다양하지 못하고 빠지는 사람이 생길 경우 집단활동이 어려워질 수 있으며 집단참여에 대한 압력이 클 수 있다. 너무 큰 집단은 구성원 간의 친밀감 형성이나 직접적인 상호작용이 어려워지게 된다. 일반적으로 7~8명 정도가 직접적인 상호작용이 일어날 수 있는 이상적인 수로 인정하고 있다. 결석하는 사람이 발생하는 경우에도 집단활동에 영향이 적으며, 참여자 모두가 자신의 관심에 대해서 논의할 수 있는 충분한 시간이 확보될 수 있기 때문이다. 또한 참여가 미진한 사람이나 참여자들 간에 문제가 발생하는 경우에도 바로 드러나게 되어 처리해 나가기 쉽다(최선화, 2009).

(3) 집단의 빈도와 시간

집단의 활동기간을 어느 정도로 할 것인가는 활동기간을 미리 정해 두고 시작할 수도 있고 정해 두지 않고 상황이 크게 변할 때까지 지속적으로 해나갈 수도 있다. 미리 기간을 정해 두면 집단활동이 효율적일 수 있다. 그러나 시간제약에 대한 압력으로 목표를 빨리 달성해야 한다는 압박과 시간이 부족하기 때문에 생기는 압박을 견뎌야 하는 부담도 있다. 시간 제약을 두지 않게 되면 문제를 깊이 있게 다룰 수 있는 시간적 여유를 가질 수 있으나 집단활동이 비효율적이거나 구성원들이 집단에 의존하게 되는 문제점이 발생하기도 한다.

얼마나 자주 모이며 모임시간은 어느 정도로 할 것인가에 대해서는 구성원의 특성과 집단의 목적에 따라서 달라질 수 있다. 보통 성인인 경우에는 주 1회 정도로 모이지만 구성원들의 특성에 따라서, 그리고 구성원들 간에 필요하다고 합의하는 바에 따라 모임의 횟수와 길이가 달라진다. 집단 모임의 길이는 구성원들에 따라 달라지며 집중할 수 있는 정도에 따라 달라지고 집단의 크기에 의해서도 달라진다. 일반적으로 1시간 반에서 두 시간 정도로 한다. 모임의 형태도 매주 모이는 형태 또는 연속집단으로 주말이나 휴가 동안 집중적으로 모이는 방법도 있다(최선화, 2009).

(4) 개방형 집단과 폐쇄형 집단

집단의 유형은 개방형 집단과 폐쇄형 집단이 있다. 개방형 집단이란 집단이 진행되는 동안 새로운 집단성원이 참여할 수 있는 집단을 말하며, 폐쇄형 집단이란 개방형 집단과는 달리, 집단이 진행되는 동안 새로운 성원을 받아들이지 않는 집단이다. 집단의 유형을 결정하기 위해서는 각 집단유형의 장단점을 검토해야 한다.

표 12-3 개방형 집단과 폐쇄형 집단의 비교

	장점	단점
개방형 집단	• 새로운 집단성원의 참여가 집단과성원들에게 자극이 됨 • 집단 가입과 탈퇴조건이 유연함	• 집단성원의 잦은 교체는 집단응집력을 약화시킬 수 있음 • 새로운 집단성원이 집단소속감을 갖는 데 어려움이 있음
폐쇄형 집단	• 집단성원의 역할과 집단규범이 안정적임 • 집단응집력이 강함	• 다수의 성원이 탈퇴할 경우 나머지 집단성원에게 미치는 영향이 큼 • 새로운 정보나 내용이 없을 수 있으므로 지루해함

출처: 엄명용 외(2008). 사회복지실천기술의 이해. 서울: 학지사.

2 집단대상 사회복지실천 개입과정

집단대상 사회복지실천의 단계는 학자들마다 다양하게 구분하고 있으나 여기에서는 초기단계, 중간단계, 종결단계로 구분하고 각 과정에서의 집단의 공통된 특징과 과업에 대해서 소개하고자 한다.

1) 초기단계

(1) 초기단계의 특징 및 사회복지사의 역할

① 집단성원의 특징

초기단계에서 집단성원들은 낯선 사람과 새로운 환경, 즉 집단에 대한 불안과 불신감, 두려움과 저항감을 갖는다. 따라서 새로운 사람과 접촉하기보다는 안면이 있는 사회복지사에게 질문을 많이 한다. 집단성원들은 이 과정에서 다른 성원들을 탐색해 보기도 한다.

불안과 더불어 초기단계에 흔히 접할 수 있는 집단성원의 특성은 저항이다. 특히 비자발적 집단성원일 경우, 저항의 강도가 더욱 심할 수 있다.

초기단계에서 집단성원의 저항은 갈등으로 표현되기도 한다. 집단은 생활방식, 사고방식, 문화 등이 각기 다른 구성원들로 구성되어 있기 때문에 집단성원들 사이에서 갈등이 일어날 수 있으며, 이러한 갈등은 다른 단계보다 초기단계에서 뚜렷하게 나타난다. 하지만 초기단계의 갈등은 불신감과 관련이 있지만 중간단계의 갈등은 문제해결과정에서 집단성원 간의 이해 및 의견차, 하위집단 간의 역동적인 상호작용 등으로 발생한다.

② 사회복지사의 역할

집단성원들 간의 공통점을 찾아 연결시켜 주는 일, 불안감을 감소시키는 일은 사회복지사에게 특히 중요한 역할이다. 예를 들어, 성원들이 자신이 집단에 오게 된 이유나 상황이 우울과 관련이 있다면, 사회복지사는 "○씨는 남편과의 갈등으로 우울해하시는 반면, ○씨는 따님과의 갈등으로 우울해하시는군요. 하지만 두 분 사이에는 식구들과의 갈등으로 인해 겪는 우울이라는 공통점이 있군요."라고 함으로써 두 성원 간의 공통점을 연결시켜 줄 필요가 있다.

초기단계에서의 집단성원들의 불안감은 비밀보장 혹은 다른 성원들의 심판적인 태도와 밀접한 관련이 있다. 즉, '다른 구성원들이 나의 문제에 대해 알게 되면 나를 어떻게 생각할까?', '내 문제를 얘기하면, 다른 구성원들이 나의 얘기를 다른 사람에게 하지는 않을까?' 하는 걱정이 앞선다. 따라서 사회복지사는 이러한 불안감을 감소시키기 위한 노력으로 비밀보장의 원칙을 설명하고, 성원들이 심판적인 태도, 비난적인 태도나 언행보다는 지지적인 언행을 보일 필요가 있음을 강조해야 한다(엄명용 외, 2008).

③ 집단의 과업

집단으로서는 개별성원, 사회복지사, 집단에 대한 오리엔테이션이 필요하다. 개별성원에 대해 서로 알기, 사회복지사의 이름과 직책, 역할에 대해 알기, 집단의 목적과 구조(모임 횟수, 기간, 장소 등)에 대해 알기가 이루어져야 한다. 초기단계에서 사회복지사는 집단의 규범과 가치, 규칙(특히, 비밀보장) 등이 논의될 필요가 있다. 이 과정에서 사회복지사는 자신에게 집중되는 질문들에 대해 적절하게 대답해야 하는데, 모든 질문에 대해 자신이 답하기보다는 다른 성원들이 답을 할 수 있도록 하여 대화가 일방형(one-way communication)보다는 다방형(multi-directional communication)이 되도록 하는 것이 좋다.

표 12-4 집단성원과 집단 전체가 초기단계에서 나타내는 특성과 사회복지사의 역할

집단성원의 특성	집단의 특성	사회복지사의 역할
• 낯선 사람에 대한 불안, 불신 • 사회복지사와 대화 시도 • 탐색 및 거리감 유지 또한 친해지려고 노력을 보임 • 성공할 수 있을 것인가에 대한 불안감 • 집단에서 도움을 받아 성공할 수 있을지에 대한 두려움	• 집단, 사회복지사, 집단성원에 대한 오리엔테이션 • 집단의 규범, 가치, 대화 양식 등이 설정됨 • 집단의 목적을 공유 • 집단성원 간 공통점 모색 → 응집력에 영향	• 비밀보장에 대해 설명 • 집단성원이 사회복지사에게 의존하므로 사회복지사의 적극적인 개입이 요구됨 • 집단성원의 불안감 감소시킴 • 집단의 목적을 모두가 공유하게 함 • 집단성원 간의 공통점을 찾아 연결시킴 • 집단의 규범이 설정되도록 도움

출처: 엄명용 외(2008). 사회복지실천기술의 이해, 서울: 학지사. 재인용.

(2) 초기단계의 개입(엄명용 외, 2008)

① 사회복지사 소개

사회복지사가 집단성원들과 처음 대면했을 때 자신에 대한 소개, 예를 들면 자신의 이름, 직책, 앞으로 운영될 집단프로그램과 관련된 경력 등을 소개한다. 사회복지사가 자신이 소지하고 있는 자격증을 집단모임의 장소에 위치시켜 집단성원들이 담당 사회복지사의 자격증을 볼 수 있도록 하는 방법도 간접적으로 자신을 소개하는 방법 중의 하나다.

② 집단성원 소개

사회복지사는 집단성원 각자 자신에 대한 소개를 집단 전체에게 할 수 있도록 도와야 한다. 집단성원 각자가 자신의 이름을 밝힘으로써 다른 집단성원들이 각자의 이름을 정확히 알 수 있도록 하며, 가능하다면 집단성원 각자가 집단에 참여하게 된 이유, 집단에 대한 기대 등을 표현할 수 있으면 더욱 좋다.

③ 집단목적 소개

집단성원들이 동일한 문제 혹은 관심사를 가지고 있다 할지라도 사회복지사는 집단의 목적에 대해 명확하고 간결하게 설명해야 한다. 사회복지사가 집단의 목적에 대해 설명하지 않는다면, 집단성원들은 앞으로 전개될 집단과정에 대한 이해가 부족하기 때문에 불안해 할 수도 있다. 역으로, 집단성원들이 집단의 목적을 분명히 알게 되면 집단이 자신에게 필요한지 아닌지를 결정할 수 있으며, 심리적 불안감도 줄어들 것이다.

사례 : 음주운전자 수강명령 집단프로그램 목적 소개

"저는 검사로부터 앞으로 8주 동안 이 교육집단을 운영해 달라는 요청을 받았습니다. 제가 아는 바로는 여러분은 음주운전으로 구속되었기 때문에 수감 가능성을 줄이기 위해 이 모임에 참여한 것으로 알고 있습니다. 여러분 모두는 지금 다른 곳에 있었으면 하고 바랄 것입니다. 또 여러분 중에는 여기에 있게 된 것에 대해 화가 나 있는 분들도 계실 것입니다. 만일 제가 여러분의 입장이라면 분노와 당황함을 느꼈을 것입니다. 그러나 이러한 감정에도 불구하고, 제가 바라는 것은 앞으로 있을 집단모임을 통해 음주와 운전에 대한 지식을 습득하여 이를 활용하셨으면 하는 것입니다."

④ 집단성원 역할 소개

집단성원들은 각자 집단에 참여하게 된 동기를 알고 있을지라도 자신들의 문제를 해결하기 위해 집단 내에서 무엇을 해야 하는지 모르는 경우가 많다. 특히 이전에 집단 경험이 전혀 없는 성원들일 경우 자신의 역할에 대한 의문은 커질 수 있다. 집단성원의 역할을 소개할 때 집단의 규칙을 함께 설명할 수도 있는데, 이는 사회복지사가 집단성원에게 갖는 기대를 표현하는 것이기도 하다. 예를 들어, "여러분의 역할 가운데 하나는 집단에 적극적으로 참여하는 것, 결석하지 않는 것, 남의 이야기에 경청하는 것 등이 있을 수 있습니다."라고 설명할 수 있다.

⑤ 집단규칙

초기단계에 적용할 수 있는 사회복지실천기술 중의 하나가 집단규칙들을 세우고 이를 집단성원들에게 설명해 주는 것이다. 모든 집단에 공통적으로 적용되는 규칙을 살펴보면 다음과 같다.

첫째, 비밀보장이다. 즉, 집단 내에서 집단성원들 간에 논의된 내용을 집단 밖에서 논의하는 것을 금지하는 규칙을 집단성원에게 알리는 것은 매우 중요하다. 집단 내에서 논의된 내용들이 비밀보장될 때 집단성원들이 자유롭게 자신의 문제, 생각, 감정 등을 표현할 수 있기 때문이다.

사회복지사는 집단성원들과 관련된 정보 중에서 비밀보장을 지킬 수 있는 정보와 외부에 보고해야만 하는 정보를 알려 주는 것이 집단성원과 사회복지사 간의 관계 형성에 도움이 될 수 있다.

성공적인 집단을 운영하는 데 필요한 규칙들의 예

- 다른 성원이 이야기하는 동안 방해하지 않고 경청하기
- 집단토의를 독점하지 않기
- 다른 성원들의 생각과 감정을 존중하기
- 진지하고 솔직하게 다른 성원들의 생각과 감정에 관해서 얘기하기
- 서로 신뢰하고 협력하기

⑥ 회기 마무리

첫 모임의 마무리는 집단에서의 활동을 요약하고 통합하며 다음 모임에 대한 계획을 세우고 과제가 있는지 확인하고 다음 모임에 대한 기대로 마무리한다.

예를 들면, 다음과 같다. “오늘은 첫날이라 모두가 설레기도 하고 약간 두렵고 불안한 마음으로 참석하신 것 같습니다. 처음 만남이기 때문에 자기소개를 했고 친밀감을 나누기 위한 게임을 통해서 조금은 편안해진 것 같습니다. 각자가 갖는 집단에 대한 기대들을 들어보았고 집단활동의 목표에 대한 논의와 규칙에 대한 논의가 있었습니다. 다음 모임은 일주일 뒤 같은 장소와 시간에 모이는 것으로 정해졌습니다. 다음 모임에서는 좀 더 친밀하고 활발한 상호작용이 이루어지기를 기대하며, 집단목표에 대한 논의도 좀 더 구체화할 수 있을 것으로 기대합니다. 그래서 각자가 바라는 것이 무엇인지를 좀 더 구체적으로 생각해 오시기 바랍니다.”

2) 중간단계

(1) 중간단계 특징

집단이 진전됨에 따라 응집력이 커지고 상호작용이 활발해지며 집단목표를 구체화시켜 목적을 달성해 나가거나 문제를 해결해 나가게 된다. 이 시기에는 의사소통이 활발해지며, 경우에 따라 집단 내 갈등이 드러나기도 한다. 어느 집단이나 갈등은 존재하지만 갈등으로 인해서 에너지

가 소진되거나 구성원들이 위협을 느낀다면 문제가 된다. 그러나 갈등을 극복함으로써 집단이 성장할 수 있다. 카이저(Kaiser)는 개방적 태도로 갈등을 다룸으로써 누구도 승패의 감정을 겪지 않도록 다루어야 한다고 주장한다.

신뢰감의 증가 및 소속감의 강화와 더불어 개입단계에서 나타나는 특징 중의 하나는 집단성원들의 대인관계기술이 향상된다는 점이다. 예를 들면, 집단성원들은 다음과 같은 대인관계기술을 갖추게 된다.

- 서로를 경청할 수 있는 능력이 증진된다.
- 집단성원들 간의 의사소통이 보다 공개적이며, 집단성원들은 집단 내에서 경험한 바를 보다 정확하게 표현하게 된다.
- 집단성원들 간의 상호작용이 보다 자유롭고 직접적이다.
- 집단성원들은 자신을 다른 집단성원들에게 알리게 되며, 자신들의 개인적 관심사를 집단에게 털어놓는다.
- 집단성원들 간의 갈등이 인식되며, 이를 효과적으로 다룰 수 있게 된다.
- 집단성원들 간에 피드백을 주고받을 수 있으며, 사회복지사 또는 다른 집단성원들의 직면을 비방어적인 태도로 받아들일 수 있는 능력이 생긴다.

표 12-5 집단성원과 집단 전체가 중기단계에서 나타내는 특성과 사회복지사의 역할

집단성원의 특성	집단의 특성	사회복지사의 역할
• 집단에 대한 탐색이 점차 감소 • 집단성원 간 짝을 이루고 하위집단 발생 • 하위집단 간 알력이 발생 • 자신의 지위 및 역할을 모색 • 집단성원의 독특성 인정, 집단에 대한 공헌 모색	• 집단의 문화, 행동, 규범, 갈등이 발생하고 이를 해결 • 집단성원의 지위, 위계질서, 역할, 리더가 형성 • 집단성원 및 리더를 실험하고 신뢰할 수 있게 됨 • 집단성원 간의 공통점,	• 집단의 현 위치를 파악(진행상황, 갈등, 협조체계 등) • 각 성원에 대한 평가(태도, 관계, 행동, 동기, 목표 등) • 집단의 목적, 목표를 재확인하고 성원 모두의 참여 유도 • 집단성원 간의 공통점 및 차이점 파악

• 집단의 중요성을 내면화 • 사회복지사에게 덜 의존하게 되고 자신의 의사표현 시작	차이점을 인정하고 존중함 → 집단의 응집력발달	• 집단 리더에 대한 실험을 인정 • 집단성원이 다양한 경험을 할 수 있도록 도움 • 직면 • 집단의 갈등해소

출처: 엄명용 외(2008). 사회복지실천기술의 이해. 서울: 학지사. 재인용.

(2) 집단 개입기술

집단에서의 개입기술들은 집단응집력을 유도하고, 집단과정을 촉진하는 기술, 변화를 이끌어 내기 위한 기술이 요구된다. 집단에만 적용될 수 있는 기술로는 집단을 유지하기 위해서 응집력을 높이기 위한 기술이 요구된다. 집단응집력을 높이기 위해서는 집단 내의 갈등을 해결하고 구성원들이 집단에 더 매력을 느끼며 집단활동에 참여하도록 돕는 기술들을 사용할 수 있다. 집단구성원들의 대인관계 변화를 위한 기술들은 개별개입의 관계변화를 위한 기술을 활용할 수 있다. 집단응집력을 높이기 위한 지침들은 다음과 같다(Corey & Corey, 1997).

첫째, 집단구성원들 간의 공개적이고 활발한 상호작용은 집단응집력을 향상시킨다. 따라서 집단토의와 프로그램 활동을 적극 활용하여 집단구성원들 간의 상호작용을 촉진시킨다.

둘째, 사회복지사는 집단구성원들이 집단과정에 적극적으로 참여하도록 돕고, 목표를 달성하고 변화를 이끌어낼 수 있도록 돕는 유능한 존재라는 것을 인식할 수 있게끔 한다. 구성원 개개인이 스스로를 가치 있고, 능력 있는 존재라는 사실을 믿게 되면 집단에 보다 더 적극적으로 참여하게 된다.

셋째, 집단구성원들의 욕구가 집단 내에서 충족되는 방법들을 파악할 수 있도록 돕는다.

넷째, 집단 목표달성과 응집력은 밀접한 관계가 있기 때문에 집단구성원들이 목표를 달성할 수 있도록 돕는다.

다섯째, 집단구성원들이 서로 다른 인식과 관점을 인정하고 협력하는 관계를 형성하도록 돕는다.

여섯째, 집단목적에 맞도록 집단의 크기를 조정한다.

일곱째, 구성원들의 기대를 명확히 하고 집단의 목적과 구성원들의 기대가 일치되도록 한다.

여덟째, 집단에 참여함으로써 얻을 수 있는 보상이나 자원을 집단구성원들에게 제공한다.

아홉째, 구성원들이 집단에 대해서 자부심을 느끼도록 한다.

여러 가지 다른 배경과 경험을 가진 사람들이 모여서 활동하다 보면 갈등이 자연적으로 발생하게 마련이며, 이런 갈등을 해결함으로써 집단이 더욱 성장하고 응집력도 높아지게 된다.

우선 집단 내에서 갈등이 일어나는 것은 자연스러운 현상이라는 사실을 받아들이며 갈등을 피할 것이 아니라 관리해 나가야 한다. 따라서 각각의 관점은 집단활동에 기여하는 바가 있다는 사실을 받아들이며 존중되어야 한다. 그러므로 의견의 차이는 공개적으로 논의되고 협의되어야 한다. 갈등해결에 도움이 되는 기법은 다음과 같다.

첫째, 갈등을 한사람의 문제로서가 아니라 집단의 문제로 규정한다.

둘째, 모든 관점을 경청하고 그들의 차이점뿐만 아니라 유사점도 찾도록 한다.

셋째, 모든 관점이 충분히 이해되도록 설명을 요구한다.

넷째, 한쪽은 이기고 다른 쪽은 지는(승-패) 해결책을 피한다.

다섯째, 갈등이 존재하게 되는 계기를 무시하지 말고 그것을 찾도록 한다.

여섯째, 경쟁적인 분위기보다는 협동적인 분위기를 갖도록 한다.

3) 종결단계

마지막 단계는 종결단계다. 집단 목적이 성취되고 성원들이 새로운 행동유형을 학습하게 되면 마지막 단계로 접어든다. 종결이 늘 쉽게 수행되는 것은 아니다. 집단에 매우 깊이 관여해 왔던 성원들에게는 특히 힘든 시간이다. 성원들은 집단의 존재를 더 유지시키고자 퇴행적인 행동을 보이기도 한다.

사회복지사는 다음과 같은 방법으로 종결을 준비해야 한다. 종결 몇 주 전부터 종결이 다가옴을 알리고 준비시켜 자신들의 목표를 달성하도록 남아 있는 시간을 활용하게 한다. 충분한 시간이 주어지도록 하여 남아 있는 문제에 대해 계획을 세울 수 있도록 한다. 사회복지사는 성원들이 노여움, 슬픔, 손실감, 버림받은 느낌 등을 숨김없이 드러낼 수 있도록 돕고 사회복지사 자신의 감정도 공유한다. 사회복지사는 집단에서 얻은 변화가 지속되도록 그리고 실제 생활에서 일반화되도록 성원들을 도와야 한다. 이를 위해 처음 회기부터 마지막 회기까지 학습했던 사항들을 요약하게 하여 성취감을 심어 주며, 마지막 회기 시간에는 지금까지 획득한 기술을 실제로 한 번 더 수행하게 한다. 또한 실제 생활에서 부딪치게 될 어려움을 제시하여 그에 대해 토론해 보는 것도 좋다.

부득이하게 종결을 맺는 경우도 있는데, 그 이유를 충분히 설명하고 후속조치를 해 주며 성원들의 감정을 함께 다루고 수용할 수 있도록 해야 한다.

3 가족대상 사회복지실천기술의 이해

1) 가족중심 사회복지실천의 기본 개념

(1) 가족의 기본적 속성

가족을 단위로 한 사회복지실천을 행하기 위해서는 사회 단위로서의 가족에 대한 이해가 필요하다. 가족이 어떤 속성을 갖고 있고 어떤 기능을 수행하고 있든지 상관없이 모든 가족은 공통적으로 두 가지 차원의 속성에 영향을 받아 형성되고 유지된다. 하나는 시간적 차원이고 다른 하나는 공간적 차원이다.

먼저, 시간적 차원에서 가족은 역사성을 띠고 있다. 가족의 역사성이란 현재 우리가 속해 있는 가족은 여러 세대를 거쳐 아버지 쪽과 어머니 쪽 가족의 특성이 전해 내려오면서 통합과 조정의 과정을 거쳐 형성된 결과물이라는 것이다. 하지만 가족의 속성은 역사성에 의해서만 영향을 받아 형성되는 것은 아니다. 동시대에 함께 존재하는 가족을 둘러싼 각종 환경과의 교류를 통해 가족의 속성이 변화될 수 있다. 이것을 가족의 공간성이라고 말할 수 있다. 가족의 공간성이란 가족이 진공상태에서 존재하는 것이 아니라 주변 환경과 끊임없는 교류를 하면서 생존, 적응해 가고 있음을 의미한다. 권위적이고 경직된 가족관계 양상에 영향을 받고 성장한 아버지라 할지라도 애정중심적이고 비권위적인 이웃 가정과 전반적인 사회분위기 속에서 생활해 가면서 자신의 가족관계 양상에 변화를 가져올 수 있을 것이다. 이렇게 볼 때 가족은 역사성과 공간성을 동시에 띠고 있다고 볼 수 있다. 골덴버그 부부(Goldenberg & Goldenberg)의 가족에 대한 기본적인 속성을 보면, 다음과 같다.

① 가족은 특정한 목적달성을 위해 인위적으로 형성된 집단이 아니라 자연스럽게 형성된 사회집단이다. 가족의 목적과 기능은 가족이 생활해 나가는 가운데 가족원 간의 상호교류, 타협, 조정의 결과로 자연스럽게 형성된 것이라고 볼 수 있다.
② 가족은 생활해가는 가운데 일련의 생활유형 또는 규칙을 발전시키게 된다. 이러한 생활규칙은 대부분 분명하지 않아 가족원도 모르고 지내는 경우가 많다. 이것을 우리는 가족의 생활방식, 가족관계 양상, 가족관습 등으로 부를 수 있다.
③ 가족의 각 구성원은 나름대로 할당되고 부여된 역할이 있다. 이러한 역할의 종류와 특성은 가족이 성장해 가면서 가족 내부 상황 또는 가족 외부 환경의 영향에 따라 생성, 소멸, 분화 또는 변화될 수 있다. 경제적 부양의 책임, 가사 운영의 책임, 자녀교육의 책임, 가족 내 감정 조절의 책임 등이 각 가족원에게 분담될 수 있다.
④ 가족은 나름대로의 권력구조를 갖고 있다. 어느 가정은 아버지가, 다른 가정은 어머니가, 또 다른 가정은 할아버지 또는 할머니가 상

대적으로 강한 가족의 의사결정권과 통솔권을 갖고 있을 수 있다. 자녀가 장성한 뒤에는 자녀 중 누군가가 상대적으로 강한 권력을 갖게 될 수도 있다.

⑤ 가족은 공공연하거나 은밀하면서 복잡한 형태의 의사소통 형태를 갖고 있다. 이러한 특성은 두 번째 항목에서 설명한 가족의 생활유형 또는 규칙과 겹치는 부분이다. 가족의 생활유형 중 의사소통 유형만을 놓고 볼 때 가족은 그 나름대로의 의사소통 유형이나 특성이 나타난다. 언어적 표현이 매우 발달한 가족이 있는가 하면, 비언어적 의사소통이 지배적인 가족도 있다. 감정표현이 풍부하고 세심한 가족이 있는가 하면, 감정의 표현이 극도로 억제되는 가족도 있다.

⑥ 가족은 나름대로 문제를 해결하고 타협·협상하는 방법을 갖고 있다. 가족은 문제에 직면했을 때, 그 문제를 해결하는 나름대로의 방식을 가지고 있다. 차분한 대화로 가족원의 의견을 수렴하여 이성적으로 해결하는 가족이 있는가 하면, 감정적인 면이 강하게 드러나면서 감성에 의지해 충동적으로 문제를 해결하는 가정도 있다. 가장을 중심으로 권위적 의사결정에 의해 문제가 해결되는 가정이 있을 수 있는 반면, 민주적 의사결정 방식에 의해 문제가 해결되는 가정도 있다.

⑦ 가족은 역사, 세상에 대한 관점, 목적의식 등을 공유하고 있다. 이것은 가족의 세상에 대한 인식이라고 불릴 수 있다. 세상을 살만한 곳, 믿을 만한 곳, 희망과 포부를 갖고 한 번 도전해 볼 만한 흥미진진한 곳으로 바라보는 가정이 있는가 하면, 세상은 못 믿을 곳, 불안한 곳, 미움·다툼·시기·질투가 가득한 곳으로 생각하는 가정도 있을 수 있다. 이런 인식은 가족원 사이에 공유된다는 것이다.

⑧ 한 번 구성원은 영원한 구성원이다. 가족은 이혼, 사망, 별거, 유기 등에 관계없이 한번 가족원이면 영원히 가족원으로 남아 있다. 가족관계가 법적으로 정리될 수는 있어도 그 외의 측면은 각 개인의 생각, 정서, 감정, 행동 등에 끊임없이 영향을 미치는 존재가 바로 가족이다. 가족원 중 한 명이 의도적으로 다른 가족원과 멀리 떨어져 생활한다고 하더라도 그 영향력은 여전하다(엄명용 외, 2008).

(2) 개인치료와 가족치료의 차이점

개인치료와 가족치료는 고통 받고 있는 개인을 돕는다는 치료 목표에서 본다면 이견을 달리할 수 없을 것이다. 또한 사회복지사와 치료관계를 맺고 있는 클라이언트의 권리를 존중해야 한다는 것도 모든 치료가 가진 공통점이다. 그러나 어떻게 도울 것인가에 대해서는 많은 차이를 보인다. 가족치료는 개인의 심리적 문제보다는 그 사람의 환경이나 생태학적 체계처럼 개인을 둘러싸고 있는 관계 속에서 일어나는 문제에 더 많은 관심을 가지고 있다. 따라서 개인보다는 가족이라는 한 집단을 치료의 단위로 취급하게 된다. 개인치료와 가족치료의 차이를 크게 구분하면 다음과 같다.

① 병리적인 초점의 차이이다. 전통적인 개인치료는 문제의 원인을 개인에게 두고 정신 내면의 과정에 보다 많은 관심을 기울여왔다. 그러나 이러한 개인에 대한 접근에는 한계가 있다. 그러므로 가족치료에서의 병리적인 초점은 개인을 둘러싼 가족이나 사회체계에 둔다. 왜냐하면 사회맥락 속에서 의미 있는 사람과의 역기능적인 상호작용 양상의 결과로 어떤 문제가 발생한다고 보기 때문이다.

② 치료개입 대상의 차이이다. 개인치료에서는 일반적으로 개인이 치료의 대상이 된다. 사회복지사는 개인에게 집중하여 그의 생활을 보다 만족스럽게 변화시키기 위해서 어떻게 할 것인가를 그들의 과거와 현재에서 찾으려고 노력한다. 한편 가족사회복지사는 클라이언트의 가족체계를 치료대상으로 삼는다. 가족 안에서 문제를 가지고 있는 사람을 확인된 환자 IP(Identified Patient)라고 부른다. 이들은 단지 가족으로부터 문제시되고 있는 사람일 뿐이다. 따라서 가족사회복지사는 IP와 다른 가족과의 관계의 변화에 관심을 가지게 될 것이다.

③ 치료의 단위이다. 개인치료는 일반적으로 개인을 치료의 단위로 삼는 데 반해서 가족치료는 체계의 많은 구성원이 치료의 단위가 된다. 문제시되는 개인을 둘러싼 맥락 속에서 개인과 개인의 관계를 강조하는 대인관계적인 모형을 강조한다고 말하면 가장 먼저 떠오

르는 질문은 그 관계에 누가 포함되어야 하는 가라는 것이다. 가족치료라고 반드시 모든 가족이 다 참석해야만 하는 것은 아니다. 현존하는 문제에 영향을 끼쳐서 그 과정을 바꾸는 데 꼭 필요한 가족원을 필요로 한다.

④ 치료기간의 차이이다. 치료기간도 개인이 가진 지난날의 경험에 기초한 내면의 갈등을 해결하고자 하는 개인치료는 자연히 많은 시간을 필요로 할 수밖에 없다. 사회복지사의 이론적 지향이나 어떤 문제를 가지고 있느냐에 따라 다르지만, 일반적으로 일 년 이상의 치료기간이 필요하다고 알려져 있다. 한편 가족사회복지사는 가족과 관련된 문제의 해결을 위하여 단기치료를 추구하는 경향이 있다. 따라서 개인치료보다는 상당히 짧아서 6개월이나 그보다 짧은 것으로 알려졌다. 왜냐하면 가족사회복지사는 가족원의 오래된 내면의 갈등을 해결하기보다는 개인을 둘러싼 역기능적 상호작용에 의한 위기를 해결함으로써 고통을 경감하려고 노력하기 때문이다.

2) 가족치료모델별 주요 개입기술

(1) 보웬(M. Bowen)의 체계적 모델

보웬의 가족치료는 행동장애를 중가된 불안의 산물로 본다. 이들은 고립되고 분화되지 못한 가장 상처받기 쉬운 개인이 갈등의 중심이 되기 쉽다고 본다. 다시 말하면, 행동장애는 한 세대에서 다른 세대로 전수된 정서적 융해의 결과이다. 따라서 치료목표는 이와 같이 다세대에 걸친 삼각관계화를 이루고 있는 사람을 거기서 해방시키는 탈삼각관계를 꾀하는 것이다.

이상적인 발달은 원가족과 자율적인 분화가 잘 이루어져 있고 불안이 낮으며, 부모가 그들의 원가족과 좋은 정서적 접촉을 할 때 일어난다. 이전 세대와 분화가 잘 된 사람은 원가족과 밀착 또는 격리된 사람보다 훨씬 안정적이다. 자기분화는 보웬 가족치료에서 치료목표인 동시에 성장목표이다. 다시 말하면, 분화되지 않는 가족자아집합체(undifferentiated family ego mass)에서 자신을 분리 독립시켜 정체감을 형성하고, 자기 충동적, 정서적 사고와 행동에서 자유를 획득해 나갈 수 있도록 돕는 것이 치료의 목표이다(김유숙, 2000).

① 치료적 삼각관계

삼각관계를 해결하기 위해서 사회복지사는 가족이 가지고 있는 삼각관계와 다른 종류의 삼각관계를 만든다. 아버지와 어머니 그리고 아들이 삼각관계를 가지고 있다면 사회복지사는 치료적 삼각관계(therapeutic triangle)를 만든다. 아버지와 어머니는 아들이 말을 하지 않을 때마다 불안하고, 따라서 아버지와 어머니는 아들을 재촉하면서 말을 하게끔 한다. 반면 사회복지사는 아들이 말을 하지 않는 경우에 조용하고 부드러운 말로 아버지와 어머니가 어떤 느낌이 드는지 알아본다. 즉, 아버지와 어머니의 불안을 탐색함으로써 사회복지사는 아들에게 향하는 부모의 투사를 돌리게 된다. 사회복지사는 부모가 자신에게 초점을 맞추도록 돕는 역할을 한다. 아들이 말을 하지 않는 측면에 초점을 맞추게 되면 부모는 불안해지고, 불안해지면 자신이 가지고 있는 오래된 삼각관계의 형태가 나오게 된다. 사회복지사는 부모의 불안이 어디에서 오는가 하는 점을 질문하여 스스로 자신의 불안에 초점을 맞추도록 하는 역할을 한다(김용태, 2004).

② 관계경험

관계경험은 핵심적인 삼각관계를 구조적으로 변화시키기 위한 것이고 궁극적인 목적은 가족원이 체계과정을 알도록 하며, 체계과정에서 자신의 역할을 인식하도록 돕는 것이다. 예를 들면 정서적 애착관계에 집착하고 있는 가족원은 애착관계에 대한 요구를 멈추고 정서적인 연결로 인한 압박을 줄이도록 용기를 주고, 자신과 타인의 관계에서 무엇이 발생하였는지를 보도록 돕는다. 냉담한 가족원은 다른 가족원에게 가까이 가는 것과 자신의 생각과 감정에 관하여 이야기하는 것에 관하여 용기를 준다. 관계경험은 다른 가족원의 요구에 대하여 회피하거나 항복하는 문제에 대해서 변화할 수 있는 방법을 찾도록 하는 것이다.

③ 코치하기

코치란 사회복지사의 역할을 나타내는 개념으로 사회복지사가 마치 운동경기를 하는 선수를 돌보는 감독과 같은 역할을 한다는 데서 나온 말이다. 사회복지사는 몇 가지 기본이 되는 원리를 가르치고 이를 통해서 가족이 스스로 행동하게 한다. 사회복지사의 일은 가족의 행동을 때때로 지시하기도 하지만 대부분 가족이 자신의 상호작용을 자율적으로 할 수 있도록 돕는 과정을 진행하는 진행자의 역할을 한다(김규수 외, 2008).

④ 자기 입장 취하기

타인의 행동에 관하여 말하는 것이 아니라 자신이 느끼는 것을 말하는 방법이다. 이는 자기 유형을 취하는 것으로 정서적인 반응의 악순환을 깨는 가장 직접적인 방법이다. 예를 들면, "나는 당신이 그렇게 말을 하니까 매우 소외감을 느끼고 섭섭하네요…, 그래서인지 화가 나고, 지금은 어떠한 말도 떠오르지 않아요….", "당신이 자세한 말을 하지 않고 소리만 지르니까 나는 당신이 무엇을 원하는지 알 수가 없어 뭐라 이야기하기 어렵네요." 등 여기서 예를 든 대화는 화가 나고 속상한 상태에서 그 원인을 추적하기나 상대방에게 책임을 추궁하는 것이 아니고, 자신의 현재 감정 상태를 표현하는 것이다. 따라서 상대방이 말하는 사람의 상태를 이해하게 하며, 반응적이며 악순환적인 대화를 벗어나서 무엇인가 해결방법을 찾을 수 있는 생각을 시작하게 할 수 있다.

(2) 미누친(S. Minuchin)의 구조적 가족치료모델

구조적 가족치료는 문제가 역기능적 가족구조에 의해 유지된다고 보았다. 치료는 가족구조를 변화시켜서 가족의 문제를 해결할 수 있도록 하는 것이다. 치료목표는 구조의 변화이며, 문제해결은 체계적 목표의 부산물이다. 사회복지사는 경계선을 바꾸거나 하위체계를 재정비하기 위하여 가족원 각각의 행동과 경험을 바꾼다.

구조적 가족치료의 목표는 가족이 서로 지지하면서 개인이 문제행동을 해결하고 성장하도록 촉진하는 것이다. 가족목표는 가족이 제시하는 증상과 구조적 역기능의 특성에 의해 파악될 수 있다.

가족체계의 상호교류 규칙을 재구조화하는 것은 구조적 가족사회복지사가 가진 또 다른 목표이다. 가족은 대안적인 방식과 다른 가족원과 보다 만족스러운 상호작용방식을 하는 방법을 배워 미래의 갈등과 스트레스에 바람직하게 대처할 수 있게 된다. 이를 위한 세부적인 치료목표는 하위체계 간의 명확한 경계선 설정, 가족위계질서의 강화, 가족의 실상에 맞는 규칙의 대체이다. 새로운 구조의 출현은 전체로서의 가족은 물론 IP에게 변화를 주기 위해 의도된 것이다. 이러한 관점에서 볼 때 새로운 구조는 부적당한 가족규칙을 새로운 규칙으로 대처하고 가족원이 고정된 역할과 기능에서 벗어나 가족항상성을 유지하기 위한 문제행동이 더 이상 필요하지 않게 됨으로써 IP의 현재 문제를 사라지게 한다.

이와 같은 가족 재구조화의 결과로써 또다시 문제행동이 나타날 가능성은 줄어들고, 전체로서의 가족이 그들의 성장잠재력을 증가시킬 수 있는 가능성은 커지는 것이다. 사회복지사는 가족이 가진, 가능한 융통성과 변화의 영역을 탐색하고 잠재적인 구조적 대안을 활성화시켜 변화하도록 한다(김유숙, 2000).

① 합류화

합류하는 것은 사회복지사가 가족의 현실상황에서 함께 경험하는 과정이다. 합류는 가족의 구조를 관찰하고 존중해 줌으로써 이루어진다. 가족의 상호교류패턴에 사회복지사가 합류하는 것은 사회복지사의 역할을 활성화하고, 가족원 간의 상호교류를 다루는 기술이다. 사회복지사가 가족과 합류가 잘 이루어져야 신뢰의 기초가 튼튼해져서 가족은 대안적이고 발전적인 구조를 위하여 사회복지사를 믿고 따를 수가 있다.

가족체계에 합류하기 위하여 사회복지사는 ① 가족의 조직과 유형이 역기능일지라도 먼저 받아들인다. ② 가족의 상호교류 양식패턴의 장점을 경험한다. ③ 중립화는 가족 가운데 누가 소외당하거나 희생양이 된 가족원의 고통을 사회복지사는 느낄 수 있어야 하고 공감해 주어야 한다. ④ 가족원이 가장 중요시하는 가치나 자아존중감 정도를 알아야 한다. ⑤ 가족원과 함께 문제 탐색과정에 참여하여야 한다. ⑥ 가족의 의사소통의 속도, 언어스타일, 행동방식을 알고 따라야 한다 등과 같은 조건을 잘 파악할 수 있어야 한다.

② 실연화(enactment)

사회복지사가 구상하고 있는 상호작용의 방법을 가족으로 하여금 실제로 행동을 통해서 연기하도록 만드는 방법이 실연화의 기술이다.

실연화의 기법은 여러 가지 치료의 효과가 있다. 미누친과 피쉬맨(Minuchin & Fishman)은 치료의 효과를 네 가지로 설명하고 있다. 첫째, 사회복지사의 가족 사이에 치료동맹을 촉진시키는 효과를 가지고 있다. 가족은 사회복지사의 요구대로 연기함으로써 하나의 팀이 된다. 둘째, 사회복지사는 실연화를 통해서 가족의 믿음에 도전할 수 있다. 가족이 가지고 있는 개인주의적 문제의식은 실연화의 과정 속에서 도전을 받게 된다. 역기능의 상호작용을 분명하게 봄으로써 가족은 자신이 가지고 있는 문제에 대한 관점을 확장하고 넓힐 수 있게 된다. 셋째, 가족은 새로운 상호작용과 구조를 실험할 수 있는 장을 가진 셈이 된다. 이전에는 할 수 없었던 말을 사회복지사의 지지에 의해서 할 수 있게 되고, 이전에는 할 수 없었던 말을 다른 가족에게 할 수 있는 여건을 갖게 된다. 넷째, 사회복지사를 가족의 삼각관계나 안정된 연합으로부터 피할 수 있도록 하는 효과가 있다. 개인주의적 관점을 가진 가족 또는 타인과 연합을 통해서 갈등을 피해가려고 하는 가족에게 사회복지사는 강력한 안정된 연합을 할 수 있는 사람으로 등장한다. 사회복지사는 단순하게 가족만 상호작용을 하도록 지시함으로써 삼각관계 또는 연합으로부터 피할 수 있게 된다.

③ 경계선 만들기

부부, 부모, 형제, 부모－자녀의 하위체계가 각기 경계선을 명확히 할 때 가족구조 내에서 새로운 상호작용 유형이 생기고 체계의 기능이 증가하게 된다. 하위체계의 경계가 부적절하게 경직되어 있거나 혼돈되어 있을 때 일반적으로 역기능적인 상호교류 유형의 문제가 발생한다. 특히 부모와 한 자녀가 경직된 삼각관계를 형성한 경우 역기능적인 상호작용 유형이 발생하게 된다. 이때 사회복지사는 부부하위체계를 강화함으로써

제3자의 개입없이 부부문제를 협의할 수 있도록 하고, 제3자(자녀)의 자율성을 보호해 주고, 삼각관계 경계선을 약화시킴으로써 하위체계가 좀 더 개방적이 되도록 한다.

④ 과제부여

사회복지사는 가족 상호교류에서 자연스럽게 발전될 수 없는 행위를 실연해 보도록 하며, 가족이 행할 필요가 있는 분야를 개발시키기 위하여 과제를 주는 것이다. 예로서 치료시간에 “5분 동안 방해하지 마세요.”, “의자를 돌려 앉으세요.”, “위치를 바꾸어 좀 더 가까이 앉으세요.” 라고 지시하는 것이다. 그리고 치료 시간뿐 아니라 집에서 할 수 있는 과제를 줄 수 있다.

(3) 전략적 모델과 해결중심모델

과정중심 관점에 해당되는 치료모델의 대표적인 모델은 헤일리(Haley)의 전략적 모델, MRI(Mental Research Institute)의 상호작용모델, 해결중심모델 등이 있다. 여기에서는 헤일리 모델과 해결중심모델에서 대표적으로 사용되는 개입기술은 소개한다.

① 헤일리(Haley)의 전략적 가족치료모델

전략적 가족치료모델은 가족의 반복적인 역기능적 행동에 직접적으로 개입하여 변화를 유도하는 접근으로 간결한 기법과 단기적이며, 효율적인 개입이 특징이다.

㉮ 지시

헤일리는 가족의 문제를 치료하는 데 있어서 지시방법을 사용한다. 지시를 사용하는 데는 두 가지 방법이 있다. 첫째는 사회복지사가 가족이 원하는 행동에 대해서 하도록 지시하는 방법이 있고, 둘째는 사회복지사가 가족이 어떤 행동을 하지 않기를 원할 때 하도록 하는 방법이다(김용태, 2000).

㉯ 은유

사회복지사는 말과 행동을 통해서 은유(metaphor)의 방법을 사용한다. 예를 들면, 개를 두려워하는 아이의 예를 들 수 있다. 사회복지사는 개를 두려워하는 아이가 어린 시절에 입양된 아이라는 사실을 알게 되었다. 부모는 아이에게 입양된 사실을 말하지 않았다. 아이는 자신이 입양되었는지에 대해서 표면상으로 모르는 체하고 있다.

이 경우에 사회복지사는 개를 데리고 와서 입양의 주제에 대해서 서로 이야기를 하도록 만든다. 개는 그 가족에게 입양이 되었으며, 입양된 개는 때로는 아플 수도 있고 또는 가족에게 버려질 수도 있음을 서로 말한다. 그러나 일단 입양이 되면 개가 아플 때 개를 의사에게 데려가서 돌보아주어야 하며 개를 잘 돌보도록 가족은 신경을 써야 한다. 마찬가지로 입양된 아이도 아플 때 부모가 병원에 데리고 가며 돌보듯이, 아이도 개를 입양하여서 돌보아야 한다. 개를 두려워하는 아이의 입양주제를 가족이 개를 입양하여 돌보는 주제와 연결하여 서로 이야기함으로써 문제를 해결하도록 만든다. 아이는 개를 입양하여 돌보는 과정에서 개에 대한 두려움을 해소하도록 만든다(김용태, 2000).

㉰ 역설적 개입

역설적 개입은 가족원이 저항하도록 하여 변화를 일으키는 치료기법이다. 이러한 역설적 지시는 사회복지사가 가족원에게 변화할 수 있도록 원조하기를 원한다고 말함과 동시에 변화하지 말라는 요구를 하기 때문에 가족에게는 역설적으로 보일 수 있다.

② 해결중심모델

해결중심모델은 문제의 진단과 제거에 초점을 맞추는 전통적인 치료모델과는 다른 가정과 철학을 가지고 있다. 이 모델의 기초가 되는 가정과 전제 가치를 살펴보면 다음과 같다.

첫째, 병리적인 것 대신에 건강한 것에 초점을 둔다: 문제가 되는 상황에 초점을 맞추기보다는 긍정적인 면에 초점을 맞춘다.

둘째, 예외 상황은 해결점을 제시한다: 모든 문제는 예외 상황이 있는데, 이 예외 상황을 발견하여 발생될 수 있도록 격려하는 것이다.

셋째, 변화는 항상 일어나고 있으므로 이 변화를 긍정적인 방향으로 설정한다.

넷째, 클라이언트가 전문가이다: 사회복지사와 클라이언트는 협동적인 동료관계이다.

다섯째, 현재에 초점을 맞추며 미래지향적이다: 과거와 문제에 대한 역사보다는 현재의 상태와 미래의 해결방안 구축에 관심을 갖는다.

해결중심모델의 특징적인 질문기법은 다음과 같다.

㉮ 상담 전 변화에 대한 질문

해결중심모델의 기본가정은 '변화란 불가피하며 계속적으로 일어난다'이다. 그러므로 클라이언트가 상담을 약속한 후 상담소에 오기까지 경험한 변화에 대해 알아보는 상담 전 변화에 대한 질문은 문제해결에 매우 중요한 단서를 제공할 수 있다.

예: "처음 상담을 신청 했을 때와 상담 받으러 오기까지의 사이에 문제 상황이 좀 나아진 것이 있나요?"

㉯ 예외 질문

예외란 클라이언트가 문제로 생각하고 있는 행동이 일어나지 않는 상황이나 행동을 의미한다. 어떠한 문제에도 예외는 있기 마련이라는 것이 해결중심치료의 기본전제이므로 예외 질문을 통해 인지하지 못했던 예외를 찾아내고 그것을 계속 강조하면서 클라이언트의 성공을 확대하고 강화시킨다.

예: "최근 문제가 일어나지 않은 때는 언제였습니까?"

㉰ 기적 질문

기적 질문은 문제 자체를 제거시키거나 감소시키지 않고 문제와 떨어져서 해결책을 상상하게 하는 것이다. 이 질문을 통해 클라이언트가 바꾸고 싶어 하는 것을 스스로 이야기하게 하여 문제에 대한 집착에서 벗어나 해결중심 영역으로 들어가게 한다.

예: "주무시는 동안 기적이 있어나 ○○○께서 상담실 오실 때 생각했던 문제들이 꿈같이 해결되었다고 생각해 봅시다. ○○○께서는 아침에 일어나 무엇을 보면 '아~ 기적이 일어났구나'를 알 수 있을까요?"

㉣ 척도 질문

척도 질문은 숫자를 사용하여 클라이언트에게 문제의 심각성, 문제해결에 대한 희망, 문제가 해결된 정도 등을 표현하도록 하는 방법이다.

예: "1부터 10까지의 척도에서 1은 문제가 가장 심각할 때이고 10은 문제가 다 해결된 상태라고 하면, 지금은 몇 점입니까?", "문제가 3점에서 5점으로 올라가려면 ○○○께서 무엇을 하면 달라질까요?"

(4) 사티어(V. Satir)의 경험적 접근

경험적 가족사회복지사의 목표를 한마디로 정의하면, 가족을 안정된 상황에 머무르게 하는 것뿐만 아니라 성장시키려는 것이다. 감수성, 느낌의 표현, 자발성과 창조성, 확실성의 성장이 치료의 전형적 목표이다. 그들은 물론 증상의 감소나 사회적 적응도 중시하였지만, 내면의 경험이나 그러한 경험의 확대를 가족치료의 기본적인 목적으로 삼았다. 사회복지사는 가족이 자기인식, 자기신뢰, 인간적 성장을 할 수 있도록 돕는다. 사티어는 자신의 자아존중감을 높이고 자기 인생에 대한 선택권을 스스로 갖도록 돕는 개인의 성장을 최대의 목표로 삼았다. 한 개인의 성장은 가족체계의 건강과 통합됨으로써 이루어진다. 사티어는 구체적으로 치료를 통해 개인의 낮은 자존감을 회복시켜 자신의 가치를 인정할 수 있는 감정과 자원을 발견하도록 도왔다. 그리고 이를 활용하여 문제 상황에 잘 대처할 수 있도록 원조하였다(김유숙, 2000).

① 재정의(reframing)

재정의는 클라이언트나 가족의 세상에 대한 내면의 준거틀을 변화시키는 데 효과가 있는 치료적 전략이다. 이 기법은 행동, 감정, 사고에 어떠한 긍정적 개념을 제시하는 것으로 볼 수 있는데, 클라이언트는 사물에 대한 새로운 정보를 수집하고 현상적인 사건에 대한 긍정적인 의미를 만들어 내는 것이다. 재정의는 부정적인 의미를 긍정적으로 변화하기 위하여 사용하는 기법으로, 사실은 변화하지 않은 상황에서 이미 경험한 사실에 대한 관념, 정서적 감정과 태도를 좀 더 구체화하고 긍정적으로 규정함으로써 변화가 발생하는 것이다.

예를 들면, 사건에 대한 생각이 혼돈되고, 혼돈되었기 때문에 무기력하다고 느끼는 클라이언트에게 그 혼돈은 성장을 준비하는 데 따르는 어려움이라고 재정의해 줄 수 있다. 이렇게 재정의해 줌으로써 클라이언트가 혼돈을 수용할 수 있고, 집착했던 문제로부터 벗어날 수 있으며, 나아가서는 긍정적 방법으로 변화하는 것을 기대할 수 있다. 따라서 재정의는 개인이나 문제에 관하여 좀 더 긍정적으로 적절하고 정상적인 것으로 재규정함으로써 의미와 가치판단을 변화시키는 것이다(김규수 외, 2008).

② 가족조각

가족조각은 가족이 갖는 의사소통 유형을 몸의 자세로 나타냄으로써 구체적인 현상으로 드러내 보인다. 이렇게 조각을 하게 되면 추상적인 것이 구체적 형태로 나타나서 문제를 파악하기 쉬워지며, 치료법도 쉽게 인식할 수 있다.

③ 원가족 삼인군치료

사티어는 출생가족의 성장과정과 생활경험을 중요시하였으며, 현재의 자아존중감, 자기가치, 신념, 생존 유형, 일치적인 의사소통 등을 성장과정에서의 생활경험과 연결시켜 이해하려고 노력하였다. 이것은 현재의 문제나 증상의 원인을 파악하기 위한 것보다는 부모와 자신의 관계를 중심으로 전체 가족구조, 전체적인 가족생활 역사, 가족관계를 이해하고 평가하도록 하는 것에 관심을 두고 있다.

표 12-6 사티어의 의사소통 유형

	회유형	비난형	초이성형	산만형
단어	• 동의하는 단어 사용: "나의 잘못이다.", "네가 없으면 난 아무것도 아니다.", "나는 너를 행복하게 하기 위해 존재한다."	• 반대하는 단어 사용: "너는 아무것도 제대로 못한다.", "문제가 무엇이냐?", "모든 것은 네 탓이다."	• 극히 객관적인 규칙과 옳은 것에 관한 자료 사용, 추상적인 단어와 긴 설명 • "모든 것이 허구적이다.", "사람은 지적이어야 한다."	• 관계없는 단어 사용 • 뜻이 통하지 않고 요점이 없음 • 계속해서 그대로 두라고 함
정서	• 구걸하는 마음: "나는 힘이 없다.", 변명하는 표현과 목소리, 약한 신체적 자세	• 비난적 • "나는 여기서 우두머리이다." • 힘이 있어 보이는 입장 • 융통성이 없음	• 완고, 냉담, 경직된 굳은 감정, 고자세, 침착함 • "사람은 어떤 희생이 있어도 냉정하고, 조용하고, 침착해야 한다."	• 혼돈스러운 감정, 계속해서 움직임, 비스듬히 앉음 • "나는 실제 여기에 있는 것이 아니다."
행동	• 의존적 순교적임: 너무 착한 행동, 너무 좋게 처리한, 사죄하고, 변명하고, 우는 소리를 하고 모든 것을 제공한다.	• 공격적 • 심판, 명령, 약점 발견	• 권위주의자 행동: 강직, 원칙론적 행위, 행동의 합리화, 고자적 의도적·강제적 행동	• 산만한 행동, 지나치게 활동적·방해적 행동, 부적절한 행동
내적 경험	• 아무것도 아닌 것 같이 느낀다.	• 소외됨 • "나는 외롭다.", "나는 실패자다."	• "나는 상처받기 쉽고 고립된 느낌이다." • "어떤 감정도 표현할 수 없다."	• "아무도 상관하지 않는다." • "거기는 내게 적절한 곳이 아니다."
심리적 영향	• 신경과민, 우울증, 자살적 성향, 자멸적 성향	• 과대망상, 이탈 행동 • 살인할 수 있는 성향	• 강박적, 강제적, 사회적으로 위축, 반사회적, 지나치게 긴장	• 혼돈됨, 부적절한 느낌, 정신이상적 느낌
신체적 영향	• 소화기관의 고통, 위장애, 당뇨, 편두통, 변비	• 근육긴장과 등의 통증, 관절염, 변비, 혈액순환의 문제와 고혈압, 천식	• 건조성 질병, 임파조직에 질병, 암, 심장마비 등의 통증	• 중앙신경계통 장애, 위장애, 변비, 당뇨병, 편두통

4 가족대상 사회복지실천 개입과정

개인과의 실천에 필요한 여러 가지 준비 및 기초 기술이 가족과의 실천에서도 활용될 수 있다. 하지만 가족단위의 개입에 필요한 기술은 개인이나 집단을 단위로 한 개입에 필요한 기술과 구별되는 특성을 갖고 있다 그것은 실천과정에서 사회복지사가 보통 한 사람 이상의 사람을 동시에 상대해야 한다는 것이다. 특정 문제가 가족원 개개인에게 미치는 영향을 가족의 한 사람이 모두를 대신하여 설명한다는 것은 거의 불가능하다. 따라서 문제의 원인과 해결방안에 대한 가족원 개개인의 의견이 서로 다를 수 있기 때문에 가족 모두의 이야기를 들을 필요가 있다.

1) 초기단계

초기단계는 가족치료를 실시하는 첫 상담이 이루어지기 위해서 약속을 맺는 일부터 서너 번의 상담을 통하여 진단과 목표설정이 이루어지기까지의 과정을 말한다. 초기단계에서 상담접수, 치료적 관계 형성, 문제의 탐색과 가족사정, 문제의 명료화와 상담 목표의 합의, 상담계약과 상담의 구조화 등이 이루어진다.

(1) 초기 불안의 완화

초기단계의 목적은 가족원을 인정하고, 활동 전에 가족이 편안하게 느끼도록 하는 것이다. 사회복지사의 따뜻하고 진심에서 우러나온 인사와 소개는 가족체계 간의 관계를 시작하는 좋은 방법이다. 사회복지사는 가족이 만남을 즐겁게 느낄 수 있는 방법에 관해 말해야 하며, 어느 정도의 담소는 모임을 부드럽게 할 수 있고 더욱 편안한 분위기를 조성할 수 있다.

(2) 가족단위 개입 필요성 여부 판단

가족상담의 요청은 대개 가족 중 한 사람이 기관에 전화를 하거나 기관을 방문함으로써 이루어진다. 사회복지사는 전화나 방문 또는 의뢰에 의해 사회복지사에게 온 문제가 과연 가족상담의 대상인가를 판단하는 것이 중요하다. 문제가 가족 모두에게 영향을 미치고 있는 가족원이 그 문제의 유지에 영향을 주고 있다고 판단되는 경우에 가족단위의 개입이 고려될 수 있다. 그렇지 않을 경우엔 개별적 개입이나 집단 개입이 고려될 수 있을 것이다.

(3) 개입 가능성 여부판단

도움을 요청한 문제로 인해 가족원 모두가 영향을 받고 있다고 판단되면, 사회복지사는 다음으로 자신과 자신이 속한 기관이 그 문제를 진단하고 개입할 수 있는 지식과 경험을 갖고 있는지를 판단한다. 약물중독, 알코올중독 등과 같은 문제, 공포증 등 극히 개인적인 문제, 가정폭력 문제 등은 가족원 전체에게 영향을 주고 가족원에 의해 영향을 받는 문제이긴 하지만, 사회복지사가 단독으로 가족상담을 통해서 해결하기 어려운 복합적인 문제일 수 있다. 따라서 슈퍼바이저와 의논하여 적절한 곳으로 의뢰하여야 할 것이다.

(4) 가족원 모두의 참여유도

가족단위의 개입이 요구되는 문제이며, 사회복지사 자신이 속한 기관에서 다룰 수 있는 문제라는 것이 확인된 경우, 가족원 중 누가 현재의 가족문제와 직접적으로 관련되어 있는지를 파악한다. 그리고 문제와 직접 관련된 사람이 가족상담을 받기 위해 기관으로 올 수 있는지 여부와 그들의 치료동기를 확인한다. 그리고 가족원 중 누가 치료에 도움이 되며, 도움이 되지 않는지, 그 이유는 무엇인지 파악한다. 일단은 문제와 직접 관련된 사람을 중심으로 가족상담을 시작하되, 이번에 오지 못하는 가족은 가족상담을 진행하다가 필요하다고 판단될 경우 나중에 사회복지사가 상담 참여요청을 할 것임을 밝힌다. 이는 가족원 모두의 관심과 노력이 있어야 가족문제가 해결될 수 있다는 것을 확인시켜 주기 위함이다.

(5) 문제에 대한 대처상황의 파악

문제해결을 위해 가족이 지금까지 가족 안에서 어떤 노력을 기울여 왔는가를 개략적으로 파악한다. 다른 곳에서의 상담이나 치료경험, 지금 가족 상담을 받고자 하는 이유 등에 대해서도 질문한다. 첫 면담은 문제와 관련된 기본적인 정보와 적절한 사항에 대화가 집중될 수 있도록 해야 한다. 이 단계는 적극적 경청의 기술이 요구되며, 성급한 충고나 문제해결 방안이 제시되지 않도록 주의한다.

(6) 문제 상황에 대한 잠정적 가설을 설정

문제 상황이 개략적으로 파악되면 지금까지 파악된 정보를 바탕으로 문제의 원인과 진행과정에 대한 잠정적 가설을 세운다. 가설을 어떤 방향, 어떤 내용으로 세우느냐는 가족상담자나 사회복지사가 갖고 있는 이론적 배경이나 틀에 따라 달라질 수 있을 것이다.

하지만 여기서 말하는 잠정적 가설이란 이론적으로 빈틈없는 가설이나 특정 개입모델 또는 이론에 충실한 가설을 의미하는 것이 아니다. 사회복지사가 다루어 본 유사한 사례에 대한 경험, 개인 및 가족발달에 관한 지식, 임상적 추측, 직관 등에 기초를 두고 설정하는 임상적이며 실용적인 가설을 의미한다. 이 가설은 현상의 원인에 대한 답을 찾아내는 데 목적이 있는 것이 아니다. 앞으로 진행할 면담에서 사회복지사는 최초에 세운 잠정적 가설이 옳은 것인가, 그렇지 않은가를 판단하기 위해 여러 질문을 하게 되는데, 최초의 잠정적 가설은 후속 질문의 방향 및 내용을 안내하는 역할을 하게 된다.

(7) 기타 행정적인 측면 언급

상담료, 상담횟수, 1회 상담시간의 길이, 상담약속의 방법, 약속의 준수 및 취소에 대한 원칙을 언급한다. 이러한 사항에 대한 언급은 초기 접촉의 적절한 시점에서 늦어도 가족단위와의 첫 면담 전에 이루어지도록 노력해야 한다.

첫 가족 상담을 위한 준비(엄명용 외, 2008)

① 물리적인 공간의 준비

가족원 모두가 함께 참석할 수 있는 상담 장소를 마련한다. 한 명의 사회복지사가 상담을 맡고 슈퍼바이저나 다른 팀원이 상담실 밖에서 도움을 주는 가운데 상담이 진행되는 경우엔 일방경이 설치된 장소를 확보하는 것이 좋다. 이는 슈퍼바이저나 다른 팀원이 가족에게 노출되지 않은 채 가족상담 상황을 지켜보면서 필요한 경우 적절한 지시나 조언을 할 수 있기 때문이다. 이때 사회복지사는 이 사실을 알리고 그 이유에 대한 설명과 함께 동의를 구해야 한다. 또한 필요한 경우 동의서를 작성할 수도 있으며, 이때 기관의 책임, 즉 치료목적 이외에 사용되지 않을 것을 분명히 밝히는 것도 필요하다.

② 가족 영접준비

일단 가족이 정해진 상담실로 들어오면 각자 편안하게 자리를 잡고 앉도록 권유한다. 가족들이 상담실에 들어오는 순간부터 자리에 앉을 때까지 가족원 모두에게 관심을 갖고 최대한의 배려를 한다. 즉, 사회복지사가 가족원 모두를 개별적으로 존중한다는 것이 가족원 각자에게 충분히 전달될 수 있도록 해야 한다. 그래야 모든 가족원이 상담과정에 적극적으로 참여하게 되며 소외감을 느끼지 않는다. 가족이 자리에 앉으면 먼저 사회복지사가 자신과 자신의 가족상담 관련 기능에 대해 간략한 소개를 한다. 아울러 전 가족을 대상으로 가족상담의 진행 절차, 횟수, 사회복지사가 하게 될 역할, 사회복지사가 가족에 대해 갖고 있는 기대 등을 간략하게 설명한다. 상담을 받기 위해 기관에 처음으로 나온 가족은 낯설고 서먹서먹하며 약간의 긴장 및 불안을 경험할 수 있다. 따라서 앞으로 전개될 일에 대한 개략적인 상황 설명은 가족의 막연한 불안감 해소에 도움이 될 수 있다. 사회복지사 자신의 소개가 끝나면, 가족원 각자를 간략히 소개하도록 한다. 가족원 각자의 말문을 열게 한다는 의미에서 한 사람이 다른 가족원 모두를 소개하는 것보다 될 수 있는 한 가족 각자가 자신을 소개하도록 한다. 이 과정에서 사회복지사는 향후 상담이 지속되는 동안 가족원 각자를 어떤 호칭을 사용하여 부를 것인가를 잘 생각하면서 각자의 소개를 주의 깊게 듣는다.

③ 질문내용의 준비

가족과 본격적인 대화를 시작하기 전의 준비가 어느 정도 되었으면, 이제 가족과 마주 대하고 앉아 무슨 이야기를 먼저 시작해야 할 것인가를 생각해 봐야 한다. 앞서 세운 잠정적 가설을 중심으로 이야기가 이어져 나가야 할 것이다. 가족과의 첫 접촉에서 얻은 정보의 내용은 가족원 한 사람의 시각에 의한 문제 양상인 반면, 가족 전체와의 첫 상담에서는 전반적인 문제 상황의 재정리와 그 문제에 대한 가족원 각자의 인식, 그 문제가 가족원 각자에게 미치는 영향 등을 포괄적으로 파악해야 한다. 다음은 간단한 질문 요령이다.

첫째, 문제에 대한 각 가족원의 이야기를 듣기 위해 다음과 같은 질문으로 시작한다.

"어떤 부분에 대해 도움을 받길 원하십니까?"
"무엇이 가족을 가장 어렵게 만들고 있습니까?"
"그 일은 ○○ 자신에게 어떤 영향을 미치고 있습니까?"

이와 같이 질문을 하면 가족은 상담을 받으러 온 목적과 치료에 대한 기대에 대해 이야기를 시작할 것이다. 여기서 주의할 점은 가족의 어려움에 대해 모든 사람의 견해를 골고루 듣도록 노력해야 한다는 것이다. 이를 위해 사회복지사는 초점이 되는 문제에 대한 자신의 관점을 밝힐 기회를 모든 가족원에게 동등하게 제공해야 한다. 사회복지사가 가족 중 어떤 한 사람 또는 특정 하위체계와 한편이 된다는 인상을 주게 되면 나머지 가족원 각자의 관점이 위축되게 되고 가족문제의 역동성과 상호작용을 정확하게 판단하기 어려워진다. 모든 가족원이 한꺼번에 나서서 이야기를 하는 경우도 경계하여야 한다.

둘째, 많은 가족은 자신의 어려움에 대해 이야기를 하라고 하면, 그 어려움과 관련된 과거의 사건까지 끝없이 거슬러 올라가 문제의 발생, 전개과정, 그 인과관계까지를 자세하게 설명하려는 경향이 있다. 일반적인 사회복지실천은 문제의 사정과 개입에 있어 '지금-여기'에 초점을 두고 있다. 따라서 가족과의 실천에서도 가족의 과거의 사건이나 상황으로 회귀하는 경향을 최대한 통제하는 것이 좋다.

셋째, 지금까지 가족이 문제를 어떻게 다루어 왔는가를 가족 전체의 시각에서 다시 파악한다. 지금까지 가족이 자신의 문제해결을 위해 노력해 온 과정을 살펴봄으로써 가족이 갖고 있는 가족문제의 원인에 대한 관점, 가족이 동원한 자원, 가족이 치른 희생의 내용, 문제해결 노력 과정에서 나타난 가족의 장점 및 단점, 지금까지의 문제해결 시도가 실패한 이유 등을 파악할 수 있다. 또한 파악된 내용을 바탕으로 지금까지 가족이 시도해 온 것과는 다른 내용의 해결방법을 모색해 보는 계기를 마련할 수 있다.

2) 개입단계: 개입에 관련된 기술

개입단계는 가족치료에 있어 중간단계로서 변화를 위한 주된 작업이 행해지는 단계이다. 이 단계는 가족으로 하여금 자신들의 관계를 보게 하고 치료를 받게 한 구체적인 문제를 다루게 되며, 가족치료의 효과적 방법을 발달시키고 파괴적인 행동을 변화시킬 수 있게 된다. 사회복지사는 변화를 촉진하는 역할을 담당하고, 클라이언트가 가족의 기능과 문제점에 긍정적 변화를 자각하며, 자율적인 문제해결능력을 습득하도록 돕는다.

개입에 관련된 개입기술은 가족치료모델에 따라 접근법이 달라진다. 가족치료모델별 주요 기술은 이미 소개되었다. 여기에서는 임상현장에서 공통적으로 활용할 수 있는 기법을 소개한다.

(1) 문제의 재정의

사회복지사는 가장 많이 쓰는 개입 방법의 하나가 재정의, 재명명화, 긍정적 의미부여라고 불리는 역설적 방법이다. 문제를 보는 시각을 바꿈으로써 새로운 해결책을 찾아내려고 하는 것인데, 이것은 짧은 언급이나 긴 문장으로 진술된다. 어떤 가족의 특정 행동과 성격 특성은 재명명화에 의하여 새롭게 이름 붙여지는데 가족은 이러한 과정을 통하여 스스로 재조명해 볼 수 있다. 재명명은 부정적이기보다는 긍정적인 용어를 사용하는 것이 바람직하다.

(2) 칭찬

사회복지사의 칭찬은 가족을 변화시키는 데 도움이 된다. 특히 해결중심적 가족상담에서는 개입에서 다른 것보다 칭찬에 많은 시간을 할애한다. 의외의 칭찬은 이들의 자존감을 높이고, 더 나아가 변화하고자 하는 동기를 자극하게 된다. 따라서 가족이 성공적으로 과제를 수행할 때 사회복지사는 칭찬 등의 보상을 아끼지 말아야 한다.

(3) 경험적 기법을 사용한 상담

경험적 상담을 할 때는 다음의 세 가지 규칙을 기억해야 한다. ① 역할극을 하는 상담 초기에 미리 가족에게 알려야 한다. ② 가족이 자연스럽게 역할극의 역할을 할 수 있도록 유도한다. ③ 역할극에서 하게 될 역할을 자세하게 설명함으로써 가족 자신이 무엇을 해야 하는지 정확하게 파악할 수 있어야 한다. 이때 사회복지사가 직접 시범을 보여 주면, 가족은 쉽게 알 수 있다.

(4) 직면

상담에서의 직면의 위상은 양면적이다. 직면은 가족을 변화시키는 가장 효과적인 공헌을 할 수 있기도 하며, 때로는 정반대로 상담을 파국으로 이끌 가능성도 있다. 그러므로 적절한 충격과 완충상태를 제공해 줄 수 있는 관계로 발전한 후에 직면하는 것이 바람직하다.

(5) 과제

사회복지사에 따라 가족에게 어떤 과제를 수행하도록 요구하게 되는

데, 가족에게 과제를 제공할 경우 가족이 그 과제를 수행할 수 있는지의 여부를 파악하고 가족에게 그 과제의 중요성과 과제를 수행함으로써 얻을 수 있는 것이 무엇인지, 그리고 과제를 수행하는 방법에 대해서 구체적으로 설명해 주어야 한다. 이처럼 상담 초기에 과제를 확인하는 목적은 상담을 보다 용이하게 하고 과제의 중요성을 강조하고 사회복지사와 신뢰를 유지하는 데도 도움이 되기 때문이다.

예상하지 못한 문제 처리하기

① 가족이 상담 장소를 떠날 때

때때로 가족 중 한 명이 격양된 감정을 표현하다가 갑자기 면담장소에서 나가 버리는 경우가 있다. 사회복지사는 그런 일에 그리 놀라서는 안 된다. 오히려 가족의 조직을 관찰하는 데 중요하고, 새로운 자료로 사용할 수 있을 것이다. 떠난 사람이 다시 면담에 돌아오든 안 돌아오든 가족 전체로 보면 어떤 행동을 보이고 어떤 식의 반응이 일어나는지의 과정을 파악하는 측면에서 가치가 있다.

② 상담동기의 저하

가족에게 상담의 동기를 부여하는 방법은 사회복지사가 낙관적인 태도를 보이면서 상담을 성공리에 마치면 사태가 어떻게 될 것인가를 설명하거나 그러한 상황을 확신하는 언어를 상담 중에 언급하는 것이 효과적이다.

표 12-7 가족치료 관점별 사정 및 개입전략(엄명용 외, 2008 재인용)

	역사적 관점	구조적 관점	과정중심 관점	경험주의 관점
표출문제의 정의 및 가설	미해결된 과거관계의 잔재, 원가족과의 미분리	가족구조상 결함(위계·경계)	고착된 상호작용 연쇄고리	표현되지 못한 정서
관련 이론	가족체계이론, 세대전이이론, 대상관계이론	구조주의가족 이론, 체계이론	전략적 치료·MRI, 해결중심, 의사소통 인지·행동, 밀란 그룹, 심리·교육치료	경험주의(experiential)이론, 상징적 표현, 이야기 치료, 의사소통
대표적 이론가	Bowen	Minuchin	Haley, Fish, Weakland, Watzlawick, Berg, de Shazer	Stair, Whitaker
사정의 틀	가계도, 전이 및 역전이	가족지도(family map), 시연	순환질문, 기적 질문, 가설설정	가족조각, 이야기하기, 이야기 재구성
개입전략 및 기술	분화촉진, 탈삼각화, 해석, 편지쓰기	합류, 재구조화, 경계 구분짓기, 탈균형화(unblancing)	지시, 역설, 예외 상황, 변화강화, 계약, 교육, 기술 훈련, 이야기 재구성	가족조각, 자기노출, 의사소통훈련, 사이코드라마, 유효화, 은유
치료목표	각 가족구성원의 자아분화의 극대화	가족관계 맥락의 변화, 역기능적 교류의 배경인 가족조직 재구조화	가족구성원 간 반복되는 역기능적 교류의 연쇄 고리를 차단·변화	성장지향적 상호작용 촉진, 명료한 의사소통, 진정한 자기에 대한 자각의 확대
주요 개입활동	가계도의 작성 및 해석, 밀착된 대상에게 편지쓰기(분화촉진), 원가족으로부터 취할 것과 버릴 것을 생각해 낸 후 취사선택하도록 코치	불분명한 경계의 명료화, 경계구조의 재구조화, 가사분담 등 역할구조의 재조직	종래의 문제해결방법과 정반대의 방법을 시도하도록 함. 문제 상황 속에서도 문제가 없었던 예외적 상황을 찾아내 그것을 일상적인 것으로 만듦. 상호교류 중 자동적으로 튀어나오는 비이성적 생각·반응을 이성적 생각으로 바꿈	가족조각이나 그림에 대한 소감을 가족에게 묻고 변화가 필요한 부분을 찾아내게 함. 상대방에 대한 솔직한 감정의 확인 및 직접 표현, 상대방 감정의 인정

3) 종결단계

가족 상담의 종결은 상담관계 전체의 종결과 마찬가지로 상담을 받는 가족에게는 특별한 의미를 가진다. 사회복지사는 가족이 상담에 의존한 것에서 벗어나 사회의 네트워크 속으로 상호 의존관계를 향하도록 유도한다. 그러므로 종결에 대한 사회복지사의 세심한 치료적 배려가 필요하다.

(1) 종결에 대한 계약

상담이 한정된 계약이라면 가족은 상담을 시작하는 시점에서부터 종결을 준비하는 셈이다. 계약이란 유연성을 가져야만 한다. 즉, 상담의 빈도는 가족에게 변화가 일어나 문제의 강도가 소멸됨에 따라서 감소할 수 있는 것이다. 한정된 계약을 한 가족은 처음부터 상담이 언제 끝날 것인가를 알고 종결에 대한 준비를 한다. 그러나 한정이 없는 계약을 한 경우는 어떤 시점에서 종결이란 주제를 다루어 그것에 관련된 문제를 서로 말할 수 있도록 해야 한다.

(2) 상담을 종결시키는 지표

가족상담의 종결은 사회복지사가 추진할 수도 있으며 때로는 가족이 종결하고 싶다는 의향을 알리기도 한다. 사회복지사는 다음과 같은 상황에서 종결을 결정하는 것이 바람직하다. ① 상담 초기에 설정한 목표가 달성되었을 경우, ② 상담의 종결을 준비하거나 최초에 설정한 특정한 목표는 충분히 달성되지 않았지만 상담이 더 이상 필요하지 않다고 판단될 정도로 가족기능에 변화가 있는 경우, ③ 외부로부터의 자원이 더 이상 필요하지 않다고 판단되는 경우, ④ 사회복지사가 여러 가지 노력을 해 왔음에도 불구하고 상담의 효과가 없다는 것을 알았을 때, 또는 ⑤ 가족이 상담에 대한 동기를 상실했거나 결여되었을 때 종결을 결정하는 것이 바람직하다.

(3) 종결 개입 과정

사전 준비 작업을 마친 사회복지사는 종결을 성공적으로 완수할 수 있도록 도와야 한다. 가족으로 하여금 종결을 완수하도록 돕는 과정은 다음과 같다.

① 가족으로 하여금 종결에 대한 감정에 대처할 수 있도록 한다: 가족원들이 종결을 앞두고 느끼는 감정은 적절한 것이고, 그들이 그렇게 느끼는 것은 당연하다는 것을 얘기해 줌으로써 클라이언트의 감정을 수용하는 반응을 보이는 것이다. 종결에 대해 털어놓은 자신들의 감정을 사회복지사가 받아주는 것을 볼 때 그들은 큰 짐을 덜어 놓는 것 같은 느낌을 갖는다.

② 목표달성 및 미래에 대한 준비를 위한 작업: 사회복지사는 가족원들이 치료 초기에 이룬 변화에 대한 것은 물론 치료 마지막 몇 주 동안에 그들이 실행한 작업에 대해 재검토해야 한다. 이러한 가족치료에 대한 전반적인 평가는 사회복지사와 가족 양방향에게 성취감을 부여할 뿐만 아니라 가족이 앞으로 나아가야 할 방향을 제시해준다.

③ 종결 후의 사후관리: 가족치료 종결 후 사회복지사의 사후관리에 대해서는 가족이 처한 상황에 따라 다를 수 있다. 이때 사후관리 방법 및 빈도에 대해서 서로 나눌 수 있으며 주로 사후관리는 치료면담 약속과 전화 연락을 들 수 있다(김규수 외, 2008).

Key Point

- 집단대상 사회복지실천은 대부분의 사회복지기관에서 널리 사용하고 있는 실천방법으로서, 의도적인 집단경험을 통해 사회적 기능을 향상시키며, 당면 문제에 보다 효과적으로 대처해 나갈 수 있도록 돕는 기능을 한다.
- 집단사회복지실천의 장점은 희망, 보편성, 정보, 사회적 지지, 가족집단으로의 재현, 사회기술의 개발, 모방행동, 대인관계학습, 집단응집력, 카타르시스, 실존적 요인 등이 있다.
- 집단의 모델은 사회적 목표모델, 치료모델, 상호작용모델이 있다.
- 집단의 목적에 따라 다양한 특성을 지닌 집단들이 있는데 그 예로 치료집단, 지지집단, 교육집단, 성장집단, 사회화집단으로 분류할 수 있다.
- 집단의 특성은 집단원의 구성, 집단의 크기, 집단의 빈도와 시간, 개방형 집단과 폐쇄형 집단으로 나누어 설명할 수 있다.
- 집단대상 사회복지실천의 개입과정은 일반적으로 초기단계, 중간단계, 종결단계로 구분한다.
- 초기단계는 사회복지사 및 집단성원의 소개, 집단의 목적, 집단성원의 역할, 집단 규칙 등이 소개된다. 중간단계는 집단 목표를 구체화시켜 목적을 달성해 나가거나 문제를 해결해 나가게 된다. 마지막으로 집단 목적이 성취되고 성원들이 새로운 행동유형을 학습하게 되면 종결단계로 접어든다.
- 가족대상 사회복지실천은 가족을 단위로 한 사회복지실천방법이다.
- 가족치료의 주 모델은 역사적 관점의 보웬(Bowen)의 체계모델, 구조적 관점의 미누친(Minuchin)의 구조적 가족치료모델, 과정중심 관점의 헤일리(Haley)의 전략적 모델과 해결중심모델, 사티어(Satir)의 경험주의 접근으로 설명할 수 있다.
- 가족대상 사회복지실천개입과정으로 초기단계는 초기불안을 완화하고 가족단위 개입 필요성 여부를 판단하며 개입가능성 여부를 판단하여야 한다. 또한 문제에 대한 가족들의 대처상황을 파악하고 문제상황에 대한 잠정적 가설을 설정할 수 있어야 한다. 중간단계인 개입과정은 각 모델별 개입기법이 있으며 공통적으로 사용되는 기법으로는 '문제의 재정의', '칭찬', '경험적 기법을 사용한 상담기술', '직면', '과제' 등이다.

응용문제

1 자조모임의 특징으로 옳지 않은 것은?

① 공통된 관심사나 유사한 문제 등을 중심으로 구성된다.
② 성원들의 자기노출과 자기개방성이 높게 나타난다.
③ 사회복지사의 전문성이 집단의 목적 달성에 큰 영향을 미친다.
④ 우울증, 알코올 중독 등의 치료적 차원에서 구성되기도 한다.
⑤ 성원들 간의 상호지지를 통해 긍정적 변화를 도모한다.

2 다음 [보기]는 어떤 집단 유형에 대한 설명인가?

보 기

성원들의 공동의 이슈와 문제를 나누며 지속적으로 만나면서, 스트레스에 대처하고 서로에게 제언을 하며, 격려하고 정보를 전하며 정서적인 지지를 하는 집단이다. 예를 들면, 익명의 알코올중독자 모임, 단도박 모임 등이 있다.

① 치료집단　② 교육집단　③ 지지집단
④ 성장집단　⑤ 사회화집단

3 집단 사회복지실천과정 중 초기단계의 사회복지사의 역할 및 과업이 아닌 것은?

① 사회복지사 및 집단성원을 소개한다.
② 집단규칙 및 집단성원들의 역할을 소개한다.
③ 초기단계의 집단성원들의 불안감은 감소시킨다.
④ 집단구성원들의 변화를 이끌어 내기 위한 기술이 요구된다.
⑤ 비밀보장의 원칙을 설명하고 성원들에 대한 비심판적인 태도와 지지적인 태도가 필요하다.

4 다음 [보기]의 가족치료모델 중 어떠한 모델에 대한 설명인가?

> **보 기**
>
> 이 가족치료모델은 행동장애를 증가된 불안의 산물로 본다. 즉, 이들은 고립되고 분화되지 못한 개인이 증상을 발달시키거나 갈등의 중심이 된다고 본다. 중요한 개념으로서는 탈삼각관계와 자아분화, 다세대 전이 등이 있다.

① 보웬의 체계모델
② 미누친의 구조적 치료모델
③ 전략적 치료모델
④ 사티어의 경험주의모델
⑤ 해결중심모델

5 다음은 [보기]의 가족대상 사회복지실천과정 중 개입단계에서 사용되는 기법 중의 하나이다. 어떠한 기법에 대한 설명인가?

> **보 기**
>
> 이 기법은 문제를 보는 시각을 바꿈으로 해서 새로운 해결책을 찾아내려고 하는 것이다. 예를 들면, 사건에 대한 생각이 혼돈되고, 혼돈되었기 때문에 무기력하다고 느끼는 클라이언트에게 그 혼돈은 성장을 준비하는 데 따르는 어려움이라고 재 명명할 수 있다. 그럼으로 해서 클라이언트가 혼돈을 수용할 수 있고 집착했던 문제로부터 벗어날 수 있다. 즉, 개인이나 가족의 문제에 관하여 좀 더 긍정적으로 적절하고 정상적으로 재규정하는 기법이다.

① 가족조각
② 직면
③ 원가족 삼인군치료
④ 코치하기
⑤ 재정의

정답 1. ③ 2. ③ 3. ④ 4. ① 5. ⑤

PART
04

사회복지실천의 기록과 평가

CHAPTER

13

사회복지실천 기록기술

이 장은 사회복지실천 기록의 특징이 무엇인지를 살펴보고, 다른 기록과 무엇이 달라야 하는지를 학습한다.

"경험은 지혜의 아버지이고, 기록은 지혜의 어머니이다.
그러나 기록의 스승은 진실을 바라볼 줄 아는 통찰력이다."

– 그리스 시인, 소포클레스(B.C. 496~B.C. 406)

학 | 습 | 목 | 표

1. 기록의 목적과 용도를 이해할 수 있다.
2. 좋은 기록이 갖추어야 할 기준과 내용을 이해할 수 있다.
3. 사회복지실천 내용을 기록할 수 있다.

1 사회복지실천 기록 기술의 이해

1) 목적 및 필요성

기록은 문자, 숫자, 그림 등의 기호를 이용하여 실천 활동이나 과정을 후일을 위해 남겨두는 행위 또는 결과물을 말한다. 사회복지실천이라는 개입활동도 시간이 지나면 잊혀지게 된다. 기록문을 남기면 실천한 내용을 본인이나 다른 사람이 다양한 용도로 활용할 수 있다.

첫째, 사회복지실천 기록의 일차적인 목적은 제공 서비스나 개입의 책무성(accountability)을 확인할 수 있는 증거라는 데 있다. 책무성이란 사회복지사의 개입활동의 결과나 효과에 대해 책임을 지고 입증하거나 발생한 시행착오를 수정해야 할 의무를 말한다. 특히 기록은 사회복지사가 재정지원자(예: 정부, 사회복지공동모금회, 기업복지재단 등)에게 사회복지사의 행위를 검증받기 위한 용도로 사용된다.

둘째, 기록은 서비스 지속성을 유지할 수 있도록 정보를 제공할 수 있다. 기록물이 없다면 사회복사의 이직이나 부서이동, 클라이언트의 이사 등을 이유로 담당자가 변경될 때 서비스가 체계적으로 제공되기 어렵다.

셋째, 기록은 다른 전문가와 '의사소통의 수단'으로 활용된다. 컨퍼런스나 사례관리 회의에서 활용될 수 있다. 이를 위해서는 기록된 상황과 맥락이 무엇인지, 사회복지사의 개입이나 제공된 서비스가 적절했는지 판단할 수 있는 근거에 대한 정보가 기록되어야 한다. 특히 다양한 학문적 배경의 개입 주체가 협업 작업을 할 경우 오해를 줄이고, 문제 발생에 대한 책임의 소재를 명확하게 할 수 있다.

넷째, 기록은 슈퍼바이저가 슈퍼바이지에게 '슈퍼비전(supervision)'을 제공할 수 있는 기초자료로 활용될 수 있다. 사회복지사가 개입이나 제공 서비스의 적절성을 확인받고 슈퍼비전을 제공받기 위해서는 슈퍼비전을 받을 수 있는 기초 자료가 필요하다. 슈퍼바이저는 기초 자료를 토대로 슈퍼바이지(사회복지사)의 요구를 추정할 수 있다. 유능한 슈퍼바이저라고 하더라도 상황에 대한 정보가 없으면 슈퍼비전을 제공하기 어렵다. 이와 함께 슈퍼바이지를 대상으로 교육이 이루어질 때 기록물은 슈퍼바이저에게 실습 내용을 구체적으로 제시해 줄 수 있다.

다섯째, 기록은 평가자로부터 평가의 근거자료로 활용될 수 있다. 사회복지실천 개입을 위한 프로그램이 외부의 지원금으로 운용될 경우 제공된 지원금이 제대로 사용되었는지를 요구받게 된다. 특히 공적 자금에 의해 프로그램이 운영될 때에는 사회복지사업법에 의해 3년마다 평가 받도록 규정되고 있는데 기록물이 활동의 근거로 제시될 수 있다.

여섯째, 기록은 사회복지실천기술 개발이나 확산을 위한 기초 자료로 활용될 수 있다. 사회복지실천기술은 클라이언트의 상황과 자원 보유 상태에 따라 사회복지사의 능동적인 개입에 의해 문제해결 방안이 구성된다. 그러나 효과가 뛰어난 개입 방법은 전문직 내부에서 확산되어야 문제해결능력을 높임으로써 전문직에 대한 사회적 승인을 받을 수 있게 된다. 예를 들어, 자살 시도자의 마음을 열고 삶의 의욕을 북돋아줄 수 있는 대처 방안이나 언어적 기술을 갖고 있다면 자살자를 줄이고 자살 문제해결력을 사회적으로 승인받음으로써 사회복지직의 직업적 위상을 높일 수 있게 된다. 기술의 전수 및 확산은 말에 의해 이루어질 수도 있으나 기록의 방법이 더 효과적이다.

표 13-1 기록의 활용

용도	기록 활용 대상	내용
책무성 입증	자원 지원자	자원 사용에 대한 정당성 확보
지속성 확보	후임 사회복지사	담당사회복지사의 변경되더라도 지속성 유지
의사소통 수단	다른 전문가 집단	개입 주체 간 의사소통 및 책임 소재 명확화
슈퍼비전 자료	슈퍼바이저	슈퍼비전을 제공할 수 있는 감독 및 교육 활성화
평가 근거 자료	평가기관	피평가기관의 개입활동에 대한 평가근거 제시
기술 개발 자료	사회복지직	효과적인 사회복지실천기술 개발 및 확산

2) 기록을 위한 보조도구

기록을 대신 해 주지는 않지만 최근 과학기술의 발달로 기록을 위한 보조도구들이 자주 활용되고 있다. 기록 보조도구는 녹음 및 녹화가 가능한 레코더가 자주 사용된다.

사회복지사는 기록보다 개입활동에 중점을 두어야 하기 때문에 기록을 위한 보조적 수단을 사용할 수 있다. 전용 상담실이 있다면 상담실에서 이루어지는 대화를 녹음기에 녹음할 수 있다. 또한 한쪽에서만 볼 수 있는 거울(투시경, 반월경, 일방경(one way mirror)을 통해 제3자의 비언어적 행위를 관찰하고 기록할 수 있다. 비디오, 녹화기, 캠코더, CCTV의 출현으로 언어적, 비언어적 행위에 대한 녹화가 가능해 졌다.

대화 내용을 문서로 옮겨 적는 행위나 문서를 녹취록 또는 채록이라고 한다. 이를 만드는 작업에 많은 시간이 소요된다. 대화 내용을 자동으로 인식하는 기술을 음성인식(voice recognition)기술이라고 하는데, 음성인식률이 낮아 실용성이 낮지만 기술이 발전하면 활용성이 높을 것으로 예상된다.

또한 기록량을 줄이면서 전달할 수 있는 정보량을 최대한 높일 수 있는 기술들이 오랜기간 논의되어 왔다. 미국사회복지사협회(National Association of Social Workers, NASW)의 지원하에 개발된 PIE(Person-In-Environment) 분류체계가 성인 클라이언트의 사회기능 수행 문제를 기술하고, 분류하고, 기록하기 위한 체계로 활용되고 있다. PIE 분류체계는 클라이언트의 사회적 기능수행 문제(요소 1), 환경문제(요소 2), 정신건강 문제(요소 3), 신체건강 문제(요소 4)를 간결하게 기술하기 위한 기록 체계라고 볼 수 있다. 이를 통해 복잡한 클라이언트의 사회기능 수행 문제를 코드화하여 의사소통 및 기록의 효율성을 높일 수 있다.

2 기록의 기본 원칙 및 지침

1) 기록의 기본 원칙

기록을 할 때는 다음과 같은 사항에 유의하여야 한다.

첫째, 기록을 위한 메모는 개입활동에 방해가 되지 않는 선에서 최소한의 핵심 사항을 중심으로 간략하게 한다. 기록의 목적은 개입이다. 본말이 전도되지 않도록 유의해야 한다. 본격적인 기록은 클라이언트가 없는 장소에서 이루어지는 것이 적절하다. 기록을 위해 개입 활동이 이루어지는 것이 아니고, 개입 활동을 잘하기 위해 기록을 하는 것이다.

둘째, 기록은 비언어적 표현에 대한 관찰을 포함하여야 한다. 사회복지실천의 개입활동은 언어적·비언어적 표현에 근거하여 개입 계획이 도출된다. 또한 언어는 본질적으로 두 개 이상의 의미를 갖을 수 있으며 대화 상대방의 상태에 따라 다른 의미로 받아들여질 수 있다 때로는 클라이언트는 일방적으로 제공하는 본인에 대한 정보를 감추거나 왜곡할 수 있으며, 때로는 자신에 대한 이해가 부족할 수도 있다. 이러한 정보의 단서를 제공한다고 판단되는 비언어적 표현도 기록해야 한다.

셋째, 사회복지사의 주관적 판단도 전문성을 갖도록 근거에 기반하여 기술해야 한다. 기록은 사실만을 기록할 수 없으며, 사회복지사의 주관적 판단이 반영된다. 또한 사회복지실천에 있어 기록은 개입을 위한 보조적인 도구이며 개입활동에 지장을 줄 정도로 기록을 위한 시간을 투자하는 것도 바람직하지 않다. 이러한 이유로 기록기술의 핵심은 제한된 시간 내에 개입활동의 책임성 또는 정당성을 판단할 수 있는 내용을 중심으로 기록되는 것이 적절하다.

넷째, 기록을 위한 메모나 보조기록 장치의 활용을 위해 클라이언트의 사전 동의를 받아야 한다. 클라이언트는 기록되는 것에 불안해 하기도 하고 녹음기를 의식하게 되면 집중도가 떨어질 수 있다. 그러나 최근 개인정보보호법의 강화로 개인정보 수집을 위해서는 개인정보 활용 동의서를 사전에 받도록 하고 있다. 특히 만 14세 이하의 경우 보호자의 동의도 필수적으로 요구된다.

다섯째, 모든 기록은 클라이언트의 사생활 보호를 위한 관리가 철저하게 이루어져야 한다. 클라이언트의 개인 기록에 대한 사항은 문서에 암호를 설정하고, 사례회의, 내부회의 등의 인쇄물 형태로 다수에게 공개될 때 개인을 식별할 수 없도록 하여야 한다.

2) 기록 지침

(1) 좋은 기록의 조건

표 13-2 좋은 기록과 나쁜 기록의 기준

	좋은 기록	나쁜 기록
초점	• 서비스의 결정과 행동에 초점	• 초점 없거나 모호
정보	• 클라이언트와 상황정보 포함 • 서비스 전달 정보 • 단계별 목표, 계획, 과정 정보 제시	• 과잉 또는 과소 정보 • 관찰 없이 추리에 의존 • 불필요한 정보*
기술	• 상황묘사(관찰)와 견해(해석)의 분리 • 구조화된 문서 • 서비스 전달의 정확한 묘사 • 간결한 기술 • 구체적인 기술 • 명확한 기술 • 논리적 기술 • 유의미한 기술 • 사실 기반	• 비조직화된 기술 • 과잉단순화(근거 부족) • 맞춤법의 오류 • 반복된 표현 • 장황한 표현 • 진부한 용어 • 의미가 없는 표현 • 과장된 표현 • 행위자(주어)가 식별 불가 문장
윤리	• 전문가적 윤리 반영	• 비윤리적 행동
이론	• 수용된 이론에 기초 • 이론 보다 현상 우위 입장*	• 근거 이론의 미제시* •• 근거 이론과 기술 태도의 부조화 *
관점	• 전문적 견해 제시 • 클라이언트 관점의 존중	• 전문적 견해 미제시 • 독단적(부정적) 견해의 표현

주: Kagle(1997)의 견해를 바탕으로 저자 견해(*)를 포함하여 재구성.

친구로부터 전화가 왔다. 전화 도중에 2주 후에 일요일에 만나서 영화를 보기로 했다. 그리고 전화 내용을 메모한다고 하자. 어떤 내용을 메모할까. 만날 시간과 장소가 가장 중요하다. 시간과 장소를 간단히 기록해두고, 참고로 누구와 만날지 적어두면 메모를 보고서도 기억이 나지 않으면 그 친구에게 전화를 걸어 무슨 약속이었는지 물어볼 수 있다.

하나의 사례를 더 생각해 보자. 이번에는 교수님이 다음 주에 어떤 세미나에 참석해서 발표하라고 말씀하셨다. 이 경우 무엇을 메모해야 될까. 시간과 장소 이외에도 그 장소를 찾아가는 방법이나 약도, 발표할 내용과 준비물 또는 자세한 사항에 대해 문의할 연락처 등을 기록해야 한다. 지금 다루고자 하는 사회복지실천 기록도 마찬가지이다. 앞에서 말한 예와 달리 기록하는 목적에 따라 중요하게 기록해야 할 바가 있고 생략해야 할 바가 있다.

사회복지실천 행위를 기록하는 목적은 사회복지사의 서비스 개입을 통해 클라이언트의 문제를 해결하는 보조적 수단으로 활용하는 데 있다. 따라서 클라이언트는 어떤 상황이었는지, 그리고 어떤 서비스가 제공되었고, 그 과정은 어떠했는지, 그리고 이러한 서비스 제공의 판단 근거가 무엇인지를 중심으로 기술되어야 한다. 이때 기술하는 방식은 제3자가 이 글을 읽고 재현할 수 있는 수준으로 기록하여야 한다. 이를 위해서는 유려한 문체보다 필요한 정보를 모두 갖추도록 기술하는 것이 좋다.

(2) 기록 내용

기록이 다른 전문가에 의해 정보적 가치가 유지되기 위해서 포함되어야 할 내용은 클라이언트의 해결해야 할 문제, 그러한 문제를 판단하게 된 근거, 문제해결을 위한 목적 및 계획, 개입 과정, 종결 평가 및 사후관리 등에 관한 사항이다. 기록 유형이나 문제 유형에 따라 차이가 있을 수 있다.

상황정보, 사정정보, 개입정보, 결과정보 등의 내용이 기록되어야 한다.

첫째 상황 정보는 클라이언트에 대한 기초 정보로서 클라이언트의 나

대상자명	김 ○ ○	종 교	○○교	주민번호	920900 - 1000000		
대상자 분 류	아동·청소년(●), 노인( ), 장애인( ) 가족구성형태(한부모 확대가족)						
	일반수급( ), 조건부수급( ), 자활특례( ) ,차상위( ), 저소득(●), 일반( )						
	의료보장	의료보호1종( ), 2종( ), 직장의료보험( ), 지역의료보험(●)					
주 소	서울시 ○○구 ○○동 ○○연립 ○○○호						
전화번호	02 - 2000 - 0000			의뢰경위	○○병원 의료사회사업가		
가족사항	관계	성명	생년월일	직업	종교	동거여부	비고
	본인	김○○	92. 09. 00		○○교	동거	정신장애2급
	모	신○○	65. 10. 00	공공근로	○○교	동거	
	제	김○○	94. 05. 00	중1중퇴	○○교	동거	
	조부	김○○	29. 03. 00			동거	중식대상자
	조모	이○○	29. 10. 00			동거	수전증

그림 13-1 상황정보의 기록

이, 연령, 성, 직업, 교육수준 등이 있으며, 특히 생태체계적 관점을 반영하는 사회복지는 사회력이 강조된다. 만약 클라이언트가 다수이면 각각 기록한다.

둘째, 사정정보는 클라이언트의 해결해야 할 문제, 개입의 필요성, 서비스 제공 이유를 포함하여 사정의 근거가 되는 면접이나 사정 내용에 대해 기술한다.

셋째, 개입정보는 개인 또는 서비스 단계별로 목표, 계획, 과정에 대한 정보를 기록한다. 개입 과정은 제공된 기술이나 제공된 서비스를 절차에 따라 기술한다.

넷째, 결과정보는 최종적으로 제공된 개입이나 서비스 내용을 기록한다. 이때 보다 자세한 내용을 포함하기 위해 종결 평가 내용과 사후 관리가 이루어진 경우 사후 관리 내용을 포함한다.

표 13-3 기록 내용

구분	내용
상황정보	클라이언트의 나이, 연령, 성, 직업, 교육수준, 사회력
사정정보	문제 정의, 개입의 필요성, 서비스 제공 이유, 사정의 근거(면접, 내용)
개입정보	단계별 목표, 계획, 과정 정보 등 서비스 과정
결과정보	종결 평가 내용, 사후관리

'사회력(social history)'은 클라이언트 상황을 파악할 수 있도록 클라이언트의 문제나 욕구에 대한 전반적인 맥락을 요약한 사회적 사정보고서이다. 클라이언트의 문제 원인뿐만 아니라 욕구를 생태학적 맥락에서 이해하고 클라이언트의 현재와 과거에 대한 정보를 포괄하고 있다. 사회력은 문제원인과 문제해결을 위한 자원을 찾고, 적합한 프로그램을 모색할 수 있는 정보를 제공해 준다.

사회력에 포함해야 할 정보는 다음과 같다(Sheafor et al., 1997). 첫째, 클라이언트의 가족 배경과 가족 구성을 도식화한 가족력, 둘째, 신체적 기능, 장애, 영향, 질환 등 건강 상태, 셋째, 최종학력, 지적 기능 등 교육적 배경, 넷째, 심리정서적 기능, 다섯째, 종교와 영성, 여섯째, 친한 사람 등 대인관계, 일곱째, 고용, 소득, 작업환경, 기술 등 경제 관련 요인, 여덟째, 강점, 대처 방식 등 문제해결능력, 아홉째, 주택, 지역사회, 이웃, 교통수단 등, 열째, 현재와 최근의 지역사회 서비스 이용 실태에 대한 사항이다.

3 기록기술의 종류와 특성

사회복지실천은 개인과 가족 및 집단, 그리고 지역사회의 문제해결을 위한 활동이라고 말할 수 있다. 이러한 문제해결을 위해 필요한 기술을 기록하여 다른 사람이 읽도록 하는 데 목적이 있다.

적절하게 담을 수 있도록 기록하는 양식은 세 가지 기록 유형을 요약하면 **표 13-4**와 같다. 과정 기록은 대화내용을 직접 또는 간접 인용 형태로 기록하는 데 적합하며 주로 교육용으로 사용된다. 요약기록은 사회복지기관에서 활용도가 높으며 전반적인 경향을 요약하여 기록하는 것이 특징이며, 기록에 드는 시간 비용을 절감할 수 있는 장점이 있다. 문제중심 기록은 문제해결중심모델에 적합하며 전문직 간 의사소통을 위해 개발되었고, 전문성을 강화하는 추세를 고려할 때 활용도가 증가할 것으로 예상된다.

표 13-4 기록기술의 유형

	과정 기록	요약 기록	문제 중심 기록 (문제지향적 기록)
특징	• 대화내용 중심으로 기술 • 면접(인터뷰) 적합 • 대화체, 이야기체 기술	• 요약 중심으로 기술 • 활용도 높음 • 시간, 사건, 주제별요약	• 문제 중심으로 기술 • 문제해결중심모델 적합 • 과정은 SOAP방식 기록
활용	• 교육적 도구	• 가장 많이 활용	• 의사소통, 정보교환
장점	• 비평이 쉬움 • 시행착오의 개선 용이 • 판단의 근거 파악 용이 • 면담 기록에 적합	• 기록 비용의 절감 • 전반적인 경향 쉽게 파악 • 기록 형식에 따른 제약이 작음	• 전문직간 의사소통 유리 • 책임성 및 집행력 강조
단점	• 완벽한 기록은 불가능 • 기록에 대한 비용이 많이 소요 • 기억에 의존	• 기록자의 판단에 의존 • 판단의 근거를 확인하는 것이 불가능 • 초점의 불명확	• 사정의 단순화 • 강점이나 자원활용, 협업의 등안시

1) 과정기록

과정기록(process recording)이란 실천과정 중의 클라이언트와 사회복지사 간의 상호작용을 알 수 있는 언어적, 비언어적 표현, 행동을 중심으로 기록하는 방식이다. 제3자가 실천과정을 재구성할 수 있도록 사회복지사의 주관적인 느낌, 클라이언트에 대한 판단, 사회복지사의 의견이나 분석을 포함하여 기록한다. 상호작용을 파악하기 쉽도록 언어적·비언어적 내용을 직접 인용하여 기록하기도 하고, 간접 인용하여 기록하기도 한다.

과정기록은 교육적 도구로 활용도가 높다. 초보 사회복지사나 실습생이 슈퍼바이저로부터 슈퍼비전을 받기 위한 기초자료로 활용되기 쉽도록 상세하게 기록하는 것이 특징이다.

과정기록은 문체에 따라 직접인용 방식과 간접인용 방식으로 구분할 수 있다. 직접인용 과정기록은 면담내용을 재구성하지 않고 대화내용을 그대로 옮겨 적는 것을 말하며 대화체라고도 부른다. 또한 간접인용 과정기록은 면담 중에 오간 내용을 이야기 풀어나가듯이 기록한 서술 방식을 말하며 이야기체라고도 부른다. 과정기록은 간접인용을 이용한 이야기체 방식이 사용되는 반면, 뒤에서 다룰 요약기록에서는 대화 내용을 재구성한 요약을 이야기체 방식으로 기술한다.

ct: 그럼요, 많죠. 제가 영구임대 아파트에 오래 살았는데, 내가 살면서 우울증도 있거든요. 어떤 때는 잘 안 풀려서 만나기도 싫었고 나이가 들다보니까 사람만나고 일 다닌 것도 쉽지 않아서 좌절하고 있다가 센터 이름 듣고 찾아간 거거든요. 내가 여기 관리사무소나 다른 곳들도 찾아가 봤었는데 이렇게 사람대접해 주는 곳은 처음이었어요.

wk: 그러셨다니 감시합니다.

ct: 사람들이 없는 사람 사정 그런 거 잘 몰라요. 이제 내가 이 나이에 식당 가서 일도 잘 못해요. 내 조건에 맞는 것이 어디 있겠어요? 그래도 선생님은 내 이야기 들어보고 예산생각들도 나게 해 주었어요.

wk: 흔히들 내가 살아왔던 것 생각만 하고 끝날 수 있는데, 어머니께서는 그런 것들을 생각하신 것이 지내시는 데 어떻게 도움이 되셨길래 '그래도 괜찮았다' 이야기하실 수 있으신지 궁금해요

ct: 하루종일 집에 있다 보면 답답한 생각이 들거든요. 그런데 선생님 만나서 이야기하면서 나도 시를 좋아했었구나, 낭만도 있었구나, 장구를 좋아해서 열심히 배웠던 것들도 기억나고 하면서 내가 이렇게 멍하게 살아야 되나 그런 생각을 하게 되었거든요.

wk: 사시면서 다른 분들도 만나시잖아요. 그래도 저희를 만나시면서 예전에 이런 것도 했었는데 이제는 이렇게 살지 않고 다르게 살아야 되겠다 하는 생각을 하게 된 것들이 다른 분들과 만나신 것과 달랐던 것인가요? 제가 이렇게 이해해도 되나요?

ct: 예.(잠시 생각) 우리 같은 사람들은 외로워요. 선생님이 나이는 어리지만 어떻게 내 마음을 이리도 잘 이해해 주나, 내 마음을. 내가 사람대접 받았다고 느낀 것은 처음이었거든요.

wk: 그렇게 이야기해 주셔서 감사합니다. 제가 궁금한 것이 있는데요. 그러면 저와 만나시는 것이 끝난 다음에 어머니가 사람대접 받았다고 경험하시고 느끼신 것을 이후에 다른 분들과 만나시고 살아가시면서는 어떻게 쓰실 수가 있나요?

출처: 최인숙·김윤주·황혜숙(2006). 강점관점 해결중심 사례관리 매뉴얼. 보건복지부·솔루션센터. pp. 113-114.

그림 13-2 과정기록(대화체형)

과정기록의 장점은 제3자에게 현장의 상황을 생생하게 전달하여 사회복지사가 간과한 문제를 되짚어 보기 쉬운 기술 방식을 갖고 있고, 슈퍼바이저의 비평이 쉬운 장점이 있으며, 클라이언트의 반응의 의미에 대한 상징을 살펴보기 쉽고, 문제의 실마리를 찾거나 사회복지사의 자극에 대한 클라이언트의 반응을 설명하기 쉬워 사회복지사의 교육에 유용하다.

반면 과정기록의 단점은 완벽한 기록은 불가능하다는 점이다. 사회복지사가 프로그램을 진행하면서 기록하는 것이 어려울 수 있으며, 주관성이 개입되어 중요하지만 기록하지 않음으로써 왜곡이 발생할 수 있다. 이에 대한 보조적 수단으로는 녹음·녹화 등의 이용, 보조 기록자의 동반 등이 있다. 또한 기록의 비용이 많이 소요되며, 정확하게 기록할수록 더 많은 시간이 소요된다. 기록이 비언어적 표현이나 비가시적인 상호작용은 사회복지사의 기억에 의존하는 단점이 있다.

2) 요약기록

요약기록(summary recording)이란 중요한 정보만을 선별적으로 기록하는 방식을 말한다. 기록 내용은 개시일, 사회력, 행동계획, 개입활동, 기타 중요한 특이점 등을 포함하도록 한다. 요약기록의 형태는 기록의 형식에 따라 세 가지 방식이 있다. 첫째, 시간의 흐름에 따라 기록하는 방법이 있다. 이 방법은 개입활동 과정을 파악할 수 있지만 요약이 가져다 주는 장점인 기록에 소요되는 시간 절약의 효과가 크지 않을 수 있다. 둘째, 사건(event) 중심으로 요약할 수도 있다. 일상적으로 기록하지 않고 중요하다거나 특정 행동이 발생하였을 때를 중심으로 기록하는 방법이다. 무엇이 중요한 사건인지를 판단하려면 많은 경험과 통찰력이 필요하다. 기록 지침을 마련하여 보완할 수 있다. 셋째, 주제별로 요약할 수 있다. 예를 들어, 발달장애인의 옹호 프로그램은 가족생활, 대인관계, 학교 또는 직장생활, 지역사회생활로 구분하여 기록하거나, ADHD 아동은 문제행동 영역, 주의력 영역 등으로 구분해서 기록할 수도 있다.

요약기록의 장점은 변화가 적고 장기간 지속되는 사례에 대한 기록에 드는 시간적 비용을 줄일 수 있고, 전체적인 경향을 쉽게 파악할 수 있다

1) 개인력

클라이언트는 초등학교 졸업 후 2006년 중학교 2학년 때 정신분열병이 발병하여 학교를 중퇴함. 초등학교 시절 성적은 하위권이었고, 친구 사귀는 방법을 몰라서 친구들을 귀찮게 하여 친구가 없고 친구들이 클라이언트를 싫어했음. 특히, 중학교 때 클라이언트의 도시락이나 옷차림으로 인해 친구들에게 왕따를 당했고, 집을 나가면 들어오지 않고 한밤중에 전화를 걸어 택시를 타고 집에 오는 경우가 많았으며, 식당에서 돈을 훔치려고 유리창을 깨뜨리는 등의 행동을 하였음.

정신분열 발병 이후 김포의 병원에서 치료를 받던 중 법원에서 소환장이 발부되어 청소년보호관찰소에서 1개월 정도 있었던 경험이 있고, 관찰소를 나온 후 한 달 정도 약을 복용하다가 중단하고 식사도 안하며 집에 누워만 있어 ○○복음병원에 입원치료를 받았음.

이후 병세의 호전에 따라 병원 입·퇴원을 반복하면서 하루 종일 집에서 텔레비전만 보고, 동생을 괴롭히는 행동을 함. 클라이언트를 의뢰 받았을 때 병원에 입원 중이었음.

2) 가족력

클라이언트의 모는 전라도 순창 출생으로 고등학교 졸업 후 회사원이던 클라이언트의 부를 만나 1985년에 결혼하였음. 결혼 후 클라이언트와 동생을 출산하여 자녀를 양육하던 중 1993년 남편이 위암판정을 받아 남편과 함께 과일 장사를 하면서 생계를 유지하였으나 1996년 남편이 사망하였음. 남편 사망 후 심리적으로 위축된 상태에서 1997년 교통사고를 당했고, 이 과정에서 자녀들의 양육문제로 당진에 계시던 시부모님이 상경하셔서 지금까지 함께 생활하고 있음. 현재 클라이언트의 모는 교통사고 이후 특별한 기술이 없어 공공근로와 가정 내 부업(리본제작)을 하고 있음.

조부는 가족에 대해 무관심하시며 음주 후 주정을 심하게 하고, 조모는 말씀이 없고 애정표현을 거의 안하며, 손주들에게 밥도 챙겨주지 않음. 조부모님이 함께 생활하고 있으나 생활비도 따로 쓰고, 심지어 냉장고의 공간을 나누어 사용하는 정도임.

클라이언트의 동생은 중학교 입학 후 학교생활에 적응하지 못하여 학교에 가기 싫다고 자퇴하고, 집에서 텔레비전을 시청하거나 PC방을 다니고 있으면서 비용마련을 위한 노력이 심한 상태임.

출처: 서울특별시·서울복지재단(2009). 사회복지관 프로그램매뉴얼 지역사회보호사업: 사례관리 실천 매뉴얼.

그림 13-3 요약기록

는 점이다. 또한 중요하다고 판단되는 것을 선택할 수 있어 기록 형식에 대한 제약이 상대적으로 적다.

반면 요약기록의 단점은 기록자의 해석이 크게 반영될 수 있어 기록의 신빙성은 기록자의 판단에 의존하게 된다. 면담의 경우에는 판단의 근거를 파악하기 어렵고 때로는 초점이 불명확할 수 있다.

3) 문제중심기록

문제중심기록은 문제 중심으로 개입 계획과 개입활동을 기록하는 것이 특징이다. 이 기록 형태는 전문직 간의 의사소통과 정보교환을 위해 동일한 서식을 활용하여 사용되었고 간결한 기록이 특징이다. 문제 지향적 기록(Problem Oriented Medical Record)이라고 부르기도 한다. 1950년대 말 미국의 의사인 위드(Weed)가 병원 의무 기록을 표준화하기 위해 개발하였다.

문제중심기록의 구성요소는 기초자료, 문제목록, 개입 계획, 개입과정으로 나누어 볼 수 있다. 첫째, 기초자료는 접수 시기, 접수자에 대한 인적 사항을 포함하여 욕구에 대해 기록한다. 둘째, 기초자료를 토대로 개입에서 이루어져야 할 사항을 문제목록으로 정리되고 번호가 부여된다. 개입과정 중에 새로운 문제가 발견되면 추가되기도 한다. 셋째, 문제목록별로 개입 계획이 설정된다. 넷째, 문제목록별 개입 계획에 따라 개입과정이 기록된다. 개입과정은 SOAP 방식에 의해 요약적으로 기록된다. SOAP 방식의 기록이란 주관적(Subjective) 정보, 객관적(Objective) 정보, 사정(Assessment), 개입 계획(Plan)을 구성요소로 하는 기록이며, 문제의 목록별로 작성한다. 첫째, 주관적(Subjective) 정보는 클라이언트가 자기 자신 또는 자신의 상황과 문제에 대해 어떻게 생각하고 느끼는지에 대한 주관적 인식에 대해 기록한다. 둘째, 객관적(Objective) 정보는 사회복지사가 클라이언트의 행동이나 주변인의 의견, 자료 등을 바탕으로 판단한 내용이다. 셋째, 사정(Assessment)은 주관적 정보와 객관적 정보를 바탕으로 사회복지사의 견해나 해석, 분석을 종합한 사정의 결과를 작성한다. 사정결과는 다음 단계에서 개입 계획으로 구체화 될 수 있도록 정리되어야 한다. 넷째, 앞의 주관적 정보, 객관적 정보 그리고 사정을 토대로 개입에 대한 계획(Plan)에 대해 기술한다. 이 내용에 따라 앞의 제3단계에서의 개입 계획이 변경될 수 있다.

이 기록 방식은 강점관점 모델보다 문제해결중심 모델에 좀 더 적합한 기록 양식이다. 한 사례에 대해 다양한 전문직이 참여하는 경우 개입 주체의 역할을 명확하게 규정하여 책임 소재를 명확하게 할 수 있도록 구성된 기록 형태이다.

문제중심기록의 단점은 사정을 지나치게 단순화하고 강점이나 자원, 협력보다 문제해결능력의 집행에 강조점을 두고 있어 생태체계적 관점이나 강점관점에 부합하지 않다는 점이다.

최근 문제중심기록 방식을 사용하는 기관이 확대되고 있다. 특히 다수의 기관이나 전문가가 참여하는 사례관리 실천의 경우 문제중심기록의 유용성이 높다. 사례관리 프로그램인 경기도의 무한돌봄사업은 문제중심기록 양식을 표준화하여 욕구조사표와 서비스 제공 계획 및 점검표 등을 사용하고 있다. 욕구조사표는 문제중심기록의 구성요소인 기초자료의 틀로 제시되고 있다고 볼 수 있으며, 서비스 제공 계획 및 점검표는 문제목록, 개입 계획, 개입과정을 하나의 표로 정리한 것으로 이해할 수 있다.

데이터베이스(2000년 12월 1일 접수 면접에서 얻은 정보에 의해 작성됨)

이름: OOO　　나이: 30세

클라이언트는 결혼한 지 7년 된 기혼여성으로 35세의 남편과 5세 된 아들 하나를 두고 있다. 어젯밤 술 취한 남편으로부터 구타당하여 현재 허리통증과 함께 걸음걸이가 불편하다. 남편의 반복되는 음주 후 구타행동 때문에 본 기관에 도움을 요청하였다. 경찰에는 연락한 적이 없다. 클라이언트의 남편은 IMF 사태 이후의 대규모 감원으로 인해 8개월 동안 실직 상태에 있다가, 현재는 친척이 운영하는 작은 사업체에서 일하고 있다. 클라이언트는 결혼 후 6개월 때 맞은 따귀가 결혼 후 처음으로 당한 폭력 경험이다. 그 이후에는 폭력이 없다가, 실직상태 이후부터 남편의 음주 및 음주 후 폭력이 증가하였다. 남편의 폭력에 대한 아내의 반응은 함께 소리 지르고 울며 대드는 것이다. **(생략)**

문제목록

번호	문 제	확인된 날짜	중단/해결된 날짜
1	남편의 구타	12/1	12/1
2	클라이언트의 피신처 마련	12/1	12/1
3	클라이언트의 허리 통증	12/1	12/4
4	클라이언트의 정서적 어려움	12/1	
5	클라이언트의 결혼지속의사 여부 불분명	12/1	12/8
6	클라이언트의 법 및 지원체계에 대한 지식 부족	12/1	12/4

초기계획

문제 1: 남편의 음주 및 구타-남편과 연락하여 면담을 약속하고 남편에 대한 심리사회적 개입을 한다. 음주 및 폭력에 대해서는 전문치료기관에 의뢰한다(남편이 동의한다면). 이러한 개입 계획에 남편이 동의하도록 사회복지사와 관계 형성에 주력한다.

문제 2: 클라이언트의 피신처 마련-클라이언트의 희망대로 언니네 집에 머물도록 하고, 이에 관해 추후 점검한다.

문제 3: 클라이언트의 허리통증-클라이언트가 병원치료를 받고 있는지 추후 점검한다.

문제 4: 클라이언트의 정서적 어려움-정서적 어려움의 근원, 강점 및 약점에 대한 사정 및 지지적 개입을 한다. **-심리적 갈등 혼란 등**

문제 5: 클라이언트의 결혼지속의사여부 불분명-이에 대한 클라이언트의 결정을 돕는다.

문제 6: 클라이언트의 법 및 지원체계에 대한 지식부족-클라이언트를 본 기관과 연계되어 있는 법률 상담소와 연결시킨다.

진행노트

날짜: 12월 6일 클라이언트 남편과의 첫 번째 개별 면담

문제 1 남편의 음주 및 구타

S(주관적 정보): 남편은 자기의 음주 및 구타 사실은 인정했지만, 아내가 자기에게 바가지를 긁었기 때문에 이런 일이 발생했다고 주장하고 있다. IMF 사태로 인한 실직 이후의 좌절감과 스트레스, 그리고 현재 직장에 대한 불만을 이야기하는 데에 많은 시간을 할애하였다. 아내와의 결혼 생활을 계속하기를 원하며, 현재 언니 집에 있는 아내가 하루빨리 집으로 돌아오기를 원하고 있다. **(생략)**

O(객관적 정보): 남편의 체격은 보통이며 목소리가 크고 막힘없이 이야기를 잘하는 편이다. 실직으로 인해 직업을 바꾼 후 경제적으로 쪼들리는 편이다.

A(사정-분석한 견해): 남편은 문제를 부인하고 있다. 자기의 행동을 책임지기보다는 아내에게 책임을 미루고 있는 것으로 보인다. 가부장적 가치관이 현저하다. 그러나 결혼 생활을 계속할 의사가 확실한 것, 아내 및 아이에 대한 애정을 나타내는 것, 개별 및 부부 상담에 개방적인 것은 이 부부관계에서 강점으로 생각된다.

P(계획): 남편이 구타에 대한 책임을 인정하기 위하여 계속적인 개입이 필요하다. 이것이 아내와 아이에게 어떠한 고통을 야기하는지를 인식할 필요가 있다. 개별면담을 계속할 예정이다.

출처: 윤현숙 외(2001). 사회복지실천기술론. 서울: 동인. pp. 343-345.

그림 13-4 문제중심기록

〈서식-1〉 인테이크(intake) 기록지

인테이크(intake) 기록지

접수년월일:　　　년　　월　　일

담당 사회복지사:　　　　　(인)

담당	과장	부장	관장

1. 가족 및 구성원

<table>
<tr><td>대상자명</td><td colspan="2"></td><td>종 교</td><td colspan="2"></td><td>주민번호</td><td></td></tr>
<tr><td rowspan="3">대상자 분류</td><td colspan="7">아동·청소년( ), 노인( ), 장애인( ) 가족구성형태( )</td></tr>
<tr><td colspan="7">일반수급( ), 조건부수급( ), 자활특례( ), 차상위( ), 저소득( ), 일반( )</td></tr>
<tr><td colspan="2">의료보장</td><td colspan="5">의료보호1종( ), 2종( ), 직장의료보험( ), 지역의료보험( )</td></tr>
<tr><td>주소</td><td colspan="7"></td></tr>
<tr><td>전화번호</td><td colspan="4"></td><td>의뢰경위</td><td colspan="2"></td></tr>
<tr><td rowspan="5">가족사항</td><td>관계</td><td>성명</td><td>생년월일</td><td>직업</td><td>종교</td><td>동거여부</td><td>비고</td></tr>
<tr><td></td><td></td><td></td><td></td><td></td><td></td><td></td></tr>
<tr><td></td><td></td><td></td><td></td><td></td><td></td><td></td></tr>
<tr><td></td><td></td><td></td><td></td><td></td><td></td><td></td></tr>
<tr><td></td><td></td><td></td><td></td><td></td><td></td><td></td></tr>
</table>

2. 스크리닝 판정 및 사유

판정결과	( )삼재석 대상, ( )의뢰 대상, ( )정보제공 대상, ( )서비스 거부, ( )종결
판정사유	

3. 가계도/생태도

가계도	생태도

4. 개인력/가족력

1) 개인력   2) 가족력

5. 가족 및 사회적 관계

6. 사회적 상황

경제상황	(수입/생활비/저축/부채 등)
건강상황	(장애/병력/진단 및 치료여부 등)
주거상황	(주거형태/방/화장실/난방종류/채광/환기 등)
사회심리적 상황	(생활상태/사회적 관계망/심리·정서적인 상태 등)

7. 일상생활수행능력(ADL, IADL)

8. 대상자 욕구

9. 자원활용상황

공식적 자원	비공식적 자원

10. 클라이언트 태도와 반응 및 사회복지사 의견

11. 서비스 계획

문제 및 욕구	서비스 계획

○○(종합)사회복지관

Key Point

- 기록의 주된 목적은 책무성을 입증하는 데 있다.
- 기록은 책무성 입장 외에 지속성 확보, 의사소통 수단, 슈퍼비전 자료 평가 근거 자료, 기술 개발 자료에 활용될 수 있다.
- 기록은 핵심사항중심으로 기록하고 비언어 표현을 포함하여, 전문적 판단을 포함해야 한다. 또한 클라이언트의 사전 동의와 기록문은 클라이언트의 사생활이 보호되어야 한다.
- 기록의 조건은 서비스의 결정과 행동에 초점을 맞추고 전문가적 윤리가 반영되어야 하며, 이론에 기초하되 클라이언트의 관점도 존중에 기반한 기록이 돼야 한다.
- 기록에는 상황(분위기), 사정, 개입과정, 결과정보 등을 포함해야 한다.
- 사회력은 클라이언트 상황을 파악할 수 있도록 문제와 욕구를 요약한 사정 보고서를 말한다.
- 과정기록은 사회복지사와 클라이언트의 대화 내용을 기록하는 방식이다.
- 요약기록은 중요하다고 판단되는 내용을 중심으로 기록하는 방식이다.
- 문제중심기록은 전문직 간 의사소통을 위해 기초자료, 문제목록, 개입 계획, 개입과정을 문제목록별로 기록하는 방식이다.
- SOAP는 문제중심기록에서 개입과정을 주관적 정보(S), 객관적 정보(O), 사정(A), 개입 계획(P)을 문제목록별로 기록하는 방식이다.

응용문제

1 사회복지실천 기록의 목적이 아닌 것은?

① 책무성 입증
② 저서 출간
③ 의사소통 수단
④ 평가 근거 자료
⑤ 지속성 확인

2 다음 [보기] 중 좋은 기록에 해당되는 것은?

보 기

가. 서비스의 결정과 행동에 초점
나. 관찰과 해석의 분리
다. 전문가적 윤리 반영
라. 수용된 이론에 기초

① 가, 나, 다
② 가, 다
③ 나, 라
④ 라
⑤ 가, 나, 다, 라

3 사회력에 대한 설명으로 옳지 않은 것은?

① 사회력은 클라이언트가 문제해결을 위한 자원동원능력을 말한다.
② 클라이언트의 생태학적 맥락에서 현재, 과거가 포괄되어 있다.
③ 문제원인과 문제해결을 위한 자원, 적합한 프로그램에 대한 정보를 제공해 준다.
④ 사회력은 클라이언트의 전반적인 상황에 대한 요약 보고서이다.
⑤ 사회력에 포함될 내용은 가족력, 건강상태, 심리정서적 기능, 대인관계 등이다.

4 문제중심기록의 특징이 아닌 것은?

① 문제 중심으로 기록한다.
② 문제해결중심모델에 적합하다.
③ 기록의 비용이 절감된다.
④ 전문직간 의사소통에 유용하다.
⑤ 자원활용을 등안시한다.

5 SOAP 방식에 대한 설명으로 옳은 것은?

보 기

가. S: 클라이언트가 자신의 상황과 문제에 대한 주관적 인식
나. O: 클라이언트의 행동이나 주변인의 의견, 자료 등을 바탕으로 판단한 내용
다. A: 주관적, 관적 정보를 바탕으로 견해나 해석, 분석을 종합한 사정의 결과
라. P: 주관적 정보, 객관적 정보 사정을 토대로 개입에 대한 계획

① 가, 나, 다
② 가, 다
③ 나, 라
④ 라
⑤ 가, 나, 다, 라

정답 1. ② 2. ⑤ 3. ① 4. ③ 5. ⑤

CHAPTER

14

사회복지실천 평가기술

이 장은 사회복지실천 평가의 기본 원리를 살펴보고, 개인대상 프로그램 평가와 집단대상 프로그램 평가의 논리와 방법에 대해 학습하고자 한다.

학 | 습 | 목 | 표

1. 사회복지실천 평가의 기본 원리를 이해할 수 있다.
2. 개인대상 프로그램 평가 논리와 방법을 이해할 수 있다.
3. 집단대상 프로그램 평가 논리와 방법을 이해할 수 있다.

1 사회복지실천 평가 기술의 이해

1) 사회복지실천 평가의 개념과 목적

사회복지실천 평가가 강조되는 이유는 책무성, 법적 의무, 기술 개발과 관련이 있다.

첫째, 사회복지실천 평가는 전문직으로서의 책무성(accountability)을 향상시키기 위해 필요하다. 전문직이 다른 전문직과의 경쟁에서 우위를 점하고 정체성을 유지하기 위해 사회가 부여한 문제해결능력을 인정받아야 한다. 문제해결능력을 인정받게 되면 공적 지원을 받거나 소비자로부터 서비스 구매 동기를 유발할 수 있게 된다.

둘째, 외부의 재정 지원 기관들은 지원이 이루어진 사회복지실천 프로그램의 효과성을 입증할 것을 요구하고 있다. 대표적으로 사회복지 공동모금회는 재정 지원을 하는 개별 프로그램의 효과를 입증하기 위한 평가계획, 평가방법, 평가도구를 재정지원 이전에 제시하도록 요구하고 있다. 또한, 공적 지원을 받는 사회복지실천 프로그램도 법적으로 프로그램 효과의 입증 책임이 부여되고 있다. 사회복지사업법은 3년에 한 번 이상 평가를 실시하도록 규정하고 있다.

셋째, 효과적인 사회복지실천기술의 개발과 개선을 위해 프로그램 효과성을 측정하고 평가할 필요가 있다. 사회복지실천기술의 효과성 평가를 통해 우수한 기술의 선별 기준을 제시할 수 있다. 예를 들어, 특정 프로그램이 발달장애인의 문제행동의 횟수를 더 많이 감소시키거나 더 빨리 감소시키거나 또는 재발율이 낮아진다면 이전 프로그램보다 우수하다고 볼 수 있다.

평가란 사회복지사의 활동 결과를 효과성, 효율성, 노력성 등의 기준에 따라 충족 수준을 판단하는 활동을 말한다. 좁은 의미의 사회복지실천 평가는 특히 효과성을 기준으로 프로그램 변화의 정도를 측정하는 평가를 지칭한다. 이를 간단히 프로그램 효과성 평가라고 부르기도 한다. 효과성이란 목표의 달성 수준을 말한다. 사회복지사는 개인, 가족, 집단, 지역사회를 대상으로 개입활동에 따라 개인, 가족, 집단, 지역사회가 변화할 것으로 기대한다. 사회복지실천은 어떠한 개입기술을 통해 긍정적인 변화를 발생시킬 수 있는지가 주된 관심사이다. 개입기술에 따른 변화를 측정할 수 있다면 과거의 프로그램을 개선하거나 선택하는데 유용한 정보를 제공받을 수 있을 것이다.

사회복지실천 평가의 목적은 프로그램 효과성을 평가하는 데 있다.

'프로그램의 효과성'에서 프로그램은 평가대상을 지칭한다. 사회복지실천 프로그램이란 변화가 필요해서 개입이 이루어지는 인적, 물적, 공간적, 시간적 복합구성물을 말한다. 여기에 인적 투입요소는 개입활동을 위해 투여되는 진행자 또는 진행보조자를 말한다. 개인을 대상으로 하는 면담에서는 한 명이, 집단 프로그램은 두 명으로 주로 구성된다. 물적 요소는 개입활동에 소요되는 재정, 소구 등을 말한다. 공간적 요소는 개인대상은 정형화된 상담실이, 집단대상은 프로그램실이 정형적인 형태이다. 그러나 사회복지실천이 방문이나 길거리에서 우연히 만나 이루어지기도 한다. 시간적 요소는 개입 기간을 말하는데 개인이나 집단대상 프로그램은 짧게는 8회기, 보통 15회기 정도 이루어지지만 문제 상황이나 개입전략에 따라 큰 차이를 나타내기도 한다. 위와 같은 요소 외에 접근 전략, 이론적 배경, 매체 등의 요소 등을 한 단위로 하는 프로그램이 사회복지실천의 평가대상이다.

'프로그램의 효과성'에서 효과성은 사회복지실천 평가의 기준을 말한다. 평가의 기준은 효과성 이외에도 효율성, 노력성 등이 있을 수 있다. 이 기준들은 사회복지행정가의 주된 관심사이지만, 사회복지실천가의 입장은 비용보다 효과가 일차적인 관심사이다. 또한 유사 전문직도 주로 프로그램 효과를 중심으로 의사소통이 이루어지고 있으므로 사회복지실천에서의 평가란 프로그램의 효과성 평가로 이해할 수 없다. 또한 사회복지분과와 경쟁하는 학문분과에서도 변화의 정도를 의미하는 효과성 측정을 중심으로 논의되고 있다. 왜냐하면 효율성이나 노력성은 사회복지실천에서 효과성이 전제될 때 비로소 의미가 있기 때문이다.

효과의 의미에 대해 간단히 살펴보자. 프로그램이 효과가 있다는 것은 변화가 있었다는 것을 의미한다. 그리고 그 변화는 긍정적인 변화여야 한다. 예를 들어, 청소년의 비행이 감소되거나 자활사업 참여자의 근로의욕이 증진되어야 한다. 이때 긍정적인 변화라는 것은 기대하는 바람직한 상태로의 변화를 말한다. 또한 변화는 비교를 통해 확인이 가능하다. 비교를 위해서는 기준이 필요하다. 단일사례실험설계에서 기준은 기초선(A)에 해당되며, 실험설계에서는 통제집단(비교집단)에 해당된다. 비교의 대상은 두 가지로 구분해 볼 수 있다. 하나는 다른 대상과의 비교이다. 다른 하나는 이전 시간의 같은 대상과의 비교도 가능하다.

사회복지실천에서 개입에 해당하는, 사회복지사의 유목적인 활동인 프로그램은 몇 가지 요소로 구성되어 있다. 대상자의 특성, 진행 방식에 따라 효과의 차이가 발생할 수 있다. 집단일 경우를 중심으로 살펴보자. 대상자의 특성이란 집단의 성비, 나이 구성 등에 따라 차이가 있을 수 있다. 진행 방식은 프로그램 회기 수, 회기당 진행시간, 집단 크기에 따라 효과의 차이가 발생할 수 있다.

또한 프로그램은 목적에 따라 이론적 토대를 근거로 구성된다. 프로그램명은 프로그램을 통해 얻고자 하는 목표에 해당되는 효과나 주된 매개체 관련 용어로 작명하는 경우가 대부분이다. 예를 들어, 발달장애인 사회성 향상 프로그램이란 발달장애인을 대상으로 하는 사회성 기술 향상을 위해 조직된 프로그램을 의미한다. 여기서 유의해야 할 사항은 같은 이름의 프로그램이라고 하더라도 프로그램 구성요소, 즉 몇 회기로 구성되고, 한 회기당 시간과 각 회기의 내용을 어떠한 이론적 기반하에 구성되는가에 따라 매우 다른 형태의 프로그램일 수 있다. 마치 동명이인의 프로그램인 것이다. 효과성이 뛰어난 프로그램을 활용하고 할 때 구체적으로 누가 만든 프로그램이고 각 회기당 어떻게 구성되어 있는지 세부적인 구성요소를 살펴볼 필요가 있다.

2) 사회복지실천 평가의 원리

사회복지실천 평가는 개입에 따른 효과를 파악하는 데 일차적인 목적이 있다.

사전 관찰 O_1, 사후 관찰 O_2, 사회복지사의 개입 X라 할 때, 사회복지실천은 **그림 14-1**과 같이 단순화할 수 있다. 이때, 사회복지사의 개입 X를 프로그램이라고 부르기도 한다. X는 사회성 향상, 문제행동 감소, 청소년 비행 감소 프로그램을 간단하게 표현한 것이다.

쉽게 이해하기 위해 하나의 예를 들어 보자. 고도 비만으로 성인병이 있는 장애아동에 대한 사회복지사의 개입이 필요하다고 하자. 이 프로그램은 다양한 목적이 있을 수 있지만 그 중 핵심은 몸무게를 줄이는 것이라고 하자. 그리고 개입 또는 프로그램을 우리가 이해하기 쉽도록 다이어트 프로그램이라고 부를 수 있다. 다이어트 효과를 알아보려면 어떻게 하면 될까. 다이어트 프로그램을 시행하기 전(O_1)의 몸무게를 측정하고, 다이어트 프로그램이 끝난 후(O_2)의 몸무게를 측정할 수 있다. 두 몸무게의 차이(O_2-O_1)가 다이어트 프로그램의 효과이다. 여러 개의 다이어트 프로그램이 있다면 사후 몸무게와 사전 몸무게의 차이가 클수록 효과성이 높은 프로그램이라고 할 수 있다. 사회복지실천 평가의 원리는 차이를 보는 것이고, 비교하는 것이다.

프로그램의 효과를 평가하기 위해 계획하는 것을 설계라고 한다. 다음의 설계를 사전사후실험설계라고 한다.

$$O_1 \quad \times \quad O_2$$

그림 14-1 평가의 원리

이를 **그림 14-2**와 같이 다른 각도에서 살펴볼 수 있다. 다음과 같은 경우는 대부분 개입 대상이 1명일 때 사용한다고 하여 단일사례실험설계라고 한다.

가로축은 시간을 나타낸다. 관찰시기일 수도 있다. 세로축은 몸무게이다. 다이어트 프로그램을 시작하기 전에 장애아동의 몸무게를 측정해 둘 필요가 있다. 왜냐하면 나중에 다이어트 효과를 보려면 비교(before-after)해야 하기 때문이다. 그런데 몸무게도 아침과 저녁 몸무게가 다를 수 있다. 그래서 보통 3~4회를 측정하여 평균값을 기초선으로 설정한다. 프로그램 개입이 시작된 후 이루어지는 시점(t_4, t_5, t_6)에서 몸무게를 측정하였을 때 지속적으로 감소했다고 가정하자. 이 경우 개입의 효과를 측정하기 위해 특정한 값을 설정하기 어려우므로 세 번 측정한 값의 평균선인 b선이 개입 후의 평균 몸무게라고 할 수 있다. 따라서 개입 또는 프로그램의 효과는 a선에서의 몸무게에서 b선에서의 몸무게의 차이라고 할 수 있다. 앞의 사전사후실험설계와 본질적으로 차이가 없다. 결국 다이어트 프로그램 효과는 개입 후의 몸무게와 개입 전의 몸무게의 차이로 표현된다.

단일사례실험설계에서는 기초선을 A 기호로 표기하고, 개입단계를 B로 표기하여 구분한다. 기초선이 한 번 있고, 개입단계가 한 번 있는 단일사례실험설계를 특별히 AB설계라고 하며, 모든 단일사례실험설계의 기본이 된다.

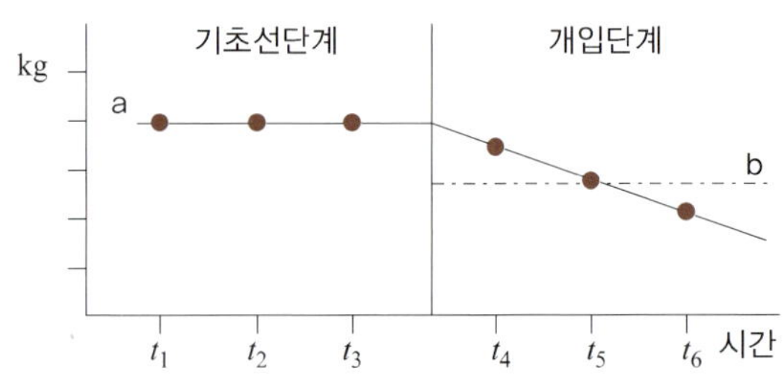

그림 14-2 단일사례실험설계에서의 효과

3) 평가의 절차

평가대상 집단의 크기에 따라 평가 방법을 달리한다. 개인을 대상으로 하는 사회복지실천의 평가에는 단일사례실험설계를 통해 평가할 수 있다. 반면 집단을 대상으로 하는 사회복지실천은 실험설계를 통해 개입, 평가를 거치게 된다. 평가대상 크기[1)]에 따라 평가 방법을 달리하지만 평

1) 2~3명의 경우 프로그램의 형태에 따라 단일사례실험설계의 복수기초선설계나 실험설계 모두 가능하다. 이러한 이유로 단일사례실험설계는 반드시 1명인 경우에만 사용할 수 있는 것은 아니다.

가 절차의 차이가 없다. 이를 도식화하면 **그림 14-3**과 같다.

첫 단계로 평가대상 크기를 고려하여 실험설계를 선택하고, 기초선 또는 사전 측정, 개입, 개입단계 측정 또는 사후 측정을 한 후 분석, 해석 및 보고서 작성의 순서를 거치게 된다. 차이가 있다면 개인대상 사회복지실천에 대한 평가는 단일사례실험설계 중에서 세부 설계를 선택하고, 집단대상 사회복지실천에 대한 평가는 실험설계 중에서 세부 설계를 선택하는 것이다.

세부적인 분석과 해석에 대한 사항은 사회복지 자료분석론에서 학습하게 될 것이지만 분석과 해석의 기본 원리도 차이를 통해 분석한다는 것을 기억해 두면 많은 도움이 될 것이다.

단일사례실험설계는 주로 1명을 이루어진 개인대상 프로그램에 활용된다. 2명 이상이더라도 같은 프로그램이 적용된다면 단일사례실험설계의

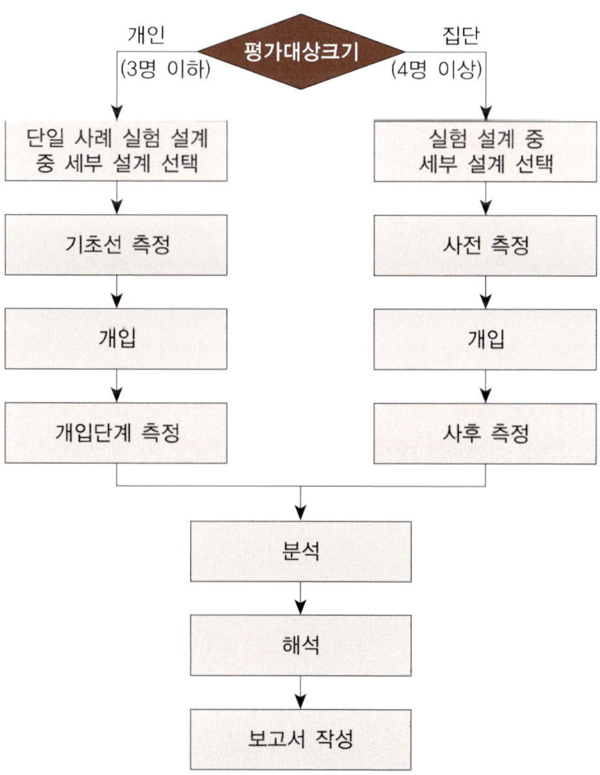

그림 14-3 특수교육대상자 진단·평가의뢰서 제출 및 처리절차

일종인 복수기초선설계가 활용될 수 있다. 실험설계는 단일사례실험설계와 달리 다수가 하나의 프로그램이 참여할 때 그 효과를 집단적으로 살펴볼 때 적용된다. **그림 14-3**은 프로그램 대상자 수에 따라 단순히 단일사례실험설계와 실험설계를 구분하였으나, 프로그램의 형태가 개별적으로 이루어지는지(개인대상 프로그램인지), 집단적으로 이루어지는지(집단대상 프로그램인지)에 따라 구분된다.

2 개인대상 프로그램 평가기술과 지침

1) 평가 개요

개인대상 프로그램 평가기술의 핵심은 단일사례실험설계에 대한 원리를 이해하고 적절한 실험설계를 선택하고 실천과 접목시키는 데 있다.

단일사례실험설계의 목적은 개인대상 프로그램에 대한 개입 또는 프로그램의 효과를 파악하는데 있으며, 효과의 크기는 개입과 기초선 평균값의 차이라고 설명하였다.

단일사례실험설계는 개인에 초점을 맞추었다는 공통점과 함께 단일사례실험설계가 사례연구에서 기원하였다는 점에서 비교가 되기도 한다. 사례연구는 관찰을 통해 많은 발견이 이루게 된다. 예를 들어 행동주의 이론의 기원이 된 파블로프(Pavolv)의 조건반사도 개의 관찰에서 얻어진 결과이다. 소수의 사례에 대한 관찰로 인해 그 자체로는 일반화가 어렵지만 행동주의 이론은 후대 사람들의 수정·보완되고 있다. 사례연구와의 차이점은 크게 두 가지로 설명할 수 있다.

첫째, 단일사례실험설계는 사례연구와 달리 시간의 변화에 따른 개입효과를 시각적으로 표현하는 양적인 방법이다.

둘째, 단일사례실험설계는 원인을 개입으로, 결과는 개입 후의 효과에서 기초선의 효과의 차로 설명하여 사례연구의 기술적 연구의 한계를 극복하였다.

단일 사례실험설계는 1960년대와 1970년대 행동주의의 요구로 인해 발전하였고 최근 계량화 기술이 더욱 개선되어 사회복지사의 주관적 사정(assessment)을 극복하고 개인대상 사회복지실천을 평가할 수 있는 유용한 도구로 활용도가 높아지고 있다.

단일사례실험설계가 갖는 특징은 다섯 가지로 정리된다.

첫째, 한 사례로 구성된 프로그램에 가장 적합하다. 한 사례라 함은 개인을 대상으로 하는 사회복지실천에 부합하지만 한 가족, 한 집단, 한 지역사회도 가능하다. 그러나 단일사례실험설계의 한 형태인 복수기초선설계를 활용할 경우 두 사례 이상도 적용이 가능하다.

둘째, 간단하다. 복잡한 통계적 지식이 없더라도 개입 전과 개입 후의 상태 비교를 통해 효과를 측정한다는 것을 이해하면 다양한 응용이 가능해 진다.

셋째, 시각화를 통해 표현된다. 단일사례실험설계는 그래프를 통해 표현되므로 동기 부여를 위한 개입에 활용할 수도 있다.

넷째, 개입 도중에 개입 방법을 수정할 수 있다. 예를 들어, AB실계로 진행하고 있으나 효과가 없을 경우 ABC설계나 ABCD설계로 변경할 수 있다.

다섯째, 단일사례실험설계는 평가와 실천을 분리하지 않고, 실천 도구로 평가 설계를 활용할 수 있다. 개입에 따른 변화가 일어나지 않았다면 그래프를 토대로 클라이언트와 과제 수행이나 문제를 점검할 수 있는 계기가 될 수 있다.

2) 단일사례실험설계 그림 그리기

단일사례실험설계는 직관력이 높은 그림으로 인해 누구나 쉽게 이해할 수 있다. 사회복지실천기술에서 어떻게 활용할 수 있는지를 중심으로 설명하도록 하겠다. 이번에는 금연프로그램을 예를 들도록 하겠다.

첫째, 점은 표적행동(target behavior)을 의미한다. 주로 클라이언트의 문제행동 중에서 측정이 상대적으로 쉽고 클라이언트가 동의하는 바를 정한다. 표적행동은 두 개 이상일 수 있으나 이를 동시에 다루기 위해서는 복수기초선설계가 더 적합할 수 있다. 표적행동은 구체적이어야 하고 측정가능해야 한다. 표적행동은 사회복지사가 클라이언트의 내용을 토대로 제안해 줄 필요가 있다. 본 예에서는 흡연량(담배 개수)을 제시하였다.

둘째, 기초선은 효과를 확인하기 위한 기준선을 말하며, 기초선을 의미하는 약자로 A가 사용된다. 기초선이란 이후의 효과의 발생을 확인하기 위해 기준을 의미하며 개입 직전까지의 평균적인 상태를 말한다. 예를 들어, 금연 프로그램의 효과를 알아보기 위해서는 금연 프로그램을 적용하기 전의 흡연량을 측정하고, 금연 프로그램이 진행되는 도중 또는 프로그램이 종료된 후의 흡연량을 통해 금연 프로그램의 효과를 확인할 수 있다. 프로그램 개입 전에 매일 똑같은 양의 흡연을 하지 않을 수 있으므로 기초선은 통상 3~4회의 측정단위 간의 평균으로 설정한다. 프로그램의 효과는 개입이 이루어진 이후 변화의 평균으로 측정된다. 만약 기초선의 변화가 큰 경우에는 안정화될 때까지 장기간의 관찰이 요구된다. 기초선은 클라이언트에 대한 기록이나 자기보고서에 기반할 수 있다. 때로는 회고적 기억에 의존하여 구성하기도 한다.

셋째, 클라이언트의 변화를 위해 사용되는 사회복지사의 행위를 개입단계로 표기하고 B를 약자로 사용한다. 변화의 과정 중에 있으므로 개입단계에서 값은 일정하지 않을 수 있다. 개입단계에서 이루어진 측정값 평균을 개입으로 인한 변화로 간주된다. 개입의 효과는 두 값의 차이로 정의된다.

또한, 가로축은 시간 또는 관찰 횟수를 나타내며, 세로축은 표적행동에 대한 빈도, 강도 등을 나타낸다.

3) 단일사례실험설계 유형의 선택

(1) AB설계

가장 단순한 단일사례설계는 기초선(A) 이후에 개입(B)이 이루어지도록 설계할 수 있다. 이 경우 그 차이를 프로그램의 효과로 해석한다.

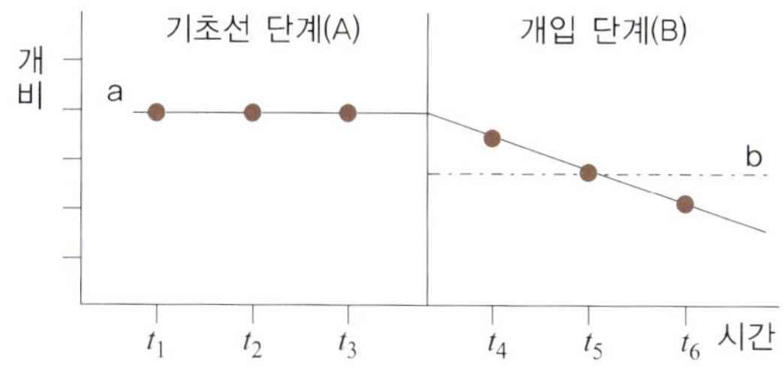

그림 14-4 AB설계

(2) ABA설계

기초선(A)을 확인하고 개입(B)이 이루어진 후 다시 개입을 중단하는 형태(A)의 설계를 ABA설계라고 한다. ABA설계는 AB설계의 확장이다. ABA설계가 AB설계와의 차이는 효과의 지속성(예: 다이어트 프로그램의 요요효과)을 확인하기 위해 사용된다.

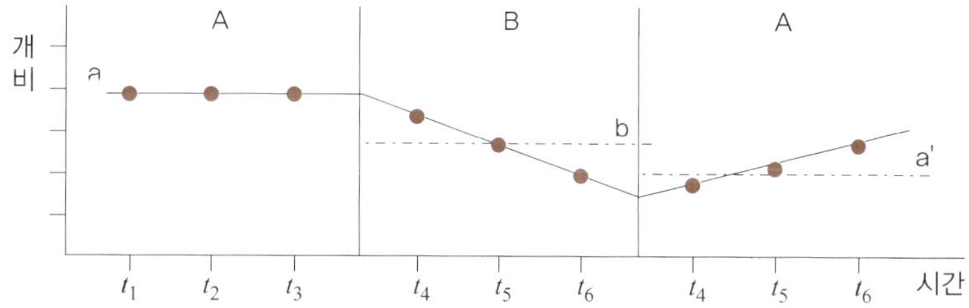

그림 14-5 ABA설계

(3) ABAB설계

기초선(A)을 확인하고 개입(B)이 이루어진 후 다시 프로그램을 잠시 중단하다가(A) 다시 같은 프로그램으로 개입(B)이 이루어진 경우를 ABAB 설계라고 한다. ABAB설계는 효과가 우연이 아님을 확인하기 위해 활용되는 설계이다.

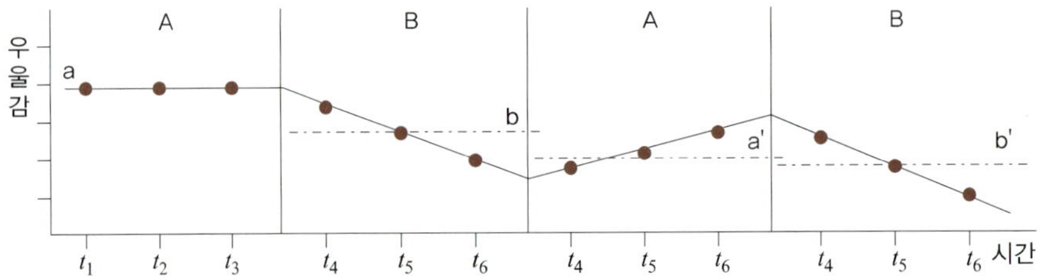

그림 14-6 ABAB설계

(4) BAB설계

현장에서 기초선을 설정할 여유가 없는 경우가 있다. 예를 들어 자살 시도자나 재난으로 인한 위기상태에 있는 클라이언트의 기초선을 확인하기 위해 개입하지 않고 관찰한다는 것은 윤리적인 문제가 발생할 수 있다. 이 경우에는 먼저 개입(B)이 이루어지고, 안정된 상태에서 개입을 중단하여 기초선을 확인하고(A), 다시 같은 프로그램으로 개입(B)이 이루어질 때, BAB설계라고 부른다.

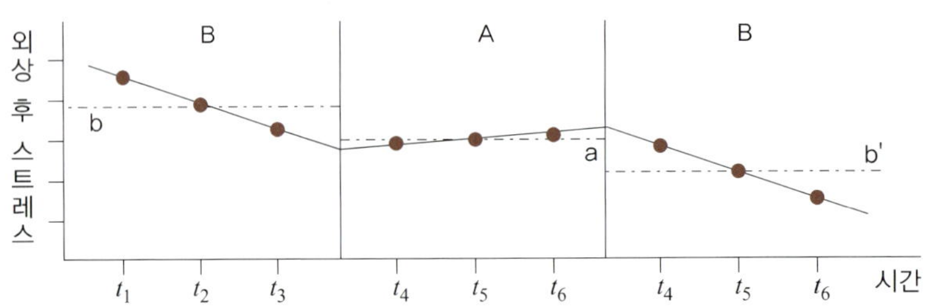

그림 14-7 BAB설계

(5) ABCD설계

ABCD설계는 AB설계의 확장이라고 할 수 있다. B 이후의 C, D는 B와 다른 개입 프로그램을 의미한다. 통상 기초선(A)을 확인하고, 프로그램 B를 통해 개입이 이루어졌으나 효과가 없어 프로그램 C로 전환하여 개입하였으나 역시 효과가 없어 프로그램 D로 전환한 경우에 ABCD설계라고 부른다.

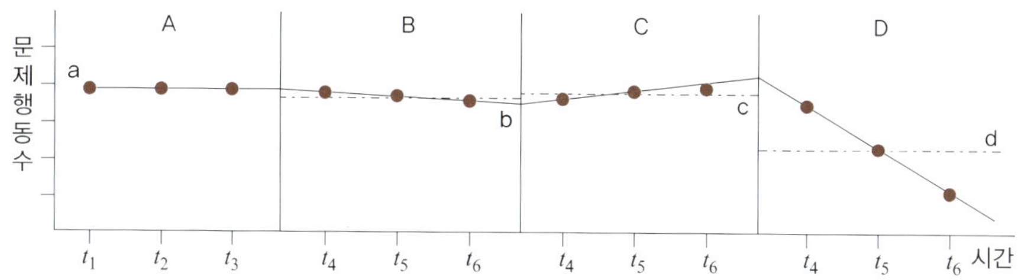

그림 14-8 ABCD설계

(6) 복수기초선설계

단일사례설계는 통상 한 개의 사례를 대상으로 이루어지는 설계를 의미한다. 때로는 사례수는 개입이 이루어져야 할 문제 수, 상황 수가 복수개인 경우가 있다. 이 경우 순차적으로 개입이 이루어지는 형태의 설계를 복수기초선설계라고 한다.

3 집단대상 프로그램 평가기술과 지침

1) 평가 개요

단일사례실험설계와 평가 원리는 같다. 집단대상 프로그램의 경우 프로그램에 참가하는 클라이언트 수가 늘어나기 때문에 집단 간 역동이 발생한다. 또한 평가 측면에서는 같은 효과가 있다고 하더라도 더 많은 사람이 참여한 개입이나 프로그램의 효과가 상대적으로 신뢰도와 외적 타당도가 높다고 볼 수 있다. 한 명에게만 이루어진 개입이 있을 때보다 동시에 여러 명이 이루어진 개입의 효과가 같다면 후자를 더 신뢰할 수 있다는 것은 다시 재현할 때 같은 효과가 나타날 가능성이 후자가 더 높다는 것을 말한다. 위와 같이 집단대상 프로그램이 단일사례실험설계에 비해 가장 큰 장점은 상대적으로 외적 타당도가 높다. 외적 타당도란 일반화시킬 수 있는 정도를 말하는데, 재현성으로 말하기도 한다.

앞서 단일사례실험설계와 유사하게 개입 또는 프로그램의 효과는 사후관찰값에서 사전관찰값을 뺀 차이에 의해 설명된다. 이때 개입이 원인(독립변수)에 해당되고, 사후사전값의 차이가 개입의 효과라는 결과(종속변수)에 해당된다.

앞에서는 설명을 쉽게 하기 위해 단순히 사전사후실험설계에 대해 제시하였으나, 실험설계의 기본은 **그림 14-9**와 같이 세 가지 요소로 구성된다. 첫째, 실험집단과 통제집단을 나눌 때 무작위 할당한다. 주로 두 집단은 제비뽑기로 구분된다. 무작위 할당한 경우 R이라고 표기한다. 둘째, 통제집단을 설정한다. 통제집단을 설정하는 이유는 개입효과를 평가하기 위한 기준(비교집단)을 설정하기 위해서이다. 셋째, 사전사후 두 번 이상의 관찰이 필요하다. 효과는 사후값과 사전값 간의 차이를 말하므로 개입전과 후 최소 한번은 측정되어야 한다. 본 실험설계에서 원인(독립변수)은 개입 X를 말한다. 결과(종속변수)이자 효과에 해당되는 값은 $(O_2-O_1)-(O_4-O_3)$이다.

R	실험집단:	O_1	×	O_2
	통제집단:	O_3	×	O_4

그림 14-9 통제집단 사전사후실험설계

2) 실험설계유형의 선택

대표적인 실험설계 유형은 통제집단 사전사후실험설계, 통제집단 사후실험설계, 솔로몬 네 집단설계, 복수실험집단설계, 요인설계 등이 있다(**표 14-1** 참고). 통제집단 사후실험설계는 사전실험설계로 인한 내적타당도 감소를 줄이기 위해 사용된다. 솔로몬 네 집단설계가 가장 이상적이지만 네 개의 집단을 구성하여야 한다는 점에서 프로그램 비용이 높은 설계유형이다. 이외에도 복수의 실험 효과를 측정하기 위해 복수실험집단설계나 요인설계 등을 수행할 수 있다.

그러나 실제 실험에서 무작위 할당을 할 수 있는 사회복지실천현장에서 여건을 형성하기 어렵다. 즉, 임의로 어떤 사람을 프로그램 참여하지 못하도록 하는 것은 윤리적 문제 외에도 민원이 발생할 소지가 있다. 현실적 제약 때문에 **표 14-2**와 같은 유사 실험설계의 활용도가 높다. 대표적인 유사 실험설계는 사전사후실험설계, 비동일집단 사전사후실험설계, 비동일진단 사후실험설계 등이 있다.

집단대상 프로그램에서 활용도가 높은 3가지 유사실험설계(**표 14-2**)와 유용성이 높은 2가지 실험설계에 대해 설명하도록 하겠다.

표 14-1 실험설계의 유형(일부)

설계유형	실험/통제집단	무작위 할당	사전검사	개입	사후검사
통제집단 사전사후실험설계	실험집단	R	O_1	X	O_3
	통제집단	R	O_2		O_4
통제집단 사후실험설계	실험집단	R		X	O_1
	통제집단	R			O_2
솔로몬 네 집난설계	실험집단(1)	R	O_1	X	O_3
	통제집단(1)	R	O_2		O_4
	실험집단(2)	R		X	O_5
	통제집단(2)	R			O_6
복수실험집단설계	실험집단(1)	R	O_1	X_1	O_4
	실험집단(2)	R	O_2	X_2	O_5
	통제집단	R	O_3		O_6
요인설계	실험집단(1)	R	O_1	X_1 T_1	O_5
	실험집단(2)	R	O_2	X_1 T_2	O_6
	실험집단(3)	R	O_3	X_2 T_1	O_7
	통제집단	R	O_4	X_2 T_2	O_8

표 14-2 활용도 높은 실험설계의 유형(일부)

설계유형	실험/통제집단	무작위 할당	사전검사	개입	사후검사
사전사후실험설계	실험집단		O_1	X	O_3
비동일집단 사전사후실험설계	실험집단		O_1	X	O_3
	통제집단		O_2		O_4
비동일집단 사후실험설계	실험집단			X	O_1
	통제집단				O_2

(1) 사전사후실험설계

사전사후실험설계는 통제집단을 설정하지 않고, 개입 전후로 사전검사와 사후검사를 실행하는 것이 특징이다.

8명의 중학생을 대상으로 인터넷 게임 중독 경감이 목적인 집단프로그램을 예로 들어 보자. 인터넷 게임을 하는 시간을 줄이는 것이 목표라고 하자. 개입 전에 8명의 프로그램 참가자의 인터넷 게임 시간을 각각 측정하고, 8회기의 집단프로그램 이후에 인터넷 게임 시간을 측정한다. 인터넷 게임 시간이 줄었다고 하면, 줄어든 시간은 집단프로그램으로 인한 효과라고 이해할 수 있다.

분석방법은 대응표본(t-test)나 윌콕슨 검증(Wilcoxon Matched-Pairs Signed-Ranks test)을 사용한다.

$$O_1 \quad \times \quad O_2$$
$$(\text{효과의 크기}) = O_2 - O_1$$

그림 14-10 사전사후실험설계

(2) 비동일집단 사전사후실험설계

이 설계는 통제집단 사후실험설계에서 무작위 할당을 하지 않는 경우를 말한다. 사전사후실험설계의 효과 크기가 다른 요인에 의해 발생했을 수도 있는 효과를 통제하지 못한다는 단점을 보완하기 위해 비교집단을 설정한 설계이다.

5학년 3반 30명의 초등학생을 대상으로 장애인식개선 체험프로그램을 진행하는 예를 살펴보자. 프로그램 수행 이전에 사전 검사를 시행하고, 다른 요인에 의한 효과를 통제하기 위해 사회복지사는 통제집단을 설정하기 위해 같은 학교 5학년 7반 32명의 초등학생에게도 유사한 시기에 사전 검사를 시행한다. 체험 프로그램은 5학년 3반에서만 시행하고, 시행 직후에 사전 검사에 사용하였던 검사를 재실행하고, 체험 프로그램을 시행하지 않은 5학년 7반에서도 같은 검사를 반복해서 시행한다. 이때 인식개선은 프로그램을 시행한 5학년 3반의 인식개선 점수에서 5학년 7반의 인식개선 점수를 빼주면 효과의 크기를 산출할 수 있다.

분석방법은 주로 사전검사에 대한 동질성 검사 후 사후검사는 독립표본 t검증을 하는 방법이 사용된다.

$$O_1 \quad \times \quad O_3$$
$$O_2 \qquad\quad O_4$$
$$(\text{효과의 크기}) = (O_3 - O_1) - (O_4 - O_2)$$

그림 14-11 비동일집단 사전사후실험설계

(3) 비동일집단 사후실험설계

비동일집단 사후실험설계는 비동일집단 사전사후실험설계에서 사전검사를 할 수 없거나 하지 않는다는 점에서 차이가 있다. 위기개입과 같은 시간 관계상 개입이 먼저 이루어지는 경우에도 사용하는 경우가 많다. 또한 내적타당도를 저해하는 검사효과(같은 검사도구를 사용하여 나타나는 점수의 상향 또는 하향 현상)를 통제할 수 있는 장점도 있다.

발달장애인의 사회성 향상 프로그램은 개입 이후에 검사가 이루어졌고, 유사한 집단은 통제집단을 선정하는 프로그램을 진행한 경우 이 설계에 해당된다. 이 경우 프로그램 효과는 실험집단의 사회성 점수에서 통제집단의 사회성 점수를 빼준 점수이다.

분석방법은 독립표본 t검증이나 맨휘트니 U검증(Mann-Whitney U)을 사용한다.

$$\times \quad O_1$$
$$O_2$$
$$(\text{효과의 크기}) = O_1 - O_2$$

그림 14-12 비동일집단 사후실험설계

Key Point

- 사회복지실천 평가의 목적은 개입(프로그램)의 효과를 알아보는 데 있다.
- 개입의 효과는 개입 전후 값의 비교를 통해 알 수 있다.
- 단일사례실험설계의 특징은 한 개의 사례, 단순함, 시각화에 있다.
- 그러나 단일사례실험설계는 다수의 사례에도 활용될 수 있으며 다수의 사례는 복수기초선설계가 사용된다.
- 개입이전의 기준선을 기초선(A)이라 하고, 최초 개입시점 이후의 기준선을 개입(B)이라 한다.
- 기초선(A)과 개입(B)으로 이루어진 기본설계를 AB설계라 한다.
- 기초선-개입-개입중단하는 경우 ABA설계를 사용하고, 개입의 지속성을 알 수 있다.
- 기초선-개입-개입중단-재개입하는 경우 ABAB설계를 사용하며 개입효과의 신뢰성을 확인할 수 있다.
- 위기 상황에서 활용되는 단일사례실험설계는 BAB설계이다.
- 복수 개의 문제를 활용될 수 있는 단일사례실험설계는 복수기초선설계이다.
- 집단대상 사회복지실천은 실험설계를 통해 평가할 수 있다.
- 3가지 다른 개입이 이루어진 경우 ABCD설계라 한다.
- 사전 사후실험설계는 통제집단이 없고 개입 전후로 관찰하는 설계로 효과는 $O_2 - O_1$이다.
- 비동일집단 사전사후실험설계는 통제집단이 있고, 개입 전후에 활용되며 효과는 $((O_2 - O_1) - (O_4 - O_3))$이다.
- 비동일집단 사후실험설계는 통제집단은 설정하나 사전검사를 실시하지 않으며 효과는 $O_2 - O_1$이다.

응용문제

1 다음 중 단일사례설계의 특징이 아닌 것은?

① 한 사례로 구성된 경우에만 적용할 수 있는 단점이 있다.
② 통계적 지식이 없어도 간단하게 효과를 측정할 수 있다.
③ 그래프를 통해 시각화를 통해 표현된다.
④ 개입 도중에 개입 방법의 수정이 가능하다.
⑤ 개인대상 사회복지실천에 적합한 평가방법이다.

2 다음 [보기]에 적합한 단일사례실험설계 유형은?

보 기

지적장애인의 문제행동을 감소시키기 위한 사탕을 이용한 강화제를 사용하였으나 효과가 없었다. 다음으로 경쟁심을 이용한 모방 효과를 유도하였으나 실패하여 어머니를 동반한 과제중심을 통해 문제행동을 감소시킬 수 있었다.

① AB설계
② ABA설계
③ BAB설계
④ ABAB설계
⑤ ABCD설계

3 클라이언트의 위기 개입이 필요한 경우에 적합한 단일사례실험설계는?

① AB설계
② ABA설계
③ BAB설계
④ ABAB설계
⑤ ABCD설계

4 일반적으로 집단대상 사회복지실천에 적합한 실험설계가 아닌 것은?

① 비동일집단 사전사후실험설계
② 통제집단 사전사후실험설계
③ 통제집단 사후실험설계
④ 단일사례실험설계
⑤ 솔로몬 네 집단설계

5 다음 중 단일사례실험설계의 구성요소에 대한 설명이 아닌 것은?

① 개입하기 이전의 기준선을 기초선이라 한다.
② 기초선이 안정화되지 않으면 개입을 하여서는 안 된다.
③ 개입단계를 B로 표기한다.
④ 가로축은 회기, 시간 등으로 표기한다.
⑤ 세로축은 표적행동의 빈도, 횟수 등을 나타낸다.

정답 **1.** ① **2.** ⑤ **3.** ③ **4.** ④ **5.** ②

참고문헌 | Reference

1급 사회복지사 시험연구회(2007). 1급 사회복지사 기본서 사회복지실천기술론, 경기: 나눔의 집.
강명순 외 부스러기사랑나눔회 지역사회복지사팀(2010). 빈곤아동·가족과 함께 하는 찾아가는 사례관리, 서울: 학지사.
강호엽·조성희(2017). 자살예방실천현장에서의 동기면담, 서울: 학지사.
경기복지재단(2010). 무한돌봄센터 사례관리 매뉴얼. 경기복지재단 연구보고서.
고명수(2010). 사회복지실천기술론. 서울: 두남.
공계순·서인해(2005). 전통모델과 증거기반실천모델: 증거기반실천모델의 실제와 한국에서의 적용가능성. 2005년 한국사회복지학회 추계학술대회 자료집.
공계순·서인해(2006). 증거기반 사회복지실천에 대한 이해와 한국에서의 적용가능성에 관한 연구. 사회복지 연구, 제31권.
구혜영(2010). 사회복지실천기술론. 서울: 신정.
권구영·고은숙·김용민·박봉성·신혜성(2008). 사회복지실천론. 서울: 창지사.
권오균·김지현·김충식·나용선·남희수·박종선·신상수·양시영·이경자·조상윤·최광수·황희숙(2011). 사회복지실천론. 경기: 공동체.
권중돈·김동배(2005). 인간행동과 사회환경. 서울: 학지사.
권진숙·박지영(2009). 사례관리의 이론과 실제. 서울: 학지사.
권진숙·박지영(2010). 사례관리의 이론과 실제(제2판), 학지사.
길귀숙·강희숙·이재호·천덕희·김상곤(2010). 사회복지실천론. 경기: 양서원.
김경준·김성수(1998). 지역사회 주민의 공동체 의식에 관한 연구. 지역사회개발연구, 제23집(2).
김규수(2010). 정신보건사회복지실천론. 경기: 형설출판사.
김규슈·오현숙(2008). 가족치료-이론과 실제-. 경기: 양서원.
김기태·김수환·김영호·박지영(2007). 사회복지실천론. 경기: 공동체.
김동배·권중돈(2005). 인간행동과 사회복지실천. 서울: 학지사.
김범수·신원우(2009). 지역사회복지론. 경기: 공동체.
김숙정·이은(2018). 간호대학생의 동기강화 모델을 적용한 복습 프로그램 실행연구. 학습자중심교과교육연구, 18(13). pp. 89-113.
김시현·김보현(2020). 동기강화상담이론을 적용한 집단미술치료 프로그램이 흡연청소년의 흡연지식, 태도 및 자기조절효능감과 금연에 미치는 효과. 미술

치료연구, 27(2). pp. 333-356.
김양순(2008). 상담 및 심리치료 이론과 실제 I. (사) 한국산업카운슬러협회 카운슬러아카데미.
김영숙(2008). 재가노인·장애인·노인장기요양보험 사례관리론. 경기: 교육과학사.
김용태(2000). 가족치료이론. 서울: 학지사.
김유숙(2000). 가족상담. 서울: 학지사.
김융일·조흥식·김연옥(1995). 사회사업실천론. 경기: 나남출판.
김익균(2006). 사회복지실천론. 경기: 교문사.
김정진·임은희·권진숙(2007). 사회복지실천기술론. 경기: 서현사.
김주연(2007). 사회복지실천기술의 의의. 인권복지연구, 제2호. pp. 39-75.
김충식·나용선·서상범·신상수·최명주(2009). 사회복지실천기술론. 경기: 공동체.
김혜란·홍선미·공계순(2010). 사회복지실천기술론. 경기: 나남출판.
김혜란(1994). 대학 상담에서 과제중심적 접근. 학생연구, 제29호. 서울대학교 학생생활연구소.
김혜란(1996). 과제중심모델의 적용에 관한 연구-위탁보호 사례를 중심으로. 한국사회복지학, 통권 30호.
김혜림(1995). 가출 부랑아의 초기적응을 위한 과제중심모델 적용사례 연구. 이화여자대학교 석사학위 논문.
김혜영·석말숙·최정숙·김성경(2010). 사회복지실천론. 경기: 공동체.
남기철(1992). 지역사회복지관에서의 사회사업실천에 관한 연구. 서울대학교 석사학위논문.
남정자·유지형(2014). 동기강화상담에 대한 문헌고찰연구. 보건과학논집, pp. 181-199.
대구대학교 사회복지연구소(1985). 사회복지사전. 대구: 경민사.
류종훈(2004). 쉽게 쓴 사회복지실천론. 서울: 동인출판사.
류종훈(2006). 사회복지실천론. 서울: 청목출판사.
류종훈(2010). 사회복지실천기술론. 서울: 유풍출판사.
류종훈·김주연·심영진(2007). 사회복지실천기술론. 경기: 21세기사.
문인숙(1991). 사회복지의 윤리. 한국사회복지총람.
박귀영·류기덕·박형준·신종우·오현숙(2010). 사회복지실천론. 경기: 양서원.
박석돈·김만호·성희자·이애재·신원식·배성우·남영옥·명선영·임성옥·이옥희·김수정·손지아·권신영·박순미(2010). 사회복지개론. 경기: 양서원.
박세정·손명희(2008). 사회복지실천론. 서울: 창지사.
박아청(2001). 성격심리학의 이해. 경기: 교육과학사.
박영숙(2008). 위기개입을 통한 피해자복지실천 방안. 교정복지연구, Vol. 14.

한국교정복지학회.
박종훈(2000). 공동체윤리문화와 시민사회윤리문화. 국민윤리연구(45). 한국국민윤리학회.
백은령(2006). 사회복지실천론. 경기: 대왕사.
사회복지고시연구회(2006). 1급 사회복지사 수험서. 경기: 양서원.
서미경·김영란·박미은(2000). 사회복지실천윤리. 경기: 양서원.
서울특별시·서울복지재단(2009). 사회복지관 프로그램 매뉴얼 지역사회보호사업: 사례관리 실천 매뉴얼.
서울특별시립동부아동상담소(1996). 동부아동상담소 상담이론 모음집.
서인해·공계순(2002). 종합사회복지관의 욕구조사결과 활용에 영향을 미치는 요인에 관한 연구. 한국사회복지학, 통권 51호.
서인해(2004). 사회복지 프로그램 개발을 위한 새로운 패러다임: 개입조사모델의 적용 가능성과 과제. 한국사회복지행정학, 6(2).
서진환·이선혜·정수경 역(2001). 현대 사회복지실천이론. 경기: 나남출판.
서혜석(2010). 사회복지실천기술론. 경기: 양서원.
설진화(2009). 사례관리론. 경기: 양서원.
설진화(2009). 사회복지실천기술론. 경기: 양서원.
성희자·전보경(2006). 농촌 지역 주민의 공동체 의식에 관한 연구. 사회복지정책(27).
손광훈(2011). 사회복지실천기술론. 경기: 공동체.
송진옥(2000). 전문지 사회사업가의 직업윤리와 가치에 관한 연구. 강남대학교 석사학위논문.
신성만·권정옥(2008). 알코올 중독자를 위한 동기강화 상담. 알코올과 건강행동연구, 9(1), pp. 69-94.
신성만·권정옥·이상훈(2015). 동기강화상담(제3판), William R. Miller, Stephen Rollnick, 서울: 시그마프레스.
신성만·류수정·김병진·이도형·정여주(2015). 인터넷 중독 청소년을 위한 동기강화상담 집단프로그램 개발 및 효과. 상담학연구, 16(4). pp. 89-109.
신성만·장승옥·유채영·김준영 역(2017). 사회복지현장에서의 동기강화상담, Jacqueline Corcoran, 서울: 박영스토리.
신성자·홍금자·라동석·김진이(2000). 사회복지실천론. 고헌복지재단(사회복지법인).
신성자(2012). 사회복지실천기술론. 경기: 양서원.
신은선·김수진(2016). 동기강화상담 프로그램이 중학생의 금연지식, 금연태도 및 금연행위에 미치는 효과. 한국콘텐츠학회논문지, 16(11), pp. 444-455.
양옥경·김정진·서미경·김미옥·김소희(2000). 사회복지실천의 이해. 서울: 학지사.

양옥경(2000). 한국임상사회복지실천의 효과성 연구경향에 관한 연구. 한국사회복지, 통권 42호.

양옥경(2005). 사회복지실천론. 경기: 나남출판.

양옥경(2010). 사회복지실천론. 경기: 나남출판.

양점도 · 현영렬 · 조미숙 · 임희규 · 장정순 · 이문국 · 조성상 · 강준원 · 이예종 · 박경문 · 김진태(2008). 사회복지학 개론. 경기: 광문각.

양정남 · 권구영 · 김화선 · 최은정 · 한혜경(2009). 사례관리. 경기: 양서원.

양정남 · 최선령(2011). 사회복지실천론. 경기: 양서원.

어대훈(2010). 어대훈의 휴먼 사회복지학. 경기: 공동체.

엄명용 · 김성천(2012). 사회복지실천의 이해. 서울: 학지사.

엄명용 · 김성천 · 오혜경(2011). 사회복지실천의 이해. 서울: 학지사.

엄명용 · 김성천 · 오혜경 · 윤혜미(2009). 사회복지실천의 이해. 서울: 학지사.

엄명용 · 노충래 · 김용석(2008). 사회복지실천기술의 이해. 서울: 학지사.

엄명용 · 노충래 · 김용석(2009). 사회복지실천의 이해. 서울: 학지사.

엄명용(2005). 한국 사회복지실천 현장 내 기본 실천기술의 실증적 확인 및 분류. 한국사회복지학, 57(1). pp. 61-91.

엄미선 · 최종복 · 전동일(2009). 사회복지자원개발론. 경기: 대왕사.

연세 사회복지실천연구회 역(2004). 사회복지실천이론의 이해와 적용. 경기: 나남출판.

오봉욱 · 한주빈 · 전수미 · 이효순 · 성치상 · 최종복 · 최세영 · 전동일(2015). 사회복지실천기술론. 서울: 동문사.

오정수 · 류진석(2010). 지역사회복지론. 서울: 학지사.

오정수 · 최해경 · 정연택 · 류진석 · 유채영(2010). 사회복지학개론. 경기: 양서원.

원석조(2010). 사회복지개론(제3판). 경기: 양서원.

유수현 · 천덕희 · 이효순 · 성준모 · 이종하 · 박귀서(2011). 정신건강론(개정판). 경기: 양서원.

윤순임(2011). 현대 상담 심리치료의 이론과 실제. 서울: 중앙적성출판사.

윤철수 · 노혁 · 도종수 · 김정진 · 김미숙 · 석말숙 · 김혜경 · 박창남 · 장은숙(2010). 사회복지개론. 서울: 학지사.

윤현숙 외(2001). 사회복지실천기술론. 서울: 동인.

이근홍(1998). 케이스 매니지먼트. 대학출판사.

이기연 · 유서구(2012). 사례관리의 이해와 적용. 경기: 공동체.

이애재(2006). 사회복지실천기술론. 경기: 양서원.

이영분 역(1988). "단기 과제 중심치료" 임상사회사업 기술론. 서울: 홍익재.

이영분(2001). 사회복지실천론. 서울: 동인.

이영실 · 나임순 · 정명희 · 황희숙 · 최정자(2011). 사회복지실천론. 경기: 양서원.

이영실 · 윤대중 · 강윤경 · 임정문 · 황치정(2010). 사회복지실천기술론. 경기: 양서원.

이영호(2008). 사회복지실천기술론. 경기: 공동체.
이원숙(2008). 사회복지실천론. 서울: 학지사.
이윤로(2006). 최근 사회복지실천론. 서울: 학지사.
이윤로(2007). 사회복지실천기술론. 서울: 학지사.
이윤로(2008). 사회복지실천기술론(제2판). 서울: 학지사.
이윤로(2008). 사회복지실천론. 서울: 학지사.
이장호·김정희 역(1993). 현대심리치료. 서울: 중앙적성출판사.
이장호·정남운·조성호(2011). 상담심리학의 기초. 서울: 학지사.
이종복·이권일·김화순·오은경(2008). 사례관리의 이론과 실천. 서울: 창지사.
이종복·전남련(2011). 사회복지실천론. 서울: 학현사.
이종복·전남련·김덕일(2006). 사회복지실천기술론. 서울: 학현사.
이준우(2009). 사회복지실천기술론. 서울: 파란마음.
이효선·정푸름(2012). 사회복지실천론. 경기: 정민사.
임병우(2003). 영국과 미국의 노인을 위한 지역사회보호에서 케어매니지먼트 비교. 한국노년학회.
임상록(2010). 사회복지실천기술론. 서울: 파란마음.
임안나·곽정국·장승전·임현진·신후경·김한덕·이순자·김덕주·배재덕·강해자(2011). 사회복지실천기술론. 경기: 공동체.
임온희(2005). 사회복지실천론. 서울: 학지사.
장수미·최정숙·박형원·김주현·홍현미라·이혜경·이영선·한인영(2010). 사회복지실천기술론. 서울: 학지사.
장인협(1989). 사회사업실천방법론(下). 서울대학교출판부.
장인협·우국희(2001). 케어·케이스 매니지먼트. 서울대학교출판부.
전남련·이재선·정명희·김치건·최훈성·오영식·홍성휘·김연옥(2011). 사회복지실천론. 서울: 오래.
전재일·이성희(2003). 사회복지실천기술론. 경기: 형설출판사.
전재일·이성희·김연희(2011). 사회복지실천기술론. 경기: 형설출판사.
전재일·이종복·조운희·이준상·이애재·이성희(2006). 사회복지실천론. 경기: 형설출판사.
정무성(1997). 지역사회복지실천모델에 관한 이론적 고찰. 지역사회복지 실현을 위한 이론과 실천적 과제. 한국사회복지학회 추계학술대회 자료집.
정순둘(2004). 사회복지현장에서 조사연구활용에 관한 연구. 2004년 한국사회복지학회 추계학술대회 자료집.
정순둘(2005). 사례관리실천의 이해. 서울: 학지사.
정순둘·김경미·박선영(2007). 사회복지와 임파워먼트. 서울: 학지사.
정원식·박성수·김창대(1999). 카운슬링의 원리. 경기: 교육과학사.
정인석(1991). 상담심리학의 기초이론, 전5권 중 제1권. 경기: 대왕사.

정종현(2009). 위기적 사고가 개인에 미치는 영향과 위기 개입에 관한 연구. 호서대학교 벤처전문대학 석사논문.

조현춘·조현재 역(1996). 심리상담과 치료의 이론과 실제. 서울: 시그마프레스.

조휘일·강정숙·권순미·권현진·김경희(2005). 사회복지실천기술론. 서울: 학현사.

조휘일·이윤로(1999). 사회복지실천론. 서울: 학지사.

조흥식(2000). 사회복지실천분야론. 서울: 학지사.

조흥식·김인숙·김혜란·김혜련·신은주(2006). 가족복지학. 서울: 학지사.

채혜원·홍형옥(2002). 지역공동체에 관한 연구의 접근방법과 쟁점. 한국가정관리학회지, 제20권(1).

천성문(2006). 상담심리학의 이론과 실제. 서울: 학지사.

천성문·박명숙·박순득·박원모·이영순(2009). 상담심리학의 이론과 실제. 서울: 학지사.

최덕경·이혜자·이무영·정혜선·박경애·김민경(2012). 사회복지실천론. 경기: 공동체.

최선화(2009). 풀어 쓴 사회복지실천기술(제3판). 경기: 공동체.

최영희 역(1998). 인지치료의 이론과 실제. 서울: 하나의학사.

최옥채(1999). 사회복지실천론. 서울: 인간과 복지.

최인숙·김윤주·황혜숙(2006). 강점관점 해결중심 사례관리 매뉴얼. 보건복지부·솔루션센터.

최일섭·류진석(1997). 지역사회복지론. 서울대학교출판부.

최해경(2009). 사회복지실천론. 서울: 학지사.

최혜경(2010). 사회복지실천론. 서울: 학지사.

한상미·전진호·김기덕(2008). 실천 현장에서 요구하는 신입 사회복지사의 자질에 관한 연구: 충남지역을 중심으로. 한국지역사회복지학. Vol. 25, pp. 1-29.

현외성·정재욱·마은경·이은정·문정란·김용환·강환세·박선애·정민화(2012). 사회복지사례관리론. 경기: 공동체.

홍현미라·김가율·민소영·이은정·심선경·이민영·윤민화(2010). 지역사회복지론. 서울: 학지사.

홍현미라(2006). 지역사회관계망을 활용한 자원개발경험의 유형에 관한 근거이론 연구: 사회자본 관점 적용. 한국사회복지학, 58(4).

황성철(2000). 사회복지실천의 효과성. 한국사회복지학회 춘계학술대회자료집. pp. 227-243.

황응연(1975). 대학생의 가치관 및 관련된 변인에 관한 연구. 이화여자대학교 박사학위논문.

Bard, M. & Ellison, K.(1974). Crisis intervention and investigation of forcible rape. Police chief, 41(5).

Barry Counoyer. 김인숙 외 역(2002) 사회복지실천기술연습. 경기: 나남출판.

Beck, A. T.(1964). Thinking and depression: II. Theory and therapy. Archives of General Psychiatry, 10.

Challis, D. & Davies, B.(1986). Case Management in Community Care, Gower Publishing Company.

Corey, G.(1991). Theory and Practice of Counseling and Psychotherapy (4th ed.). Pacific Grove, CA: Brooks/Cole.

Fellin, P.(1995). The Community and The Social Worker, Itasca, IL: Peacock.

Festinger, L.(1957). A theory of cognitive dissonance. Stanford, CA: Stanford University Press.

Frederic G. Reamer, 장인협 감역(2002). 사회복지실천의 가치와 윤리, 사회복지실천연구소.

Gambrill, E. D.(1999). "Evidence-based practice" An Alternative to authority-based practice. Families in Society 80(4).

Gambrill, E. D.(2006). "Evidence-based practice and policy: Choices ahead." Research on Social Work Practice 16.

Germain, C. B. & A. Gitterman.(1980). The Life Model of Social Work Practice. NY: Columbia Univ. Press.

Germain, C. B.(1979). Social Work Practice: People & Environmental. NY: Columbia Univ. Press.

Germain, C. B.(1983). Technological Advances. in A. Rosenblatt & D. Waldfogel(eds.), Handbook of Clinical Social Work. San Francisco: Jossey-Bass, pp. 26-27.

Golan Naomi.(1978). Treatment in Crisis Situations. New York: Free Press.

Granvold, D. K.(1994). Cognitive and Behavioral Treatment: Methods and Applications. Pacific Grove, CA: Brooks/Cole Pub.

Gutierrez, L.(1990). Working with Women of Color, Social Work, Vol. 35, pp. 149-154.

Kagle, J. D.(1997). 사회사업 기록: 이론과 실제. Social Work Records. 홍순혜·한인영 역, 학문사.

Kim, S. J. & Cho, B. H.(2013). The effects of empowered motivation on exercise adherence and physical fitness in college women. Journal of Exercise Rehabilitation, 9(2), 278-332.

Lantz, J.(1996). Chapter 5: Cognitive theory and social work practice. In F.

Turner (ed.), Social Work Treatment (pp. 94-115). New York: The FREE press.

Laura Epstein.(1992). “Brief Treatment and a New Look at the Task-Centered Approach,” Macmillan Publishing Company, 서울특별시립동부아동상담소 역, “단기치료와 과제중심접근의 새로운 관점,” 서울특별시립동부아동상담소.

Levy, Charles S.(1976). Social Work Ethics, New York: Human Sciences Press.

Lindemann, E.(1965) Symptomatology and Management of Acute Grief, in H. J. P. Parad(ed)., Crisis Intervention Selected Readings (New York: Family Service Association of America).

Lundahl, B. & Burke, B. L.(2009). The effectiveness and applicability of motivational interviewing: A practice-friendly review of four meta-analysis. Journal of Clinical Psychology, 65(11), 1232-1245.

Miley, K. K., M. O’Melia & B. L. DuBois.(1995). Generalist Social Work Practice: An Empowering Approach. Boston: Allyn and Bacon.

Miller, W. R. & Rollnick, S.(1991). Motivational interviewing: Preparing people for change. New York: The Guilford press.

Miller, W. R. & Rollnick, S.(1995). What is motivational interviewing? Behavioral and Cognitive Psychotherapy, 23, 325-334.

Miller, W. R. & Rollnick, S.(2002). Motivational interviewing: Preparing people for change. New York: The Guilford press.

Miller, W. R. & Rollnick, S.(2012). Motivational interviewing: Preparing people for change. New York: The Guilford press.

Miller, W. R. & Rollnick, S.(2013). Motivational interviewing, New York: The Guilford press.

Moxley, D. P.(1989). The Practice of Case Management. CA: Sage Publications Inc.

Mullen, E.(2002). Evidence-based social work-theory & practice: historical and reflective perspective. 4th International Conference on Evaluation for Practice, University of Tampere, Tampre, Finland.

Parad, H. J. & Parad. L. G.(1990). Crisis intervention: An introductory overview. In H. J. Parad & L. G. Parad (Eds.), Crisis intervention book 2: The practitioner’s sourcebook for brief therapy (pp. 3-68). Milwaukee, WI: Family Service America.

Reid, W. J.(1981). “Brief Task-Centered”, in 「Paradigms of Clinical Social Work」, ed. R.A. Dorfman et al., (NY. Brummet / Mazel Publish), 이영

분 역, "단기과제중심치료" 임상사회사업연구회 역, 「임상사회사업기술론」, 홍익제.

Robert L. Barker/중앙사회복지연구회(1997). 사회사업사전. 이론과 실천.

Rollnick S., Miller W. R. & Butler C. C.(2009). Motivational interviewing in health care: Helping patients change behavior. Shin SK, Cho SH, translator. Seoul: SigmaPress.

Rosenthal, R. N.(2004). Overview of evidence-based practice. In Roberts & Yeager(Ed.), Evidence-based practice manual: research and outcome measures in health and human services. New York: Oxford University Press.

Rothman, J.(1995). Approaches to Community Intervention, In Jack Rothman et al., Strategies of Community Intervention. Peacock.

Rubin, H. J. & Rubin, I. S.(2001). Community Organizing and Development (3rd ed). Boston: Allyn and Bacon.

Saleebey, D.(1992). Introduction: Power in the people, In D. Saleebey(Ed), The Strenght Perspectives in Social Work Practice, New York: Longman Press.

Sheafor, B., Horejsi, C. & Horejsi, H.(1997). Techniques and guidelines for social work practice. Needham Heights, Allyn & Bacon.

Steinberg, Raymond, M. & Carter, Genevieve, W.(1983). Case Management and the Elderly, Lexington, MA: Lexington Books.

Thyer, B. A.(2004). "What is evidence-based practice?" Brief Treatment and Crisis Intervention, 4(2).

Toseland, R.(1981). "Increasing Access: Outreach Methods in Social Work Practice" Social CaseWork, 62, Milwaukee, WI: Family Service America.

Trevithick, P.(2000). Social Work Skill: A Practice Handbook. Philadelphia, PA: Open University Press.

Turner, F. J.(1991). Social Work Treatment: Interlocking Theoretical Approaches. NY: Free Press.

Webb, S. A.(2001). Some consideration on the validity of evidence-based practice in social work. British Journal of Social, British Journal of Social Work, 31.

Weil, M. & Gamble, D.(1995). "Community Practice Models" Encyclopedia of Social Work. New York: NASW Press.

Witkin, S. L. & Harrison, W. D.(2001). Whose evidence and for what purpose? Social Work, 46(4).

Yalom, I. D.(1985). The Theory and Practice of Group Psychotherapy(3rd ed.). New York: Basic Books.

관련 홈페이지

한국사회복지사협회 홈페이지 www.welfare.net

한국사회복지사협회 자격관리센터 lic.welfare.net

찾아보기 | Index

ㄱ

ㅇ

ㅈ

ㅊ

ㅋ

ㅌ

ㅍ

ㅎ

A-Z

저자소개

■ **오봉욱**

현) 서원대학교 미래대학 사회복지학과 조교수
　 청주서원노인복지관 관장
전) 경기과학기술대학교 사회복지과 조교수
　 국제사이버대학교 사회복지학과 실습전담교수
　 김포대학교 사회복지과 조교수
　 초록반디의 집 원장
　 서울 동작구 자원봉사센터 사회복지사
가톨릭대학교 대학원 사회복지학 석사 및 박사

■ **전동일**

현) 강원대학교 사회복지학과 교수
전) 한국장애인개발원 선임연구원
　 한국장애인재활협회 재활정보센터 사회복지사
　 춘의종합사회복지관 사회복지사
가톨릭대학교 대학원 사회복지학 석사 및 박사

■ **서대석**

현) 서원대학교 미래대학 사회복지학과 조교수
전) 청주서원노인복지관 관장
　 국민연금공단 연구위원
　 미션노인요양원 원장
　 군자종합사회복지관 과장
　 한국자살예방협회 과장
숭실대학교 대학원 사회복지학 석사
한남대학교 대학원 사회복지학 박사

■ **한주빈**

현) 연성대학교 사회복지과 조교수
전) 서일대학교 사회복지과 조교수
　 한신대학교 사회복지학과 실습전담교수
　 사회복지법인 모니카재단 국장
가톨릭대학교 대학원 사회복지학 석사 및 박사

■ **최종복**

현) 고강종합사회복지관 관장
전) 춘의종합사회복지관 관장
　 엠마오의 집 원장
숭실대학교 대학원 사회복지학 석사
가톨릭대학교 대학원 사회복지학 박사

■ **전수미**

현) 한국도박문제관리센터 경기북부센터장
전) 안산대학교 사회복지과 조교수
　 김경빈 알코올·약물회복클리닉 프로그램 Director
가톨릭대학교 대학원 사회복지학 석사 및 박사

■ **성치상**

현) 사회복지법인 초록반디복지재단 이사장
　 장애인거주시설 초록반디마을 원장
가톨릭대학교 대학원 사회복지학 석사 및 박사과정 수료

사회복지실천기술론

초판 1쇄 발행 / 2020년 8월 25일
초판 2쇄 발행 / 2022년 2월 25일

•

공저자 / 오봉욱 · 전동일 · 서대석 · 한주빈 ·
최종복 · 전수미 · 성치상
발행인 / 이 중 수
발행처 / **동 문 사**

•

서울특별시 서대문구 홍제동 137-8
Tel : 02)736-3718(대), 736-3710, 3720
Fax : 02)736-3719
등록번호 : 1974.04.27. 제9-17호
가격 : 21,000원

•

ISBN : 979-11-6328-207-5 (93330)
E-mail : dong736@naver.com
www.dongmunsa.com